수업대화의 분석과 말하기 교육

수업대화의 분석과 말하기 교육

이책은 2001년도 한국학술진흥재단의 지원(KRF-2001-050-A00003)에 의하여 연구되었음.

대화분석 연구 총서 3

수업대화의 분석과 말하기 교육

박용익 著

도서출판 역락

머리말

　‘수업대화에서 질문과 대답의 연속체’를 주제로 논문을 쓰고 박사학위를 받은 때가 1993년 6월 30일이므로 이 책이 나오는 올 6월이 꼭 10년째 되는 해이다. 그동안 대화분석에 관한 책도 쓰고 번역도 하였으며 대화분석에 관한 논문도 십수 편을 발표하였다. 이 과정에서 수업대화에 관한 언급도 있었지만 그에 관해서 본격적으로 논의를 한 일은 없었다. 그 이유는 재독교포 자녀들을 위한 한국어 수업대화를 주제로 박사학위 논문을 쓰기 시작할 때, 연구 결과를 통해서 그들의 한국어 습득에 기여하고 싶은 마음이었으나 연구가 끝날 쯤에는 그러한 목표를 달성한다는 것이 얼마나 어려운 일이고 또한 그 연구 결과가 지향했던 목표점으로부터 얼마나 멀리 떨어져 있는가를 거의 절망적으로 확인하였기 때문이었다. 학위 취득 이후 실제로부터 출발하고 그것을 대상으로 하는 학술 연구의 결과를 다시 실제로 되돌리려는 노력을 지속적으로 하면서 연구의 결과에 관해서 언어학의 울타리를 넘어서 다른 분야의 연구자들 그리고 대중들과도 대화할 수 있는 만남을 자주 열망하였다. 그러기 위해서는 무엇보다도 인간의 언어와 언어 행위의 연구 결과를 보편적인 관점에 귀속시켜야 하고, 또 연구 결과를 많은 사람들이 공유할 수 있도록 보편적 언어로 재생산할 수 있어야 한다. 그러나 그러한 목표는 한 때 너무 어렵게 보여서 계속 학문적 활동을 해야 하는 지에 대한 근본적인 회의를 한 때도 있었다. 그렇게 희망과 회의 그리고 때로는 절망으로 보낸 10년의 시간 속에서 언어학(특히 대화분석론과 텍스트언어학 등의 화용 언어학)의 연구 결과로 언어학의 영역을 넘어서 다른 분야의 연구자들과 대화도 가능하며 일상적인 언어 생활에도 실제적인 기여를 할 수 있다는 작은 희망을 발견할 수 있었다. 아직 공부가 부족하기 때문에 명시적으로 그것이 무엇이라고 자신 있게 표현하기는 어렵다. 하지만 지금 가는 길을 계속 가다 보면 목표로 하는 곳에 다다를 수 있을 것이라는 희망에 대한 믿음은 그 어느 때보다도 굳건하다. 이 책은 새로운 희망이 낳은 하나의 결과물이고 그런 희망에 대한 증거라고 믿고 싶다.

항상 그렇듯이 이 책이 나오기까지에도 많은 사람들의 격려와 도움이 있었다. 먼저 부족한 학문적 능력에도 불구하고 연세대학교에서 연구교수로서 연구활동을 할 수 있도록 배려해 주신 연세대학교 국문학과 김하수 선생님께 진심으로 감사드린다. 또한 연구 활동을 할 수 있도록 뒷받침을 아끼지 않으시는 연세대학교 전현직 인문학 연구소장님들과 학술처 고덕송 선생님 그리고 학술진흥재단의 관계자님들께도 감사의 말씀을 전하고 싶다. 다정한 친구이자 존경하는 동료인 강창우 선생님과 성가신 교정의 부탁을 늘 밝게 받아주시는 김정선 선생님께서 이 책의 잘못된 곳을 찾아내어 다듬어주셨다. 깊은 감사를 드린다. 같은 이유로 이정애 선생님께도 감사의 말씀을 드린다. 이 책에서 사용할 수 있도록 소중한 전사 자료를 제공해주신 함욱 선생님, 김재봉 선생님 그리고 이정우 선생님께도 감사드린다. 사랑하는 아내 정연옥과 두 아들 도원과 인원은 연구와 글쓰기에 지칠 때마다 언제나 따뜻한 가족의 사랑과 포근함으로 위로와 격려가 되었다. 이 자리를 빌려서 고마움과 그동안 미안했던 마음을 전한다. 이 책을 출판해주시는 역락 출판사 이대현 사장님과 관계자님들께도 고마운 말씀을 드린다.

이 책의 많은 부분은 그간의 연구결과, 특히 박사학위논문(Bak 1996)과 『대화분석론』(박용익 2001)을 바탕으로 하였음을 밝힌다.

2003년 6월 파주 봉일천에서

에델트라우트 뷜로우 (Prof. Dr. Edeltraud Bülow) 선생님

독일 뮌스터 대학교 언어학과에서 공부를 하는 6년여 동안 언제나 따뜻한 마음으로 가르침과 사랑을 아끼지 않으셨던 은사 뷜로우(Bülow) 선생님께서 2001년 5월 2일 65회 생신을 맞으셨고 성공적으로 수행해오신 교수직에서 은퇴를 하셨다. 많이 늦기는 하였지만 뜻 깊은 생신과 영광스러운 정년을 축하드리는 의미에서, 그간 베풀어주셨던 가르침과 사랑에 작게라도 보답하는 의미로 그리고 그러한 의미있는 날을 기념하는 자리에 잊지 않고 불러주셨으나 제자로서 아무런 도리도 하지 못한 데 대한 죄송한 마음으로 사랑하고 존경하는 뷜로우 선생님께 이 책을 바친다.

차례

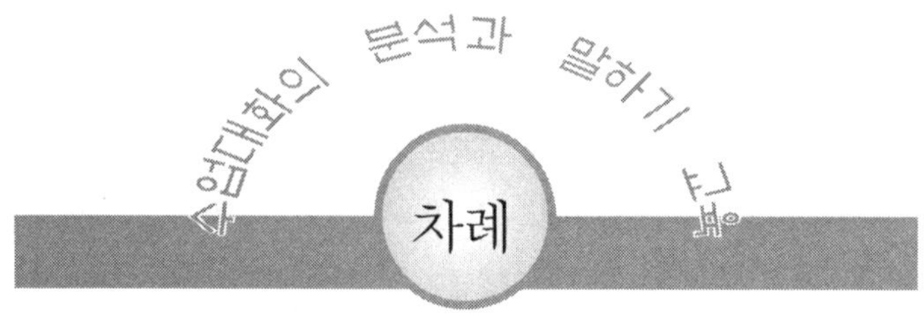

차례

제4장   수업대화의 분석

··· *67*

차례

책의 목적과 구성

전통적으로 쓰기나 읽기 그리고 이해 등이 언어 교육의 주 관심 사항이었다. 그러나 최근에는 대인 직접 의사소통 등에 대한 관심이 커지면서 말하기 교육도 언어 교육의 중요한 한 분야로 자리잡게 되었다. 이러한 관심과 연구 분야의 변천은 무엇보다도 언어를 바라보는 시각의 변화와 언어학의 연구발달과 깊은 관계가 있는 것으로 보인다. 1970년대 초반 화용 언어학이 언어학에 본격적으로 도입되기 전까지 언어학은 거의 글말만을 연구의 대상으로 하였다. 그러나 언어 화용론, 특히 화행론과 대화분석론의 도입과 더불어 실제로 사용되는 입말도 종래와는 달리 언어 연구의 중요한 대상이 되었다. 이로 인해서 입말을 연구하기 위한 다양한 이론과 방법론이 개발되었다. 이러한 변화가 이미 '패러다임의 전환'이란 말로 표현된 것처럼 언어를 바라보는 시각과 관련해서 실로 커다란 발상의 전환이라고 할 수 있다. 그 이유는 비록 체계 언어학이에 거의 글말만을 언어 연구의 대상으로 하였다고 해서 글말만을 언어라고 간주했다고 말할 수는 없겠지만, 언어를 연구하는 것이 과제인 언어학에서 입말과 글말로 이루어진 일상 언어생활의 한 쪽만을 연구한 결과만을 놓고 본다면 그러한 인상을 지울 수는 없기 때문이다. 좀 더 심하게 말하자면 화용 언어학 이전의 언어 연구에서 입말은 거의 존재하지 않았다. 그렇기 때문에 언어를 바라보는 시각과 이론 및 방법론을 바탕으로 하는 언어 교육도 글말의 범주를 크게 벗어나지 못한 것으로 보인다.

최근 한국의 언어학계에서도 화용 언어학에 대한 관심이 점차 증가하고 있는 추세이다. 이러한 추세와 더불어 종래의 글말을 중심으로 하는 쓰기 및 읽기 교육과 함께 말하기 교육의 중요성도 강조되고 있다. 특히 국어 교육학계에서 말하기 교육의 중요성과 필요성에 대해서 새롭게 인식을 하기 시작하였다. 그 결과 말하기 교육은 제 6차 및 제 7차 교육 과정에서 비중 있게 다루어지고 있다. 그러나 국어교육학계에서 말하기의 중요성과 필요성에 대한 인식과 관심에도 불구하고 '무엇을' '어떻게' 해야 하는지에 대한 개념이 아직 명확하게 규정되어 있지 않은 듯하다. 어떤 일을 시작하려면 하려는 일의 대상에 대한 명확한 규정이 선행되어야 한다. 그러나 국어교육학계의 말하기 교육에 관한 논저들에서는 말하기 교육에 대한 대상 설정, 즉 말하기 능력 또는 의사소통 능력의 개념 설정이 거의 없는 실정이고, 또 있다 하더라도 명확하지가 않다. 말하기 교육의 대상과 개념이 설정되어 있지 않은 상태, 즉 '무엇을'이 명확하지 않은 상태는 다시 말해서 지향하고자 하는 목표가 설정되어 있지 않음을 나타내 주는 것이기도 하다. 말하기 교육의 목표를 가장 쉽게 표현하자면 '말 잘하는 것'일 텐데, 그 '말 잘하기'가 무엇인지가 지금까지의 말하기 교육과 관련된 논저에 명확하게 규정되어 있지 않다. 대상이 명확하지 않은 상태에서 '어떻게' 할 것인가에 관한 문제, 즉 말하기 교육을 위한 이론과 방법론의 문제가 명확하게 해결되지 않은 것은 너무도 당연한 일이다.

이 책을 쓰는 가장 큰 목적은 수업과 관련하여 교사들의 의사소통 능력을 함양하기 위함이다. 이 책은 수업대화를 분석하고 기술함으로써 교사들이 항상 수행하고는 있지만 개괄적이고 체계적으로 인식하고 있지 못하고 있던 수업대화를 일반적으로 이해하는 데 도움이 되고자 한다. 더 나아가 그러한 것을 바탕으로 교사가 자신이 참여한 수업대화를 녹음하고 전사하여 분석함으로써 마치 거울로 자신의 모습을 볼 수 있듯이 수업시간에 수행하는 자신의 행위를 보고 반추할 수 있을 것이다. 이때 경우에 따라서는 스스로 문제를 발견하고 개선할 수도 있다. 또 하나의 다른 목적은 학생들이 습득해야 할 보편적이고 이상적인 의사소통 능력을 갖추게 하는 데 교사들이 이 책에서 제시된 것들을 활용할 수 있도록 하는 것이다. 누군가가 남에게 무엇을 가리키고자 한다면 무엇보다도 먼저 그가 그것을 스스로 할 수 있어야 하는 것이 보통이다. 즉 교사는 학생들이 습득해야 하는 이상적인 의사소통 능력을 스스로가 갖추고 있는 것이 의사소통 교육을 위한 매우 중요한 전제조건이다. 그러한 의사소통 능력뿐만 아니라 그것에 대해서 말할 수 있는 메타언어와 메타언어를 자체적으로 개발할 수 있는 이론과 방법론을 제공함으로써 말하기 수업에 실제적인 도움이 되고자 하는 것도 이 책이 추구하는 중요한 목적의 하나이다.

이 책은 크게 6 장으로 구성된다. 제 1장에서 이 책을 쓰는 이유와 목적 그리고 책의 구성에 대해서 밝힌 후 제 2장에서는 학교에서 이루어지는 의사소통의 특징에 대해서 알아보도록 한다. 이 장에서 학교와 의사소통에 관해서 자세하게 다루는 이유는 먼저 말하기 교육을 담당하는 교사가 학교 의사소통 생활에서 거의 주도적으로 말하기를 하는 사람이고 말하기 교육의 주체자로서 말하기 교육의 목표인 '수준급의' 말하기를 할 능력이 있어야 하기 때문이다. 이를 위해서는 학교 안에서 이루어지는 말하기에 대해서 잘 알고 있어야 하는 데, 무엇보다도 제도의 한 유형인 학교와 그 안에서 이루어지는 의사소통의 특징에 대해서 살펴보는 것이 필요하다.

제 3장에서는 수업대화의 분석과 연구에서 지금까지 잘 알려진 몇 개의 모델에 대해서 소개하기로 한다. 이러한 몇 개의 분석 모형을 소개함으로써 수업대화를 분석하고 기술하는 다양한 이론과 방법론 그리고 관점을 소개하는 것이 목적의 하나이고, 또 하나의 다른 목적은 그러한 모델들이 가지고 있는 문제점을 밝혀내고 새로운 모델을 정립할 때 그러한 것을 반

영하기 위한 것이다.

제 4장에서는 수업대화를 분석하고 기술하는 것을 보여주는 것이 주 과제이다. 먼저 수업대화의 제도적 환경적 조건에 대해서 논의한 후에 수업대화의 유형학적 특징에 대해서 살펴보겠다. 그리고 수업의 진행과정을 기능에 따라서 구분해 보고 수업대화의 의사소통 목적을 구현하는 주요 대화이동 연속체를 분석해 보겠다. 특히 수업대화에서 가장 중요한 역할을 하는 질문에 대해서 상세하게 살펴보도록 한다. 이 장의 마지막에서는 논의한 이론과 방법론을 바탕으로 실제로 수행된 수업대화의 일부를 예시적으로 분석해 보이도록 하겠다.

제 5장에서는 지금까지 논의한 내용을 바탕으로 구체적으로 학교에서 말하기 교육을 실행하는 데 어떻게 활용할 것인가를 제시해 보도록 하겠다. 먼저 의사소통 능력의 교습에 대화분석과 수업대화의 분석이 어떻게 활용될 수 있는지에 대해서 일반적으로 논의하겠다. 그리고 말하기 교육의 대상인 의사소통 능력이 무엇인지에 대해서 논의한 후 교사들이 수업대화를 효과적으로 수행하기 위해서 활용될 수 있고 학생들의 의사소통 능력의 향상을 위해서 대화분석과 수업대화 분석이 가질 수 있는 가치에 대해서 논의하기로 한다.

제 6장에서는 이 책에서 논의한 것을 간략하게 되짚어보고 문제점을 확인해 보며 앞으로의 연구 과제에 대해서 논의하는 장으로 삼는다.

학교와 의사소통

학교는 하나의 제도이고 학교 안에서 이루어지는 '공식적'인 의사소통은 제도가 지니고 있는 조건 하에서 이루어지고 영향을 받는다. 그렇기 때문에 학교 안에서 이루어지는 의사소통을 보다 면밀하게 이해하기 위해서는 먼저 제도에 대해서 살펴보는 일이 필요하다. 이 장에서는 제도 그리고 제도의 하나로서 학교가 일반적으로 어떻게 정의되는지 그리고 제도적 특성이 학교 안에서 이루어지는 말하기에 어떤 영향을 끼치는 지에 대해서 자세하게 알아보도록 하겠다.

1. 제도의 개념과 제도 내적 의사소통

'제도'는 사회학, 인류학, 문화인류학, 정치학, 언어철학 및 철학과 같은 여러 학문 분야에서 다양하고 상이하게 정의되어 왔다. 디트만(Dittmann 1979)은 제도의 다양한 개념 정의를 서로 다른 두 차원으로 분류하고 있다. 그 하나는 제도를 행위 이론적 차원에서 규정한 것이고 다른 하나는 정치학적인 차원에서 규정한 것이다. 정치학적 제도의 개념은 좁은 의미로 규정된다. 이에 따르면 제도는 국가기관이나 관공서 등과 같이 법률을 토대로 세워진 공공기관이나 선거 등과 같은 특정 절차 그리고 결혼이나 학교 등과 같은 사회 집단을 일컫는다. 제도의 정치학적 개념 정의와는 반대로 행위 이론적 제도의 개념 정의는 보다 넓은 의미로 정의되고 있다. 행위 이론적 차원에서 제도는 특정 목적의 실현을 위한 상호작용이 핵심이다. 제도의 행위 이론적 개념 정의는 말리노프스키(Malinowski 1975)의 기능주의와 깊은 관련이 있다. 기능주의적 제도의 개념 정의를 위해서는 반드시 기능이라는 개념을 전제해야 한다. 그에게 기능이란 욕구를 충족시키는 것을 의미하는데, 이때 욕구는 본능적 욕구와 이로부터 파생된 문화적 욕구를 의미한다. 그에 의하면 제도란 인간이 지향하는 목적을 달성하기 위해서 필요한 기구인데, 기구는 보편적 요소를 지닌 구조 스키마를 가지고 있다.

여기서는 다양한 학문에서 상이하게 정의된 개념 정의를 자세히 다루기보다는 언어학에서 제도의 개념이 어떻게 정의되어져 왔는가를 자세히 살펴보는 데 중점을 두고자 한다. 현대 언어학의 흐름은 크게 체계언어학과 화용언어학으로 나눌 수 있다. 이 두 개의 언어연구 패러다임 내에서도 제도라는 개념이 등장하는데, 여기서도 여타의 학문에서와 마찬가지로 두 개의 방향으로 제도 개념이 정의된 것을 볼 수 있다. 제도의 구성요소 내지는 구성적 특성을 강조한 정의는 체계언어학의 창시자인 소쉬르(Saussure 1967)에게서 볼 수 있다. "언어는 대중에 널리 퍼져 있고 대중에 의해서 사용된다. 언어는 모든 개인들이 매일 사용하는 것이다. 이러한 관점에서 본다면 어떤 다른 제도도 언어와 비교할 수 없을 것이다"(Saussure 1967, 86). 이렇게 말함으로써 언어가 제도의 하나임을 암시할 뿐만 아니라, 더 구체적으로 제도로서의 언어가 다른 제도와 다른 차이점은 언어가 자의성이란 특성을 가진 데서 기인한다(Saussure 1967,12와 89쪽)라고 밝힘으로써 언어를 제도의 하나라고 규정한다. 그에게 있어서 제도를 규정하는 가장 핵심적인 요소는 사회적인 것과 협의적인 것인데, 그렇기 때문에 전체적으로 볼 때 언어는 사회적이고 협의적이므로 제도라고 규정한다.

언어 전체 혹은 특정한 언어적 표현이 제도의 하나라는 포괄적인 개념 정의는 체계 언어학에서뿐만 아니라 또한 화용 언어학에서 가장 핵심이 되는 화행론에서도 발견된다. 썰(Searle 1969)은 제도의 개념을 직접적으로 정의하지는 않고 있지만, 약속이나 주장 혹은 지시 등과 같은 화행이 제도의 범주에 속한다고 본다. 그 이유는 모든 제도는 "상황 C에서 X는 Y로 간주된다" 라는 형태의 구성적 규칙체계를 갖고 있는데, 화행도 같은 형태의 구성적 규칙체계의 바탕 하에서 존재할 수 있고 수행되기 때문이라는 것이다. 즉 말한다는 것은 구성적 규칙을 준수하면서 행위를 하는 것을 의미한다(Searle 1969, 81). 그러므로 약속이나 주장 등과 같이 낱말의 올바른 발화와 그 낱말의 의미에 의해서 결정되는 특정한 행위방식을 따르는 것을 언어적 제도라고 한다(Searle 1969, 281). 이러한 넓은 의미적 제도의 개념 정의는 쿨마스(Coulmas 1981, 13)에게서도 볼 수 있다. 그에 의하면 사회적 교류의 반복되는 상황에서 항상 되풀이되어 일종의 표준으로 여겨지는 인사, 감사표시, 사과 등을 표현하기 위한 일상의 언어적 표현수단도 또한 제도로 간주된다.

위와 같이 넓은 의미로 사용되는 제도의 개념에 따르면 사회성 또는 협의성을 가지고 있는 모든 것은 곧 제도로 간주되므로 적절하지 못하다. 표준화되고 의례화된 상호작용 과정에서 특정한 유형으로 굳어진 모든 형태의 행위나 언어적 표현들, 즉 규범이나 사회적 역할체계에 의해서 규정되지 않은 모든 것들은 제도가 아니라 바로 관습으로 보는 것이 타당하다 (Dittmann 1979, 210).

위의 개념 정의와는 반대로 화용 언어학에서는 말리노프스키(Malinowski)의 기능주의를 바탕으로 제도를 정의하는 것이 지배적 경향이다. 그 중에 몇 개를 예로 들면 다음과 같다:

> - 제도는 사회 창조 활동과 재창조 활동의 전체적 관련성 안에서 하나의 목적을 갖고 있으며 인간들의 상호 관련적 행위의 총체이다(Wunderlich 1976, 312f.).

- 제도는 제도적 역할과 그에 상응하는 분화된 지위의 체계, 그리고 제재와 조종의 효력을 갖는 명확한 규범의 체계로부터 이루어진다(Dittmann 1979, 210).
- 제도는 사회적 장치인데, 이를 통해서 모든 부류의 행위들이 사회 구성원들과 그들에 의해 구성되고 또한 그들을 규정하는 사회의 재창조를 위해서 합목적적으로 처리된다. 제도 안에서 이루어지는 사회적 행위의 성질과 관련하여 본다면 제도는 사회운용 형태의 특수한 집단이라고 볼 수 있다. 제도는 특수한 목적의 결합으로 이루어지고 또 그를 위해서 생겨난다(Ehlich/ Rehbein 1986, 137).
- 제도는 관련된 모든 사람들을 위해서 제도가 없는 상태보다는 더 나은 인간의 공동생활을 가능하게 한다. 제도는 인간의 공동생활에서 나타나는 문제들을 상이한 형태와 방법으로 해결한다(Hummel/Bloch 1987, 190).
- 사회적 제도는 근본적인 인간의 문제를 해결하게 한다. 이때 제도는 사회적 행위의 특정한 부분을 어느 정도는 의무적으로 조종하고 이를 위해 경우에 따라서는 강제적 성격을 띠기도 한다(Luckmann, Theorie des sozialen Handelns 1992, 130; Rolf 1994, 325에서 재인용).

이상과 같은 제도의 기능주의적인 개념정의를 종합하여 말하자면, 하나의 제도를 구성할 수 있는 최소의 요소로는 사회적 기능과 그 기능을 수행하는 데 필요한 활동 및 이에 상응하는 역할 분담이라고 볼 수 있다. 즉 이 세 가지의 최소 요소를 갖고 있다면 제도라고 할 수 있다.

제도의 기능을 발휘하기 위해서 분담된 역할에 따라 특정한 활동이 이루어진다는 것은 이미 앞에서 말한 바와 같다. 제도가 추구하는 목적 달성을 위해 수행되는 활동은 대개의 경우 언어적 활동, 즉 의사소통으로 이루어진다. 제도 내적 활동의 중요한 수단은 언어적 행위이다. 이 안에 사람들의 사고체계와 가치체계 그리고 인간 상호작용의 형태와 이때 발생하는 문제의 흔적을 남긴다. 의사소통을 녹음하고 문자화한 경우에 그것은 제도 내적 활동의 결과로서 제도를 연구하기 위한 중요한 단서가 된다. 언어학을 통해서 제도를 연구한다는 것은 언어적 행위를 녹음하고 문자화한 텍스트를 분석함으로써 제도 내에서 이루어지는 언어적 의사소통의 실제와 조건 그리고 형태와 영향 등을 알아내는 것을 뜻한다. 이렇듯

언어적 행위가 제도의 기능을 수행하는 중요한 수단이고 제도의 기능이 어떤 조건과 형태로 수행되는지 그리고 어떠한 영향을 갖는지를 역추적할 수 있는 중요한 단서를 제공하는 데에서 언어학적 제도 연구의 가치를 찾을 수 있다.

제도와 관련하여 수행되는 언어적 행위(언행)는 디트만(Dittmann 1979, 204ff.)에 따라 네 개의 부류로 나눌 수 있다. 첫 번째 부류는 특정한 제도의 기능과 조건에 부합하여 전적으로 하나의 특정한 제도 내에서만 사용되고 다른 제도나 혹은 일상적인 의사소통 상황에서는 수행되지 않는 언행들인데, 예를 들면 교회에서만 사용되는 세례 혹은 법정에서 사용되는 선고 등이다. 두 번째 부류는 특정한 하나의 제도에 구속되지는 않지만 수행되기 위해서 제도적 틀이 요구되며 그것이 없이는 효력을 가질 수 없는 언행들인데, 여기에 속하는 것으로는 명령, 허가, 공표 그리고 임명 등을 예로 들 수 있다. 첫 번째와 두 번째 부류의 언행들이 좁은 의미의 제도적 언행이라고 할 수 있는데, 이러한 언행들이 수행되고 그 의미와 효력이 발휘되는 근거는 제도가 행위자에게 그러한 언행을 할 수 있는 제도적 역할에 상응하는 권한을 부여하기 때문이다. 세 번째 부류의 언행은 원래 제도의 기능이나 조건과는 관련없이 일상적인 의사소통 상황에서 사용되는 것들인데, 제도적 의사소통 상황에서 사용될 수도 있는 폭로나 자백 등의 언행을 예로 들 수 있다. 마지막 부류로는 원래는 두 번째 부류에 속하는 언행이 제도 외적 상황에서 사용되는 것들을 지칭한다. 이에 대해서 썰(Searle 1990, 25)은 무장강도가 행하는 명령을 예로 드는데, 이 화행이 효력을 갖는 이유는 어떤 제도가 부여하는 권한에 따른 것이 아니라 그가 무기를 통해서 무력을 행사할 수 있기 때문이다.

제도의 목적을 실현시키기 위해서 수행되는 의사소통의 여러 특징 중의 하나는 의사소통 상대자 사이의 관계가 비균형적인 것이다. 비균형적이란 개념은 바츨라빅 외(Watzlawick/Beavin/Jackson 1990, 69)의 개념으로 이들은 상호작용을 균형적 상호작용과 상보적으로 구분한 데에서 기인한다. 균형적 상호작용은 두 상대자 사이의 차이점을 없애거나 줄이려고 노력하는 것이 특징이고, 반면에 상보적 상호작용은 서로 보충적인 차이에 기초를 둔다. 상보적 상호작용에서 한쪽 상대자는 우월적 또는 일차적인 위치를 갖고 다른 한쪽의 상대자는 그에 상응하는 하급 또는 이차적인 위치를 갖는다. 이러한 상보적 관계는 어머니와 자식, 의사와 환자 혹은 교사와 학생 등의 관계처럼 사회적 혹은 문화적 상황하에서 이루어진다. 제도의 본래 기능과 관련되어 수행되는 의사소통의 주체는 제도에 종사하는 담당자와 제도에서 자신의 목적을 달성하기 위해서 오는 사람들의 두 부류이다. 병원이나 법정 혹은 학교와 같은 대표적인 제도 내에서 의사나 간호사, 법조인 또는 교사 등과 같은 담당자들은 제도의 기능 수행에 필요한 지식을 갖고 있는 전문가인데 반해서, 필요에 의해서 제도에 찾아오는 사람들은 문외한인 경우가 대부분이다. 이러한 의사소통의 조건 때문에 제도의 담당자들은 찾아오는 사람들을 도와주어야 하는 자신들 본래의 임무를 잊어버리고 오히려 자신의 전문적인 지식을 권위와 위세를 부리는 데 사용하는 것이 오늘날 우리 사회에서 보편화되어 있다. 또한 전문적인 지식과 용어에 생소한 제도 방문자들은 실질적으로 의사소통에 참가하지 못하고 단지 담당자들의 '명령'을 하달받고 이를 수행하는 수동적 역할만 하는 것이 보통이다. 제도 내적 의사소통의 다른 특징은 제도의 목적에 따른 의사소통의 과정이 동일하게 반복되는 상황에서 사용되는 언행들이 형식화되고 의례화되는 것이다. 법정이나 종교적인 제도에서 어떤 언행들은 의식의 일부가 되어서 그것들이 수행되지 않고서는 제도 내의 활동이 수행될 수 없는 정도의 고정된 현상을 보이기도 한다(Dittmann 1979, 219ff.).

2. 제도로서의 학교

제도의 개념 정의가 그러하듯이 학교의 개념도 역시 매우 다양하고 상이하게 정의되고 있다. 교육학에서 학교는 가르치는 사람과 배우는 사람의 역할이 거의 고정되어 있는 상태에서 특히 수업 그리고 다른 형태의 교육 행위가 이루어지는 전체 사회의 제도 가운데 하나라고 정의된다 (Schulz 1967, 51). 사회학에서는 학교를 역사적·사회적 장치로 이해한다. 이전에는 학교가 지식과 기술의 전수를 위한 한 제도였던 데 비해서, 현재에는 주로 사회적 조정을 위한 한 기구로서의 역할이 더 커진 것으로 파악하고 있다. 이러한 사회학적 학교의 개념 정의에는 학교가 사회적 기회 배분의 역할 또는 사회적 선별의 역할이라는 기능적 관점이 핵심이다. 다시 말해서 학교는 후세대들에게 지식을 전수함으로써 이들이 나중에 사회에서 활동할 수 있는 기반을 마련해주는 역할을 하는 동시에 또한 후세대들에게 일정한 등급을 부여하거나 진로 지도를 통해서 후세대들을 사회가 요구하는 가장 적합한 곳으로 선별해주는 기능을 해주는 것이다. 사회심리학에서는 학교를 교사와 학생 그리고 학생과 학생 사이의 관계와 역할과 권력의 분배가 핵심인 상호작용의 장(場)으로 학교를 이해하고 있다 (Lohmann/Prose 1975, 8).

여기서는 무엇보다도 학교를 제도의 하나로 이해한다. 앞(2.1)에서 제도의 개념 정의에 핵심적인 것은 사회적 기능과 기능을 실현할 수 있는 활동 그리고 활동을 담당하는 행위자들의 역할 분담이라고 하였다. 학교의 목적 또는 기능도 보는 사람의 시각에 따라서 매우 다르게 파악되고 있다. 사회학에서는 목적 또는 기능과 관련하여 학교를 사회 발전의 조정을 위한 공적 사회 장치이기도 하고 학습을 위한 최상의 기구, 또는 개인으로서 그리고 사회 구성원의 한 사람으로서 자아 실현을 위해서 필요한 교양을 쌓는데 도움을 주는 사회적 장치라고 본다(Lohmann/Prose 1975, 19). 바그너(Wagner 1983, 38)는 사회화라는 관점에서 학교의 목적을 자격부여와 재생산 그리고 정당화 등 세 가지로 보았다. 자격 부여란 후세대들이 지식과 기술을 습득함으로써 사회에서 필요한 일정한 자격을 인정받고 부여받는 것을 의미한다. 재생산이란 학교가 삶의 기회를 부여하는 기관으로서 사회적 재생산을 위한 핵심적 기관임을 의미한다. 정당화란 기존의 사회적 규범과 가치를 전수함으로써 그러한 것들을 정당화하는 것을 의미한다. 학교의 의사소통에 관한 연구에 많은 공헌을 한 에엘리히/레바인 (Ehlich/Rehbein 1986)은 학교의 과제가 후속 세대에게 사회 지식을 전수하고 배분하는 데 있다고 본다. 이러한 과제를 완수하기 위해서 먼저 사회 지식의 분류가 선행되어야 한다. 그 이유는 전체 사회 활동이 각각 특수한 지식을 필요로 하는 수많은 특수 분야로 나누어지기 때문이다. 전체 사회 활동이 분화되고 그럼으로써 전체 지식이 분야 별로 분류되기 때문에 필연적으로 사회적 기초 지식의 전수와 재생산을 고유의 목적으로 하는 학교와 같은 기관이 필요하게 된다.

3. 학교 의사소통의 유형

제도로서의 학교는 거의 모든 활동이 언어 또는 의사소통으로 이루어진다는 것이 다른 제도와 비교할 때 나타나는 가장 큰 특징이다. 언어가 학교에서 차지하는 비중은 다른 제도와는 비교가 되질 않는다. 이는 어린이들이 학교에 입학하면서 가장 기본적인 학습 활동으로 읽기나 쓰기와 같은 언어와 관련이 있는 것으로부터 시작한다는 점을 감안한다면 그리 놀라울 일도 아니다. 교사의 교습 활동이 가르치는 과목에 따라서 편차가 있다고는 하더라도 거의 말하기로 이루어진다는 점을 살펴보면 교사에게도 언어가 차지하는 비중은 매우 크다. 다시 말해 교습 행위는 곧 언어행위라고 말할 수 있다. 지식과 기술 그리고 이해의 교습 행위를 위한 핵심적 전제 조건은 교습할 내용을 쉽게 전달할 수 있는 매체가 있어야 한다. 그러한 매체가 바로 언어이다. 학교에서 다루어지는 지식은 거의 모두가 언어의 형태로 이루어져 있다. 그렇기 때문에 학교를 언어화된 제도라고 지칭할 수 있다. 무엇인가를 언어화한다는 것은 곧 실제를 일반화하는 것을 의미하고, 추상화하는 것이기 때문에 지식의 언어화는 곧 지식과 실제를 분리하는 결과를 낳는다. 이는 교습 활동과 학교가 추구하는 원래의 목적 사이에 모순이 생겨나게 한다. 왜냐하면 학교가 후세대에게 지식을 전달함으로써 이들이 복잡하고 분화된 미래의 생활에서 제대로 살아갈 수 있게 하는 구체적이고 실제적인 목적을 추구하는데, 이것이 바로 지식의 추상화와 배치되기 때문이다(Ehlich/Rehbein 1986, 170ff.).

학교를 언어화된 제도라고 전제한다면 학교의 목적 달성과 존립을 위해서 수행해야 하는 의사소통 행위들이 있다. 이러한 의사소통 행위가 이루어지는 환경이 어떠한지 그리고 어떤 점에서 학교에서 이루어지는 의사소통의 특징이 어떠한지 알아볼 필요가 있다.

제도로서의 학교는 자라나는 세대들이 자신의 인격 완성과 장차 사회구성원으로서 살아가는 데 필요한 지식과 기능을 익힐 수 있게 하고, 이를 통해서 사회 공동체를 유지하고 발전시키는 데에서 그 기능을 찾을 수 있다. 학교가 제도적 기능을 수행하기 위해서는 여러 당사자 사이의 다양한 의사소통 유형의 수행이 요구된다. 학교에서 이루어지는 의사소통의 유형을 나누기 위해서 먼저 유형 분류를 위한 몇 가지 기준을 제시해 볼 수 있겠다. 먼저 의사소통 유형이 공식적이냐 아니면 비공식적이냐를 들 수 있겠다. 이 두 기준의 차이점은 학교의 원래 목적에 의사소통 행위가 직접적으로 부합하고 귀속되느냐의 여부에 기인한다. 비공식적이란 기준은 다시 말해서 학교의 원래 목적에 직접적으로 부합되지 않는 의사소통 행위를 말하는 것이고, 공식적이란 기준은 그 반대의 경우를 상정할 수 있다. 이 기준은 다시 의사소통 행위 참여자가 누구이고 어떤 목적을 추구하느냐에 따라서 다양한 의사소통 유형으로 분류될 수 있을 것이다.

비공식적인 의사소통 유형을 먼저 살펴보면 학생과 학생, 교사와 학생, 교사와 교사 사이의 사담이나 잡담 등을 꼽을 수 있겠다. 학교에서 이루어지는 공식적 의사소통의 유형은 크게 교육 중심적 의사소통과 행정 중심적 의사소통의 유형으로 구분할 수 있다. 행정 중심적 의사소통은 학교가 추구하는 원래의 목적이 잘 달성될 수 있도록 보조하기 위한 일련의 활동을 수행하는 언어행위를 가리킨다. 이 유형의 의사소통은 교직원이 의사소통의 대화참여자의 한 축으로 참여한다는 것 외에 사회의 여러 제도와 일상 생활에서 사용되는 의사소통의 유형과 비슷한 것이 특징이므로 이곳에서는 자세히 다루지 않도록 하겠다.

교육 중심적 의사소통의 유형은 학교의 본질적 목적을 달성하기 위한 언어행위로 대화참여자의 구성, 즉 교사와 학생, 학생과 학생, 교사와 교사 그리고 교사와 학부모 등의 의사소통 참가자의 유형에 따라서 다시 하위 분류될 수 있다. 학교의 목적 달성과 가장 직접적인 의사소통 유형은 교사와 학생 사이에 이루어지는 수업대화이다. 교사와 학생 사이에 이루어지는 다른 하나의 중요한 의사소통은 상담이다. 수업대화가 보통의 경우 학생 모두를 상대로 하는 집단적 의사소통인 데 비해서 상담이나 상의의 경우에는 일반적으로 교사와 학생 사이에 개별적으로 이루어지는 것이 특징이라고 하겠다. 교사와 교사 사이에서 이루어지는 의사소통은 가령 교무 회의와 같이 교육과 관련된 일 또는 학교 행사를 위해서 필요한 사항을 논의하는 경우도 있을 것이고, 교습과 관련하여 교사 개인 사이에 이루어지는 상의나 상담이 있을 수 있다. 이 유형의 의사소통은 교사와 교사 사이의 사회적 지위가 동등한 것을 전제로 하는 것이다. 반면에 교사들 중에서 교장이나 교감 등 사회적 지위가 높은 의사소통 참가자와 평교사와 같이 상대적으로 사회적 지위가 낮은 의사소통 참가자 사이에는 상대적으로 일방적인 통보나 업무지시 등과 같은 의사소통 유형이 있을 수도 있다.

학생과 학생 사이에 이루질 수 있는 의사소통의 형태로는 토론 또는 회의가 있다. 교사와 교사 사이에 이루어지는 의사소통의 형태로는 역시 토론과 회의를 꼽을 수 있을 것이고, 직급의 차이에 따라서 통보와 지시의 의사소통이 있을 수도 있으며, 특정 분야에 관한 지식과 기능의 차이에 따라서 교사 사이의 상의나 상담이 있을 수도 있다. 학생과 학생 사이에는 학급회의와 같은 소집단 또는 대집단적 의사소통 유형이 있을 수 있고, 학습과 관련된 내용을 학생과 학생 사이에 토론 또는 문의가 있을 수 있다.

 교사나 학부모 사이의 의사소통은 주로 학생의 생활태도나 성적 등과 관련된 내용을 교사 또는 학부모의 요청에 의해서 이루어질 수 있다. 또한 학교에서 이루어지는 중요한 사항에 대해서 교사가 학부모에게 서면 또는 전화 매체를 이용하여 통보를 할 수도 있고, 반대로 학생의 학습이나 올바른 생활 태도 등에 관해서 교사에게 방문 또는 서면을 이용하여 특정한 부탁을 할 수도 있다.

【도표 1 : 학교의사통의 유형】

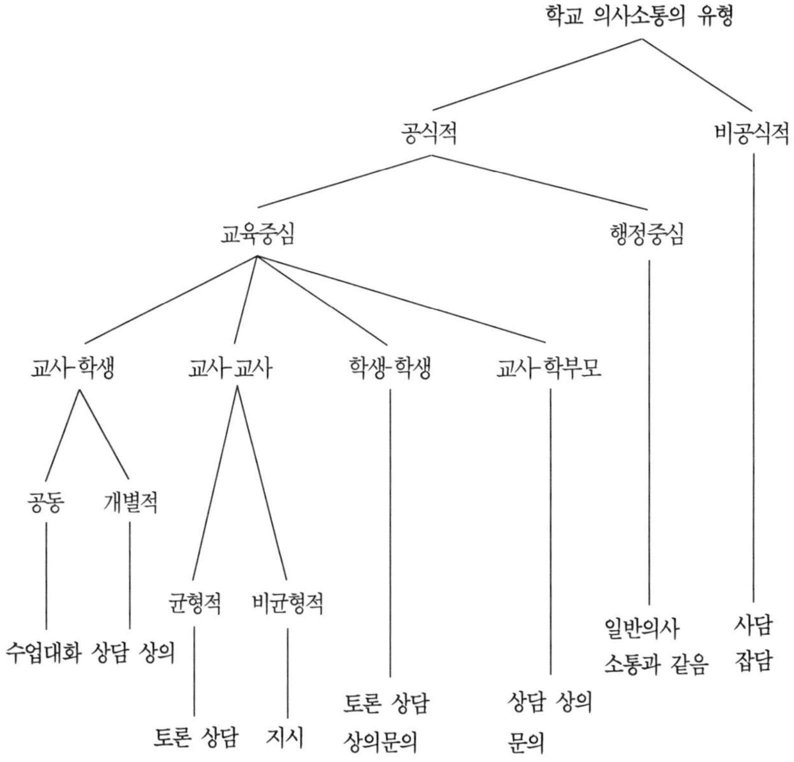

수업대화의 연구사

1. 싱클레어/쿨사드의 모형

싱클레어/쿨사드(Sinclair/Coulthard 1975)의 모형은 1970년대 중반 이후 독일에서 대화분석론의 발달과 수업대화를 분석하고 그 결과를 교수법에 적용하려고 하는 여러 연구에 많은 영향을 주었다.[1] 싱클레어와 쿨사드는 몽고메리(Montgomery), 스텁스(Stubbs), 에드몬슨(Edmonson) 그리고 브라질(Brazil) 등과 더불어 영국학파 혹은 버밍햄 학파라고 불리는 대화분석론의 일파를 이룬다(Lörscher/Schulze 1994). 싱클레어/쿨사드가 비록 연구의 대상으로서 수업대화를 선택하기는 하였지만 연구의 결과를 교육학이나 교수법에 적용하기 위한 응용의 목적에서 출발한 것은 아니다. 수업대화는 발화의 기능과 대화구조의 보편적인 현상과 규칙을 밝혀내기 위해서 연구대상으로서 다음과 같은 장점을 갖고 있기 때문일 뿐이다.

---

1) 싱클레어/쿨사드에 대해서는 다음의 문헌을 주로 참고한다: Sinclair/Coulthard(1977); Ehlich/Rehbein(1977), Lörscher(1983), Taylor/Cameron(1987), Lörscher/Schulze(1994).

1. 수업대화는 비교적 단순한 입말의 유형에 속한다.
2. 수업대화는 대화 참가자 중 한 명이 대화의 방향, 누가 언제 말을 해야 할 지에 대한 결정 그리고 대화주제의 시작과 종료 등에 대해서 책임지므로 여타의 대화와 비교하면 구조가 보다 명료하다.
3. 수업대화 중에 대화 참가자들은 진지하게 의사교환을 한다.
4. 잠재적으로 다의적일 수 있는 발화는 수업대화에서 하나의 구체적인 의미를 가질 수 있다.

그들의 주목적 중의 하나는 결속성을 보이는 대화를 가능하게 하는 규칙을 발견하는 것이고 더욱 더 중요한 목적은 규칙을 통해서 대화단위의 구조와 현상 및 그들의 배열성 등을 기술하는 것이다. 발화의 기능과 대화의 구조를 밝히기 위해서 구체적으로 다음과 같은 질문에 대한 대답을 찾고자 한다.

1. 서로 연속하는 발화들이 어떻게 관련성을 갖는가?
2. 누가 대화를 조종하는가? 조정은 어떻게 이루어지는가?
3. 대화 참가자는 상대방을 어떻게 조종하는가?
4. 말하는 사람과 듣는 사람의 역할이 어떻게 교체하는가?
5. 대화의 주제들이 어떻게 도입되며 종료되는가?
6. 개별 발화보다 더 큰 대화의 단위에 대한 언어학적 증거는 어떤 것이 있는가?

싱클레어/쿨사드의 모형은 크게 언어외적 구조와 대화 그리고 문법의 세 영역으로 이루어진다. 이 세 영역에서 하나의 단위는 그 아래 단계에 있는 하나 혹은 그 이상의 단위로 이루어져 있고, 이 하위 단계는 다시 그 보다 더 아래의 단계에 있는 단위들로 구성된다는 할리데이(Holliday 1961)의 단계 등급의 원칙에 의거한다.

언어외적 구조	대 화	문 법
과정		
수업시간	수업	
주제	단계	
	발화연속체	
	대화이동	문장
	화행	절
		구
		낱말
		형태소

대화 영역의 수업과 단계는 언어외적 영역의 수업 시간과 주제와 대략적으로 비교할 수 있다. 그리고 대화 영역의 대화이동과 화행은 각각 문법 영역의 문장과 절로 대략적으로 비교할 수 있다. 그 이유는 대화이동이 경우에 따라서는 단 하나의 화행으로 구성될 수도 있고 여러 개의 화행으로 구성될 수도 있기 때문인데, 이는 하나의 문장이 단문으로 이루어질 수도 있고 경우에 따라서는 여러 개의 문장으로 이루어질 수 있기 때문이기도 하다. 싱클레어/쿨사드의 모형을 구성하는 세 분야 중에서 교육학과 교수법에 관련이 있는 언어외적 구성 및 언어내적 구성과 관련이 있는 문법 분야는 기술의 대상에서 제외되고 언어를 사용할 때 나타나는 발화의 기능과 대화의 구조와 관련이 있는 대화분야만이 싱클레어/쿨사드의 모형의 중심이 된다.

싱클레어/쿨사드의 분석 모형은 선험적인 지식을 바탕으로 만든 것이 아니라 구체적인 대화텍스트를 직접 기술하고 분석하는 방법을 통해서, 즉 경험적이고 귀납법적인 방법을 토대로 만들어진 것이다. 분석 체계를 위한 구조, 체계, 단계, 차원 등과 같은 개념들은 할리데이(Holliday 1961)의 이론을 바탕으로 한다. 싱클레어/쿨사드는 교육학적인 구조와 언어학적인 구조의 혼돈을 회피하기 위해서 최소의 언어학적 단위인 화행으로부터 출발하여 상위 단위로 올라가는 방식으로 자신들의 모형을 구성한다.

1) 화행

화행은 대화의 가장 낮은 단계에 있는 최소의 단위로서 하나 혹은 그 이상으로써 대화이동을 구성한다. 싱클레어/쿨사드의 모형에는 모두 22개의 화행이 설정되어 있는데, 그 중에서 유발, 지시, 통보 등의 세 화행을 모든 입말에 나타나는 가장 대표적인 화행으로 간주한다.

유발 : 유발은 언어적인 반응을 요구한다. 예 : 한글은 누가 창제했나요?

지시 : 지시는 비언어적인 반응, 즉 특정한 행동을 요구한다. 예 : 책을 펴 보세요.

통보 : 통보는 생각이나 사실 그리고 의견이나 정보 등을 전달하는 기능을 갖는다.

대답 : 질문에 의해서 유발되는 언어적 대응 행위의 하나이다.

실행 : 지시에 의해서 유발되는 비언어적 대응 행위이다.

참여신청 : "선생님!"이라고 부르거나 손을 드는 행위를 통해서 학생이 대화에 참여하고자 하는 마음을 표시하는 기능을 갖는다.

지명 : 특정 학생의 이름을 부르거나 "너!", "그래!", "아직 한 번도 대답하지 않은 사람?" 등과 같은 발화를 통해서 학생들은 대화에 참여하게 하는 행위를 말한다.

표시 : "자", "그럼", "좋아", "그럼 됐고" 등과 같은 발화를 통해서 대화의 진행과정에서 행위와 행위 혹은 단계 등의 경계를 표시하기 위한 행위이다

출발 : 주장이나 질문 혹은 명령 등에 의해서 실현되며 특정 분야에 대한 저변적인 정보를 제공하거나 시작 대화이동에 대해서 학생들이 올바 른 대응을 할 수 있도록 학생들의 주의를 환기하는 행위를 말한다. 예를 들면 1) "여기에 사과가 있습니다." 2) "어떤 것이 가장 큰가요?에서 질문 2)에 대해서 1)은 출발의 화행이다.

확인 : "다했니?", "끝났어?", "문제 있니?" 등의 발화로 이루어진 교사의 행위로서 수업을 성공적으로 성공시키는 데 장애가 될 수 있는 문제에 대해서 교사가 알 수 있게 하는 기능을 갖는다.

촉진 : "잘 생각해 봐!", "빨리!" 등과 같은 발화로 실현되며 교사의 지시나 유발에 대한 대응을 촉구하는 기능을 갖는다.

도움 : 이 화행은 시작 대화이동에 종속되는 것으로서 유발에 대한 대답과 지시에 대한 수행을 할 수 있도록 학생들에게 추가적인 정보를 제공하는

기능을 수행한다.

참여요구 : 학생들의 신청을 이끌어 내는 화행으로서 "아는 사람 손들어 봐
요!", "아는 사람 또 없어요?" 등의 발화로 실현된다.

의사확인 : "예!, 잘 알겠습니다" 등과 같은 발화로 실현되는 화행으로서 시작
대화이동을 제대로 이해했다는 신호를 보내는 기능을 한다

설명 : 대화이동의 핵심요소에 종속되는 화행으로서 예를 들거나 추가적인 정
보를 제공하는 등의 기능을 갖는다.

수용 : "옳지!", "맞아!", "그렇지!" 등과 같은 발화로 실현되는 화행으로서 학
생의 대답이 적절했다는 표시를 하는 기능을 갖고 있다.

평가 : "훌륭해!", "아주 잘했어!" 등의 발화로 실현되는 화행으로서 학생의
대답이나 시작 대화이동 등의 질을 평가하는 기능을 갖는다.

강조된 휴지 : 단계의 경계를 분명하게 하기 위해서 비교적 오랫동안 지속되
는 휴지를 말한다. 강조된 휴지는 "∧"로 표시된다.

메타발화 : "오늘 배울 내용은 …" 등과 같이 학생들이 배울 내용의 구조를
알게 하거나 앞으로 할 말의 목적을 쉽게 이해하게 하고 중요한
것이 무엇인가를 알게 하는 기능을 갖는 화행을 말한다.

요약 : "이번 시간에 배운 것을 다시 요약하면 …" 등과 같이 이미 다룬 내
용을 줄여서 반복함으로써 학생들의 이해를 돕는 기능을 갖는 화행으
로 메타발화와 상반되는 화행이다.

되묻기 : "뭐라고?, 다시 한번 말해 봐!, 그러니까 … 하다는 뜻이니?" 등과
같은 발화로 이루어지는 화행으로서 이전에 수행된 행위에 대해서
분명히 알고자 할 때 사용된다.

혼잣말 : "분필이 어디에 있더라?" "교실이 좀 춥군!" 등과 같이 교사가 독백
처럼하는 화행을 말한다.

2) 대화이동의 구조와 기능유형

대화이동은 하위 단위인 화행으로 이루어져 있으며 상위 단위인 발화연
속체의 구조 안에서 특수한 기능을 발휘한다. 모두 다섯 유형의 대화이동
이 있는데 이들은 구성적 발화연속체와 용건중심적 발화연속체를 실현한
다. 구성적 발화연속체는 범위한정적 대화이동과 주의환기적 대화이동에
의해서 실현되며, 용건중심적 발화연속체는 시작 대화이동과 대답 대화이

동 그리고 평가 대화이동에 의해서 실현된다. 이 모든 대화이동들은 각기 다른 기능을 가지고 있다.

　범위한정적 대화이동은 예를 들면 교사가 수업이 끝났거나 시작함을 표시하는 것으로서 대화의 진행상태를 가리키는 기능을 가지며, "자, 그럼, 좋아" 등과 같은 **표시화행**으로 구성된 핵심과 강조된 휴지로 구성된다. 주의환기적 대화이동은 곧 무슨 일이 일어날 것이라든가 또는 무슨 일이 방금 일어난 것 등에 대해서 대화상대자에게 말하는 것으로서, 일종의 메타의사소통적 발화라고 할 수 있다. 주의환기적 대화이동 핵심을 이루는 필수 구성요소는 "다음에 우리가 다룰 것은…" 혹은 "지금까지 다룬 것을 간추려 보자면…" 등과 같은 **메타발화**와 요약의 화행이며, 임의적 구성요소로는 **표시화행**과 **출발화행**에 의한 도입과 **설명화행**에 의한 종료가 있다.

대화이동의 기능	대화 예문	대화이동의 구조	화행의 유형
범위한정적	자, ∧	핵심 한정	표시 강조된 휴지
주의 환기적	그러니까, 오늘 우리가 다룬 내용은 …	신호 핵심	표시 요약

　용건중심적 발화연속체를 구성하는 대화이동 중에서 시작 대화이동은 대화 상대자가 협력하여 발화연속체를 구성하는 데 동참하도록 유도하는 기능을 갖는다. 시작 대화이동의 목적은 정보를 제공하는 것일 수도 있고 특정한 행위를 조정하는 것일 수도 있고 또한 어떤 사실에 대한 질문일 수도 있다. 시작 대화이동은 최대한 다섯 개의 구성요소로 구성될 수 있다. **표시화행**에 의해서 실현되는 신호, **출발화행**에 의해서 실현되는 도입, 유발과 **지시** 그리고 **통보**와 확인 등의 화행에 의해서 실현되는 핵심, 그리고 **촉진**과 **도움**의 화행으로 실행되는 종료와 **신청요구**나 신청을 지명하는 화행에 의한 선택 등이 시작 대화이동을 구성할 수 있는 구성요소이다. 이 중에서 핵심만이 의무적으로 실현되어야 하고 그 이외의 것은 임

의적이다. 시작 대화이동의 구조는 다음과 같다.

시작 대화이동의 구조 = (신호) + (도입) + 핵심 + (종료) + (선택)[2]

반응 대화이동은 시작 대화이동에 의해서 제시된 조건에 따라서 적절하게 반응하는 데에 기능이 있고 대답과 실행 그리고 의사확인의 화행에 의해서 실행되며 필수 구성요소인 핵심과, 의사확인 화행으로 실현되는 도입과 설명으로 이루어지는 종료로 구성되는데, 도입과 종료는 임의적 구성요소이다.

반응 대화이동의 구조 = (도입) + 핵심 + (종료)

피드백 대화이동은 학생들에게 자신의 과제를 얼마나 잘 수행했는지를 알게 해 주는 기능을 갖고 있으며, 수용화행으로 실현되는 도입과 평가화행으로 이루어지는 핵심 그리고 설명으로 이루어지는 종료의 구성요소로 이루어지는데, 이들은 모두 임의적 구성요소이다.

대화이동의 기능	대화 예문	대화이동의 구조	화행의 유형
시작	억양이 뭐지?	핵심	유발
반응	말하는 방식입니다.	핵심	대답
피드백	우리가 말하는 방식. 이 대답은 좀 구체적이지 못한데.	도입 핵심	수용 평가

피드백 대화이동의 구조 = (도입) + (핵심) + (종료)

지금까지 기술한 대화이동의 유형을 도표로 표시하면 다음과 같다.

---

2) 싱클레어/쿨사드는 '신호', '도입', '핵심', '종료', '선택' 등에 대해서 일반적인 설명을 하지 않고, 그것들이 개별 대화이동에서 어떤 화행으로 실현되는지에 대해서만 설명을 하고 있다. ( )표시는 대화이동의 필수적 구성요소가 아닌 임의적 구성 요소임을 뜻한다.

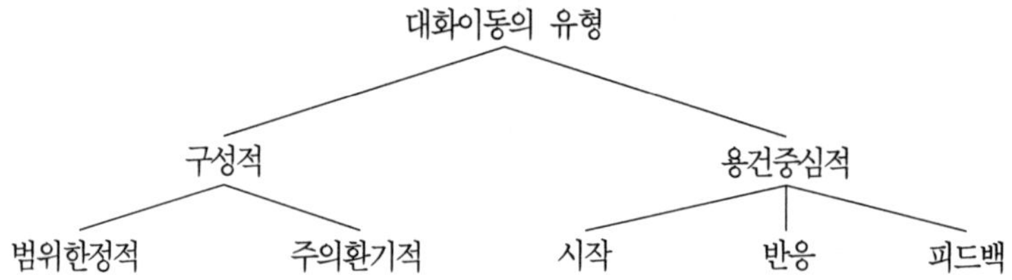

3) 발화연속체의 구조와 기능

이미 언급한 대로 발화연속체는 구성적 발화연속체와 용건중심적 발화연속체로 구분된다. 구성적 발화연속체는 범위한정적 대화이동과 주의환기적 대화이동의 임의적 구성요소로 구성되며, 교사가 수업 중에 하나의 단계로 보는 것의 시작과 끝을 표시하는 기능, 다시 말해서 각각의 주제로 이루어진 단위들을 서로 구분하면서 대화를 조직하는 기능을 갖는다. 구성적 발화연속체는 전형적으로 아래의 예와 같은 발화를 통해서 이루어진다.

대화이동의 기능	대화 예문	화행의 유형
범위한정적	그럼 ∧	표시, 강조된 휴지
주의 환기적	오늘 할 것은 …	메타발화

여러 용건중심적 발화연속체에서 수업의 내용이 점진적으로 다루어진다. 용건 중심적 발화연속체는 모두 11개의 하위범주에 의해서 명확한 기능이 발현되고 수행되는 위치에 따라서 독립 발화연속체와 종속 발화연속체로 나뉜다. 독립 발화연속체가 발휘하는 네 개의 주요 기능은 **통보와 지시** 그리고 **유발과 확인** 등인데, 그러한 주요기능은 시작 대화이동의 핵심을 실현하는 개개의 화행 **통보, 지시, 유발** 그리고 **확인**에 의해서 결정된다. 발화연속체 내에서 대화이동은 시작과 반응 그리고 피드백 등의 구조적 기능을 수행한다.

-**교사통보** : 교사가 어떤 사실이나 의견 혹은 새로운 정보를 전달하려고 할 때 사용된다. 교사통보에 대해서 학생들은 언어적 반응을 보일 수도 있지만 보통의 경우는 생략된다. 교사가 학생들의 반응에 대해서 아무런 피드백 반응을 보이지 않는다.

시작 대화이동		반응 대화이동	피드백 대화이동
자, 다행히도 왜군은 물러갔다.	표시 통보		

교사통보 발화연속체의 구조 = 시작 대화이동 + (반응 대화이동)

-**학생통보** : 학생들은 때때로 수업시간에 다루는 내용과 관련하여 중요하고 흥미롭다고 믿는 정보를 제공한다. 학생이 제공한 정보에 대해서 교사는 보통의 경우 평가를 하거나 해설을 곁들인다.

시작 대화이동		반응 대화이동		피드백 대화이동	
선생님, 저기 낱말에 f가 빠졌는데요	신 청 통 보	아 그렇네. 네 말이 옳다.	수 용 평 가		

학생통보 발화연속체의 구조 = 시작 대화이동 + 피드백 대화이동

-**교사지시** : 교사지시는 학생들에게 언어적 행위를 제외한 모든 행위를 유도하는 모든 발화연속체를 말한다. 학생들은 교사가 지시한 행동을 의무적으로 수행하여야 한다. 이는 학생들이 언제나 교사가 지시한 행동을 수행함을 의미하는 것이 아니라 기본적으로 교사는 학생들이 지시된 행동을 이행할 것이라는 기대를 해도 된다는 것을 의미한다. 학생들이 수행한 행위에 대해서 교사는 피드백적 반응을 보일 필요는 없지만 피드백이 수행되는 경우가 많다.

시작 대화이동		반응 대화이동		피드백 대화이동
벼루에다 물을 넣고 먹을 갈아봐!	지시	학생들 교사의 지시에 따라서 행동한다.	실행	

교사지시 연속체의 구조 =
　　　　　시작 대화이동 + 반응 대화이동 + (피드백 대화이동)

-교사유발 : 교사가 상대방에게 언어적 반응을 이끌어내기 위한 모든 발화연속
　　　　체가 교사유발이다. 교사유발에 대해서 학생들이 언어적 반응을
　　　　보이면 교사는 다시 이에 대해서 피드백 반응을 보인다.

교사유발 연속체의 구조 =
　　　　　시작 대화이동 + 반응 대화이동 + 피드백 대화이동

시작 대화이동		반응 대화이동		피드백 대화이동	
'이해하다'라는 말은 무슨 뜻이지?	유발				
철수?	지명				
누가 너희들에게 낱말의 뜻을 설명하면 그 낱말을 이해할 수 있지?	도움	알게 되는 거에요	대답	그렇지, 알게 되는 거야.	평가
영희가 대답해 볼래?	지명				

-학생유발 : 학생들이 교사의 언어적 반응을 유발하려고 할 때의 발화연속체로
　　　　서 시작 대화이동과 교사의 반응 대화이동으로 구성되어 있다. 학
　　　　생유발의 경우 교사유발과는 달리 피드백 반응이 없다는 것이 특
　　　　징이다. 그 이유는 학생들이 교사의 언어적 반응에 대해서 칭찬이
　　　　나 꾸지람을 한다는 것은 상상하기 어렵기 때문이다.

시작 대화이동		반응 대화이동			
한글을 누가 창제하셨어요?	유발	세종대왕이다.	대답		

학생유발 연속체의 구조 = 시작 대화이동 + 반응 대화이동

-확인 : **확인**은 학생들의 습득 과정을 검증하기 위해서 교사가 사용하는 발화 연속체이다. 확인의 경우 교사유발과는 달리 교사가 질문하는 내용을 미리 알고 있지 못하기 때문에 학생들의 반응적 행위를 직접적으로 평가하지는 않는다. 그러나 학생들의 태도나 행위 등에 대한 평가는 있을 수 있다.

시작 대화이동		반응 대화이동		피드백 대화이동	
다했니?	확인	예.	대답	잘 했다.	평가

확인 연속체의 구조 =
시작 대화이동 + 반응 대화이동 + (피드백 대화이동)

종속 발화연속체는 바로 앞에서 수행된 독립 발화연속체에 의존되어 있는 것으로서 시작 대화이동을 보유하고 있지 않거나 또는 시작 대화이동이 핵심을 구성하는 유발이나 **지시** 혹은 **통보** 등의 구성요소를 갖고 있지 않고, **지명**이나 **촉진** 혹은 **도움** 등으로 구성된다.

-재시작 (1) : 재시작 (1)은 교사의 유발에 대해서 학생들이 아무런 반응을 보이지 않을 때 사용된다. 이 경우 교사는 질문을 같은 형식으로 되풀이하거나 또는 다른 형식으로 할 수 있다. 또 **지명, 촉진** 그리고 **도움주기**와 같은 여러 개의 화행을 동시에 할 수 있기도 하다.

시작 대화이동		반응 대화이동		피드백 대화이동	
여기 교통표지판이 뭘 뜻하는 거지?	유발				
철수야!	지명				
이 교통표지판이 뭘 뜻하는 거지?	유발				
		길이 미끄럽다는 뜻이에요	대답		
				그렇지. 길이 미끄러우니 조심하라는뜻이야.	평가 설명

재시작 (1) 연속체의 구조 =
　　　　시작 대화이동 + 반응 대화이동 + 시작 대화이동(종속) +
　　　　반응 대화이동 + 피드백 대화이동
-재시작 (2) : 재시작 (2)는 교사의 유발에 대한 학생들의 반응이 틀렸거나 적
　　　　절하지 못했을 때 사용된다. 재시작 (2)는 재시작 (1)의 연속체
　　　　와는 달리 처음 발화연속체에 피드백 대화이동이 수행되고 두
　　　　번째 발화연속체에서 시작 대화이동이 반드시 수행되는 것은 아
　　　　니라는 점이다.

시작 대화이동		반응 대화이동		피드백 대화이동	
여기 교통표지판이 있지.	유발	커브길이라는 뜻이 아녜요?	대답		평가
철수야!	지명				
이 교통표지판이 뭘 뜻하는 거지?	유발				

거기에 있는 자동차를 한 번 봐.	도움	길이 미끄럽다는 뜻이에요	대답	그렇지. 길이 미끄러우니 조심하라는뜻이야.	평가 설명

재시작 (2) 연속체의 구조 =
시작 대화이동 + 반응 대화이동 + 피드백 대화이동 +
(시작 대화이동(종속)) + 반응 대화이동 + 피드백 대화이동

-(대답) 모으기 : 하나의 교사질문에 대해서 가능한 여러 가지의 대답을 모을
때, 또는 몇 명이 대답을 알고 있는가를 확인하고자 할 때
사용된다.

시작 대화이동		반응 대화이동		피드백 대화이동	
여기 있는 것들이 다 뭐지	유발	망치요	대답	망치.	수용
		못이요	대답	못.	수용
		톱이요	대답	톱.	수용

모으기 연속체의 구조 =
시작 대화이동 + 반응 대화이동 + 피드백 대화이동 +
(시작 대화이동(종속)) + 반응 대화이동 + 피드백 대화이동

-도움주기 : 도움주기는 교사지시에 대해서 학생들이 실행을 느리게 하거나 혹
은 기꺼이 하려고 하지 않을 때 또는 교사지시를 학생들이 이해
하지 못했을 때 사용된다. 도움주기는 도움, 촉진, 또는 지명 등
의 화행에 의해서 실현된다.

시작 대화이동		반응 대화이동		피드백 대화이동	
양손을 크게 벌리고 오른쪽 다리를 들어봐	지시	교사의 지시에 따라서 실행한다.	실행		
아니 왼쪽 다리가 아니고 오른쪽 다리를 들어	도움	교사의 지시에 따라서 실행한다.	실행	그렇지 잘 했어.	평가

도움주기 연속체의 구조 =
　　　　시작 대화이동 + 반응 대화이동 + 시작 대화이동(종속) +
　　　　반응 대화이동 + 피드백 대화이동

-반복 : 교사나 학생들이 서로를 이해하지 못했을 때 사용되는 연속체로서 다
　　　음의 구조를 가지고 있다.

시작 대화이동		반응 대화이동		피드백 대화이동	
왜 웃는 거니?	유발	아무것도 아닙니다.	대답		
뭐라구?	되묻기	아무것도 아니라구요	대답	너는 지금 아무일에 대해서도 웃고 있지 않는구나.	수용

반복 연속체의 구조 =
　　　　시작 대화이동 + 반응 대화이동 + 시작 대화이동 + 반응
　　　　대화이동 + 피드백 대화이동

지금까지 살펴본 발화연속체의 종류를 아래의 도표로 나타낼 수 있다.

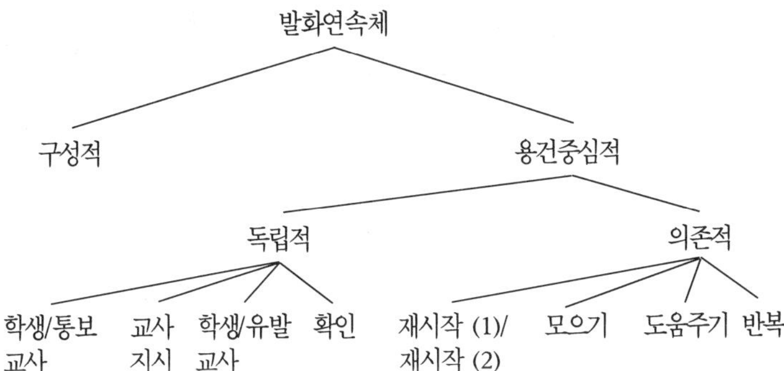

4) 단계와 수업

단계는 공통의 주제와 관련이 있는 대화의 한 부분으로서 발화연속체로 구성된다. 단계의 구성요소인 발화연속체는 도입과 중간 그리고 종료의 구조적 기능을 갖는다. 단계가 시작 발화연속체로 시작해서 중간 발화연속체로 이어지고 그리고 종료 발화연속체로 끝난다는 사실 이외에는 11개의 발화연속체가 어떻게 단계를 구성하는지에 대해서는 알지 못한다. 주요 단계는 **통보**와 **지시** 그리고 **유발**의 발화연속체에 의한 세 단계이다. 통보단계를 예시적으로 살펴보면 구성적 발화연속체와 통보 발화연속체 그리고 교사와 학생에 의해서 임의적으로 수행되는 다수의 발화연속체와 구성적 발화연속체로 구성된다. 계층적으로 구성된 싱클레어/쿨사드의 모형에서 최상의 자리를 차지하는 것은 수업이다. 수업은 과목이나 교사에 따라서 각각 다른 특징을 보이므로 보편적 구조를 가진 하나의 단위로 볼 수 없다. 지금까지 기술한 분석범주를 이용해서 실제 대화를 분석하는 예를 보기로 하자.

대화 텍스트	화행	대화 이동	발화 연속체	단계
교사 : 자	표시	범위 한정	구성적	지시
우리는 오늘 퀴즈 세 개를 풀어볼까 합니다. 그렇다고 전체 수업시간을 푸는 데 쓸려는 것은 아니에요. 왜냐하면 시간에 대해서 여러 분들에게 할 말이 있기 때문이에요.	메타 발화 설명	주의 환기		
이것이 첫 번째 퀴즙니다. 이 문장의 빈칸을 채울 수 있나요? 할 수 있는지 여러분의 책을 들여다 보세요.	출발 출발 지시	시작	교사지시	
학생 : 비언어적 의사표시	반응	반응		
교사 : 조안, 다 했어요?	확인	시작	확인	
학생 : 비언어적 의사표시	반응	반응		
교사 : 좋아요	평가	피드백		
그리고 미리는?	지명	시작	재시작	
학생 : 다 했어요	대답	반응		
교사 : 좋아요	평가	피드백		
교사 : 다 했어요?	확인	시작	확인	
학생 : 예.	대답	반응		
교사 : 자!	표시	범위 한정	범위한정적	유발
조안 쓴 것을 읽어 봐요	유발	시작	교사유발	
학생 : 고양이가 양탄자에 있습니다.	대답	반응		
교사 : 그래요 맞았어요. 마지막 낱말을 바꿔 볼게요	평가 설명	피드백		
교사 : 자빠진 글자가 뭐죠?	유발	시작	교사유발	
학생 : e	대답	반응		
교사 : 그래요	수용	피드백		
학생 : a	대답	반응	모으기	
교사 : a	수용	피드백		

학생 : a	대답	반응	모으기
교사 : 그래요	수용	피드백	
학생 : o	대답	반응	모으기
교사 : 그리고?	촉진	시작	재시작
학생 : e	대답	반응	
교사 : 그리고?	촉진	시작	재시작
학생 : u	대답	반응	
교사 : u, 그래요	수용	피드백	
그러한 글자들은 특별한 이름이 있어요 그게 뭐예요? 그것 이름이 뭐예요 폴.	출발 유발 지명	시작	교사유발
학생 : 모음이요	대답	반응	
교사 : 모음이죠 그렇죠	평가	피드백	

2. 메한의 모델

메한(Mehan 1979, 35~80; 1985, 121~124)은 교실 내에서 이루어지는 교사와 학생 사이의 상호작용의 모델을 제시하고 있다. 이 모델에서 메한은 교실 안에서 이루어지는 수업을 연속적이고 위계적인 조직으로 파악하고 있다. 메한의 모델에서 위계적으로 최상 위의 위치를 점하고 있는 수업은 시작단계와 교습단계 및 종료단계로 이루어져 있다. 이 세 단계는 수업에서 각각 다른 기능을 가지고 있다.

시작단계에서 교사와 학생은 다른 여타의 활동이 아닌 수업을 시작하자는 합의를 한다. 이 목적을 위해서 두 개의 중요한 행위가 이루어진다. 먼저 수업시간에 어떤 것을 할지에 대한 정보가 제공된다. 그리고 두 번째로 학생들이 수업을 받을 수 있도록 수업의 환경을 조성한다. 교습단계는 당연히 수업의 핵심이다. 이 단계에서는 교사와 학생 사이에 수업에서 다루어지는 내용과 관련된 정보가 교환된다. 종료단계에서 교사와 학생은 수업시간에 무엇을 하였고 교실에서 다음으로 어떤 행동을 할 것인가를 준비하는 정보를 교환한다.

이 세 단계는 위계적으로 한 단계 낮은 단위인 상호작용의 연속체로 구성된다. 시작단계와 종료단계는 지시와 통보의 연속체로 구성된다. 지시 연속체는 예를 들면 "책 10쪽을 펴세요!" 또는 "색연필을 꺼내세요!" 등과 같이 수업의 진행을 위해서 필요한 사항들에 대해서 교사와 학생이 서로 의사소통을 하거나, "칠판을 보세요" 등의 예와 같이 교육의 준비를 위한 의사소통에 사용된다. 통보 연속체에서는 수업 중에 무엇을 할 것인지 또는 무엇을 하였는지에 관한 의사소통이 이루어진다. 통보 연속체를 통해서 교사는 학생의 집중을 도모한다. 지시와 통보의 연속체는 유발의 연속체가 원활하게 이루어질 수 있도록 하는 일종의 '울타리'와 같은 기능을 한다. 유발의 연속체에서는 교사와 학생 사이에 수업의 주제와 관련된 내용인 사실이나 의견 또는 해석이나 이에 대한 근거제시 등과 같은 정보가 교환된다. 연속체를 통해서 교환되는 정보의 유형에 따라서 네 종류의 유발 연속체로 구분된다.

1. 선택의 유발 연속체 : 이 연속체를 통해서 질문자는 자신의 진술에 대해서 동의나 수용 또는 부정이나 퇴짜의 행위를 하도록 답변자에게 요구한다.
2. 생산의 유발 연속체 : 이 연속체에서 답변자는 이름, 장소, 날짜 등과 같은 사실에 대한 대답을 하도록 요구받는다.
3. 진행의 유발 연속체 : 이 연속체에서는 학생들이 의견이나 해석에 대한 발표를 하도록 요구한다.
4. 메타 진행 유발 연속체 : 이 연속체는 학생들이 자신의 의견에 대해서 근거를 제시하도록 한다. 다시 말해서 이 연속체에서는 어떻게 대답을 하게 되었는지 또는 어떤 것에 대해서 어떻게 기억하게 되었는지와 관련된 규칙이나 과정 등을 밝혀야 하는 의무를 지게 된다.

메한의 수업대화 분석은 기본적으로 회화분석론의 이론과 방법론에서 출발하기 때문에 연속체의 구성에 대한 이해도 회화분석론의 개념인 인접쌍에서 출발한다. 인접쌍은 잘 알려져 있다시피 질문-대답, 제안-수락, 인사-인사 등과 같이 발화순서 교체에 의해서 수행된 두 사람의 발화로 이루어진다. 이 두 발화는 직접적으로 맞닿아 있는 경우가 많고 내용적 측면에서 본다면 인접쌍을 이루는 두 요소 사이에는 조건적 관여성이 존재한다. 조건적 관여성이란 예를 들어서 질문은 대답의 존재라는 전제하에서만이 질문으로서 인정될 수 있고 또한 대답도 질문을 통해서만이 대답으로서 존재할 수 있는 것을 뜻한다. 말하는 사람이 인접쌍의 첫 번째 부분으로서 발화를 했을 때, 그 다음 말하는 사람이 수행하는 인접쌍의 두 번째 부분으로 수행될 수 있는 발화는 특정 유형으로만 제한된다. 쉐글로프/색스(Schegloff/Sacks 1973)에 의하면 인접쌍은 다음과 같은 특성을 가지고 있다.

1. 서로 맞닿아(인접해) 있다.
2. 두 명 이상 각각 다른 말하는 사람의 발화에 의해서 구성된다.
3. 두 번째 부분은 첫 번째 부분을 따르는 순서로 구성된다.
4. 제의는 수락이나 거절을 그리고 인사는 인사를 인접쌍의 두 번째 요소를 요구하는 것처럼 인접쌍의 첫 번째 요소가 어떤 행위가 두 번째 요소에 올 수 있는지를 규정한다.

그러나 회화분석론의 관점과는 달리 수업대화에서는 교사질문과 대답 그리고 교사평가, 또는 교사의 지시와 학생의 이행 그리고 교사의 평가로 이어지는 세 개의 발화로 이루어지는 특징이 있다. 다시 말해서 교실에서 이루어지는 세 종류의 연속체, 즉 통보와 지시 그리고 유발의 연속체는 시작과 반응 그리고 평가 등 세 개의 대화이동으로 이루어진다. 메한은 회화분석론의 인접쌍 개념을 충실하게 받아들이고 싶지만, 이와는 다른 현상을 보이는 수업대화의 연속체를 기술하기 위해서 겹인접쌍이란 개념을 새로이 도입한다. 즉 세 개의 대화이동 중에서 처음의 시작과 반응의 대화이동이 하나의 인접쌍을 만들고 이 인접쌍은 다시 평가의 대화이동과 합쳐서 또 다른 인접쌍을 구성하여 겹인접쌍을 이룬다는 것이다.

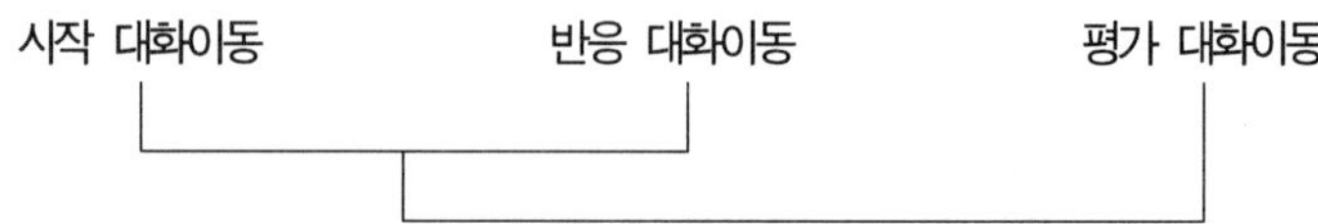

　　수업의 교육 단계에서 수행되는 상호작용의 연속체는 주제를 중심으로 조직된다. 그렇기 때문에 교습단계는 주제와 관련된 상호작용적 연속체의 진행이라는 특징을 갖게 된다. 하나의 주제가 하나의 유발 연속체 안에서 제시되고 완전하게 다루어질 수 있다. 그러한 유발 연속체는 기초 연속체라고 불린다. 그러나 하나의 주제가 하나의 유발 연속체를 넘어서 그 다음 유발 연속체에서도 다루어지는 경우가 있다. 그러한 경우의 연속체들은 독립적으로는 나타나지 않고 선행하는 기초 연속체와 연계되어서만 나타날 수 있다. 그러한 연속체들은 필수적인 것이 아니라 선택적이어서 조건적 연속체라고 불린다. 이 두 연속체를 아래의 예문에서 보다 자세하게 보기로 하자.

　　다음 쪽에서 교사는 파트리시아와 캐롤린에게 카드에 적힌 이름을 찾으라는 과제를 준다(Mehan 1985, 122~123). 교사는 이름을 찾을 수 있도록 이름표를 높이 든다(4:9). 파트리시아가 자신의 이름표를 찾았을 때 교사는 또 다른 교습을 하기 위해서 이름표를 다시 높이 든다(4:10). 캐롤린이 정확하게 이름표를 찾았을 때(4:11), 교사는 이름이 적혀 있는 학생이 어디에 있는지 말하라고 요구한다(4:12). 그리고 파트리시아에게는 대답이 맞는지를 확인하라고 요구한다(4:13). 교사가 요구한 일이 모두 수행되었을 때 교사는 이름표를 내려놓으면서 "맞았어"라고 말한다. 이 말을 할 때 교사의 목소리 리듬은 느려진다. 내려놓여진 이름표와 변화된 목소리 리듬 그리고 "맞았어"라는 말은 주제와 관련된 연속체의 세트의 종료를 표시해준다. 이름표의 확인(4:9~4:11)이 바로 주제를 설정하는 기초 연속체인 것이다. 반면에 이름표와 사람과의 연계(4:13)와 그에 대한 확인(4:13)은 조건적 연속체이다. 다시 말해서 이 두 조건적 연속체는 이름표의 확인이라는 기초 연속체가 수행됨으로써 나타나게 된 것이다. 다음 이름표를 들고 교사의 말소리가 빨라지면서 교사는 다른 주제를 다루기 시작한다(4:14). 이러한 방식으로 수업의 교습 단계에서 여러 주제들이 이어진다.

  교사의 시작 대화이동에 대해서 학생들이 즉각적으로 대답을 하지 못하거나, 제시한 답변이 틀렸거나 아니면 비결속적인 반응(예: 교사가 어떤 행동을 하라고 지시를 하였는데 대답을 하는 경우)을 보이는 경우가 있다. 이러한 경우 교사는 '실수'를 교정하거나 적절한 반응을 하도록 한다. 이때 교사는 격려나 반복 또는 시작 대화이동의 단순화 등의 다양한 전략을 이용할 수 있는데, 이를 통해서 겹인접쌍이 확장된다.

시작	대답	평가
4:9 교사 : 여기 이 이름표는 누구의 것이지? (이름표를 들면서)	파트리시아 : 제것인데요 캐롤린 :　　(손을 든다)	교사 : 아, 만약 네가, 만약 너의 이름표라면. (이름표를 내리며) 비밀을 밝히지 마! 만약 네가 만약…
4:10 교사 : 한 번 봐, 여기 있는 사람들 중의 이름표를 몇 개 들어볼게. 음, 밝히지 마. 누구 이름표 (이름표를 들며)인지, 누구의 이름표인지 말해 볼 사람?		
4:11 교사 : 캐롤린	캐롤린 : (손을 든다) 캐롤린 : 파트리시아	
4:12 교사 : 파트리시아가 어디 있니?	캐롤린 : (파트리시아를 지목한다)	교사 : 맞았어
4:13 교사 : 이것이 너의 이름표니?	파트리시아 : (고개를 끄덕인다)	교사 : 맞았어 (이름표를 내려놓는다)
4:14 교사 : 이것은 누구의 이름표니? 자, 비밀을 누설하지 말고 이것이 네 것이라면 비밀을 누설하지 말고, 이것이 네것이 라면 다른 아이들에게 볼 수 있는 기회를 줘(이름표를 든 다)	어네스토 : 캐롤린 : (손을 든다)	

메한(1979, 75)은 전체적인 수업의 구조와 개별 단위의 구성에 대해서 다음과 같이 도표로 정리한다.

수업	⟶	시작단계 + 교습단계 + 종료단계
시작단계와 종료단계	⟶	지시 연속체 + 통보 연속체
교습단계	⟶	주제와 관련된 연속체 세트 + 주제와 관련된 연속체 세트
주제와 관련된 연속체 세트	⟶	기초 연속체 + 조건적 연속체
교습적 연속체	⟶	시작 + 대답 + 평가

이 도표는 메한(1985, 124)에서 아래와 같이 보다 자세하게 수정된다.

사건 (event)	수 업 (lesson)					
단계 (phase)	시작(Opening)		교습(Instruction)			종료(Closing)
연속체 유형	dir	inf	trs Elicit　Elicit	trs Elicit　Elicit	inf	dir
연속체의 조직	I-R-E	I-R-(EØ)	I-R-E I-R-E	I-R-E I-R-E	I-R-(EØ)	I-R-E
참가자	T-S-T	T-S-T	T-S-T T-S-T	T-S-T T-S-T	T-S-T	T-S-T

위계적 조직 (세로축) / 연속체의 조직 (가로축)

연속체의 조직

약어 설명 : dir(directive sequence):지식 연속체 inf(informative sequence); trs(topically related set):주제와 관련된 연속체 세트 Elicit:유발; I-R-E (Initation-Reply-Evaluation):시작-대답-평가; (EØ):임의적 평가; T(Teacher):교사; S(Student):학생

3. 에엘리히/레바인의 문제제시–문제해결 모형

에엘리히/레바인(Ehlich/Rehbein)은 1970년대와 80년대에 걸쳐서 대화분석에 관한 일련의 논문과 저서를 공동으로 혹은 개별적으로 발표하면서 대화분석의 이론과 방법론의 발달에 많은 기여를 하였다. 이들은 특히 실제 대화의 문자화를 위해서 총보 방식을 개발하여 많은 연구자들이 이를 수용하기도 하였다. 에엘리히/레바인은 대화와 같은 언어행위의 복잡한 특징과 인간들의 사회생활에서 언어행위가 가질 수 있는 위상에 대해서 밝히는 것을 대화분석의 목표로 보고 있다. 다시 말해서 대화분석의 과제는 대화의 전개과정이나 구조에 대해서 개별적으로 규명하는 데 국한하는 것이 아니라 대화분석을 통해서 얻은 지식을 바탕으로 언어행위와 사회 그리고 사회구성원인 인간과의 관계를 밝히는 데 있다는 것이다. 에엘리히/레바인은 여러 유형의 사회활동과 그에 따른 언어행위들 가운데에서 특히 학교에서 이루어지는 의사소통 행위에 역점을 두고 연구활동을 하였다. 에엘리히/레바인은 학교 내에서 이루어지는 언어행위에 관한 그간의 연구를 종합적으로 정리하여 1986년에 『원형과 제도』란 제목의 저서에 발표하였다. 이들은 여기서 학교에서 이루어지는 대표적인 언어행위인 문제제시-문제해결, 수수께끼, 교사 강의 그리고 질문과 근거제시를 분석하고 행위 원형을 재구성한다. 이러한 여러 유형의 원형 중에서 문제제시-문제해결의 원형을 중심으로 에엘리히/레바인의 수업대화의 분석을 위한 방법론을 소개하기로 한다.

문제제시-문제해결의 대화 유형은 여러 제도 중의 하나인 학교의 목적과 조건에 따른 일상생활의 문제해결 원형이 변화된 모습이다. 문제란 행위자가 어떤 목적에 도달하려고 할 때 저항에 부딪혀 있는 상태를 의미한다. 문제해결이란 현재 당면하고 있는 저항을 극복하고 지향하고 있는 목적을 달성할 수 있는 방법을 찾는 것을 말한다. 문제해결의 본질은 다양한 부분 행동을 통해서 행위에 장애가 되고 있는 현상을 극복하는 것이다. 이를 위해서 먼저 알고 있는 지식을 문제에 비추어보아야 한다. 문제를 분해하여 이미 알고 있는 문제의 부분들을 확인하고 행위적으로 접근이 가능하도록 한다. 반면에 원래 행위를 불가능하게 하는 부분들을 따로 분리하고 정리하여서 구체적인 부정의 대상을 인지하도록 한다. 다시 말해서 알고 있지 못한 것을 알지 못하고 있는 것으로 확인한다. 그리고 나서 문제의 해결 가능성들을 계획화한다. 부분 문제를 완전하게 처리하여 문제의 해결 가능성을 행위로 전환시킨다. 문제해결의 구성적 요소를 체계화하면 다음과 같다.

     (a) 문제의 상황 (행위의 저항)
     (a)′ 구체적인 부정
     (b) 목표 설정
     (c) 지식 조사
     (d) 문제의 분해 (알고 있는 요소와 알고 있지 못한 요소)
     (e) 계획 세우기
     (f) 문제 해결의 다양한 가능성
     (g) 문제 해결

일단 문제에 대한 해결 방법을 알게 되면 이 방법은 동일한 문제 상황에서 언제나 응용되어 그 문제가 이제는 더 이상 문제가 되지 않게 한다. 다시 말해서 문제는 원칙적으로 해결 가능한 문제가 된 것이다. 이를 통해서 문제해결 방법이 표준화되어서 동일한 문제가 발생하면 언제나 동일한 해결책을 사용하게 되고, 그러한 표준화된 문제 해결책은 집단적 혹은 사회적 공동정보로 입력되게 된다. 표준화된 해결 방법은 문제의 상황에 처해보지도 않은 새로운 세대의 개개인들에게 전수된다. 즉 후속 세대들은 문제의 상황에 처할 필요도 없고 또한 그 문제를 스스로 해결할 필요도 없는 것이다.

일상적 문제해결의 원형이 제도적 교육 환경에서 문제제시-문제해결의 원형으로 바뀌는 것은 문제의 상황과 문제해결을 담당하는 사람이 각각 다르다는 데에 있다. 다시 말해서 문제해결은 한 사람이 문제해결의 상황에 스스로 처하게 되고 또한 동시에 스스로 문제해결에 대한 방법을 찾아야 한다. 이와는 반대로 문제제시-문제해결에서 학생들은 교사가 제시한 문제의 상황에 직접 처하지 않으면서도 문제해결의 방법을 찾으면 되는 것이다. 문제를 제시하는 교사는 다음의 사항에 대해서 알고 있어야 한다.

  (a) 문제의 상황 (행위의 저항)
  (b) 목표설정
  (b)′ 문제를 의미 있게 (즉 문제에 관여적으로) 분해하기
  (c) 문제해결
  (c)′ 문제해결의 다양한 가능성

반대로 학생들은 문제를 해결해야 하는데 이들에게 문제해결을 위해서 매우 중요한 요소인 목표 설정이 결여되어 있다. 목적 의식은 문제를 해결하는 전체 과정을 구성하고 조절해주고, 문제의 분해와 계획 세우기를 가능하게 하며 문제의 해결을 탐지하는 일종의 중앙 조절장치이다.

문제제시-문제해결의 과정에 대하여 에엘리히/레바인이 재구성한 모형은 듣는 사람과 말하는 사람의 인지적 영역과 상호작용의 영역으로 구성되어 있다(도표참조). 에엘리히/레바인의 모델이 가지고 있는 특징은 화용소라고 부르는 일단의 요소로 구성되어 있다. 화용소는 인지적 행위와 결정점 그리고 상호작용과 육체적 활동 등을 포괄하는 개념이다. 다음 쪽에 있는 도표의 번호 (1)에서는 교사가 문제제시를 계획하기 위한 복합적 인지행위가 일어나는 연속체의 시작지점이다. (2)에서 교사는 문제제시를 언어적으로 수행한다. 학생이 (3)에서 문제를 해결할 수 있다는 생각이 들면 문제해결에 합당하다고 생각되는 해결책을 추측하고(6) 문제해결을 위한 시도를 한다(7).

반면에 학생이 문제해결을 할 수 없다고 생각되면(4) 침묵을 한다 (5). 이어서 교사가 인지영역에서 학생의 문제해결 시도를 검사하여(9) 긍정적 평가에 이르고(16) 그 판단을 학생에게 언어적으로 통보하여(17) 학생이 문제제시-문제해결의 행위 원형이 성공적으로 완결되었고(18) 완결된 행위

원형 이후에 또 다른 행위 원형이 뒤따를 수 있음을(19) 알게 하여 준다. 반면에 학생의 문제해결 시도가 교사에 의해서 부정적 평가를 받고(10) 이를 학생에게 통보하면(11) 연속체는 중단될 수도 있다(12). 또는 처음의 문제제시가 계속해서 유효하여(2) 학생들이 또 다른 해결책을 추측하게 하거나(6) 아니면 힌트를 주면서 문제제시를 반복할 수도 있다(13).

상호작용 영역과 인지영역이 포함된 비교적 복잡한 행위전개 과정을 상호작용의 영역에 국한하여 간단하게 설명해 보면 다음과 같다. 교사가 문제를 제시하면 학생들은 그에 대한 해결방법을 제시한다. 학생들에 의해서 상정된 문제해결 방법은 교사에 의해서 평가된다. 긍정적인 평가가 내려진 경우에는 다음의 문제제시-문제해결을 위한 연속체가 뒤따를 수 있다. 부정적인 평가의 경우에는 교사가 그 문제제시-문제해결의 연속체를 중단하거나 혹은 문제제시를 되풀이할 수 있다. 이를 도표로 나타내면 다음과 같다.

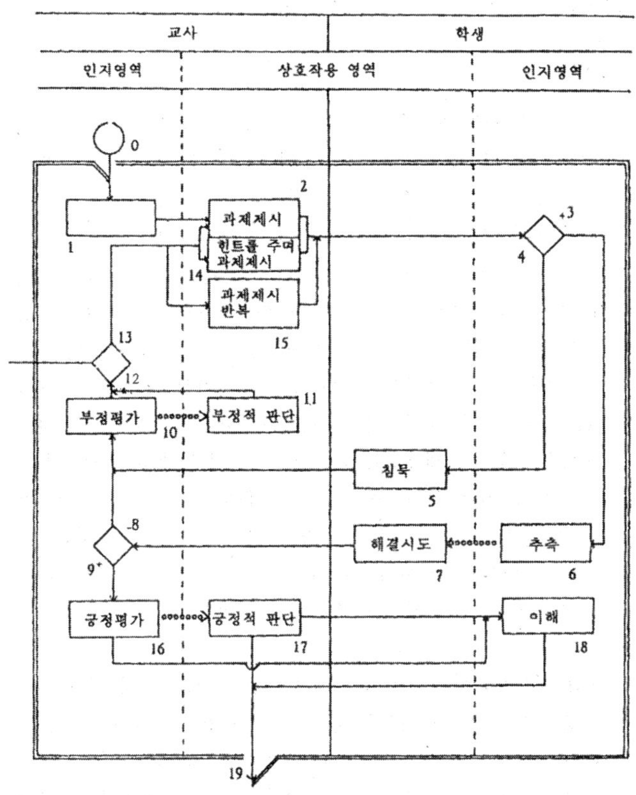

예)　　<u>교사</u>　　　　　　　　　　　<u>학생</u>

A 너희들이 어제 읽었던 부분을 다시 한 번 보기로 하겠다.

B 먼저 도입을 위해서 82쪽을 읽어보도록 하겠다.

C 편견, 국외자, 과제

D 중요한 텍스트를 다시 한 번 읽자.

E 내용으로 들어가기 위해서 먼저 여기에 나오는 사람들이 누구인지 말해볼까?

F　　　　　　　　　　　　　아버지, 하이노, 어머니 그리고 롤프, 아힘, 게르트

G 너희들이 어제 문제풀이를 위한 정보를 이미 읽은 바 대로 이 이야기는 두
　개의 이야기로 구성되어 있다.

H　　　　　　　　　　　　　하나는 연날리기에 관한 것이고 다른
　　　　　　　　　　　　　　하나는 학교가는 길에 아이들이 싸우는
　　　　　　　　　　　　　　이야기입니다.

I 자 좀 더 정확하게 이야기해보기로 하자. 어디에서 이야기가 나누어지지…
　책에 따르면. 책에 있는 줄의 숫자가 써 있지.

J　　　　　　　　　　　　　76쪽 30째 줄 "그 앞에 롤프가 간다"

K 완전히 정확한 것은 아니고

L　　　　　　　　　　　　　76쪽 29째 줄이요, 그러니까 "다음날
　　　　　　　　　　　　　　아침 하이노는"이라고 시작되는 곳이요

M 27번째 줄, 76쪽이요…"그는 전화벨 소리를 들었다"

N 비르기트, 너는 어떻게 생각하니?

O　　　　　　　　　　　　　…76쪽 28번째 줄이요 바로 거기가
　　　　　　　　　　　　　　요…한 이야기가 끝나는 곳이에요

P 그래, 네가 생각하고 있는 곳이 첫 이야기의 끝 부분인 것 같아. 그리고 두
　번째 이야기는 누군가 이미 올바로 말한 바대로 29번째 줄이야.

위의 예문 (B, C)에서 교사는 먼저 읽기 수업시간에 다룰 내용의 주제
에 대해서 정리한다. 그리고 텍스트를 다시 읽게 한다(D). 그리고 나서 이
야기의 말하려고 하는 바를 재구성하기 위해서 이야기의 구조에 대해서
다룬다(E, F). 이를 바탕으로 (G)에서 일종의 준비로 과제를 제시한다(도표
에서는 2번). 이 과제는 (H)에서 해결된다(도표에서는 7을 통해서 19번으로 종
료). (I)에서 교사는 다음 과제를 제시한다(도표에서는 다시 2번). 이 과제는
(G)에서 제시한 과제를 세밀화하는 기능을 갖는다. 이 과제에 대해서 해
결의 시도가 잇따라 이루어지지만(J, L, M; 도표에서는 7번), 교사에 의해서
부정적으로 평가된다(K, N; 도표에서는 11). 즉 부정적 평가(K, N)와 동시에
과제는 다시 제시되는 것이다(도표에서는 다시 2번으로 회기). (N)에서 교사는
다시 한 번 과제를 제시하고 (O)에서 시도한 과제해결 시도(도표에서는 7번)
를 (P)에서 긍정평가(도표에서는 17)를 함으로써 하나의 연속체가 종결되게
된다(도표에서는 19번).

4. 로스트의 교정 모형

　로스트(Rost 1989)는 민족지학적 회화분석론을 바탕으로 외국어 수업과 그 안에서 이루어지는 화자의 전략에 대해서 분석하였다. 특히 화자교체 순서와 주제의 초점 그리고 교정과 모국어 화자와 비모국어 화자 사이의 의사소통에 대해서 중점적으로 연구를 하였다. 그 가운데에서 이곳에서는 특히 모든 수업시간에 자주 등장하는 교정의 연구 결과만을 간략하게 소개하기로 하겠다. 로스트가 사용하는 교정의 개념은 단순히 발화의 내용이 잘못된 것만을 대상으로 하는 것이 아니라, 상호작용을 수행할 때 오해 혹은 표현이나 이해의 어려움 등과 같은 문제가 나타날 때 그러한 문제를 제거하는 과정을 뜻하는 넓은 의미로 사용된다. 누가 교정에 대한 문제를 제기하는가 그리고 누가 교정을 수행하느냐에 따라서 네 개의 형태로 나눌 수 있다.

1. 본인제기와 본인교정 : 말하는 사람이 자신의 잘못을 스스로 깨닫고 그 잘못을 스스로 교정한다.

   말하는 사람 1 : 오늘 다룰 것은 제 6장입니다.
   말하는 사람 2 : …
   말하는 사람 1 : 잘 못 알아들으셨습니까? 제 6장입니다.

2. 타인제기와 본인교정 : 말하는 사람의 잘못을 타자가 지적해주면 그 잘못을 말하는 사람 스스로 교정한다.

   말하는 사람 1 : 오늘 다룰 것은 제 5장입니다.
   말하는 사람 2 : 5장이 확실합니까?
   말하는 사람 1 : 죄송합니다, 6장입니다.

3. 본인제기와 타인교정 : 말하는 사람이 자신의 잘못을 인지하고는 있지만 그 것을 적절하게 교정하지 않거나 교정할 수 없을 때 타인이 말하는 사람의 잘못을 교정한다.

> 말하는 사람 1 : 오늘 다룰 것은 제 5장 …, 아닌데, 어디더라?
> 말하는 사람 2 : 6장입니다.

4. 타인제기와 타인교정 : 말하는 사람의 잘못을 타인이 제기하고 또한 교정한다.

> 말하는 사람 1 : 오늘 다룰 것은 제 5장입니다.
> 말하는 사람 2 : 5장이 아니고 6장입니다.
> 말하는 사람 1 : 그렇군요. 감사합니다. (Rost 1989, 151f.)

교정 연속체가 기본적으로 나타나는 형식은 장애(교정의 대상)-교정-수용 또는 퇴짜의 구조로 이루어진다. 그러나 이러한 교정의 행위가 이루어지는 동안 다른 행위가 일어남으로써 교정의 기본 형식이 확장될 수 있다.

1. 연속하는 부분 교정에 의한 확장

> 말하는 사람 1 : 한국 김치은 맛이 많다. (장애)
> 말하는 사람 2 : 한국 김치는 (교정)
> 말하는 사람 1 : 한국 김치는 (수용)
> 말하는 사람 2 : 맛이 좋다. (부분부정)

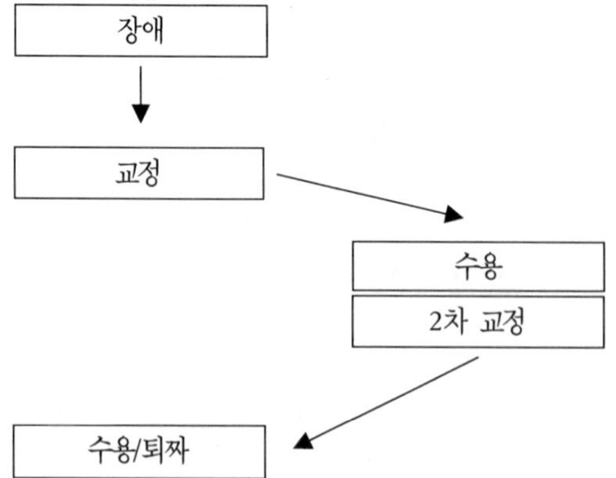

교정은 장애 현상을 전체적으로 수정하기도 하지만 부분으로 나누어서 하는 경우도 있는데 이때 부분 교정에 의해서 교정 연속체의 확장이 일어날 수 있다. 위의 예문에 말하는 사람 1은 조사 '은'과 술어 '많다'에서 실수를 하는데, 말하는 사람 2는 이것을 한 번에 교정하지 않고 두 번에 나누어서 교정을 한다.

2. 장애 뒤의 되묻기 질문에 의한 확장

말하는 사람 1 : 한국 김치은 맛이 많다. (장애)
말하는 사람 2 : 한국 김치은? (되묻기 질문)
말하는 사람 1 : 한국 김치은 (장애의 되풀이)
말하는 사람 2 : 한국 김치는 (교정)
말하는 사람 1 : 한국 김치는 (수용)

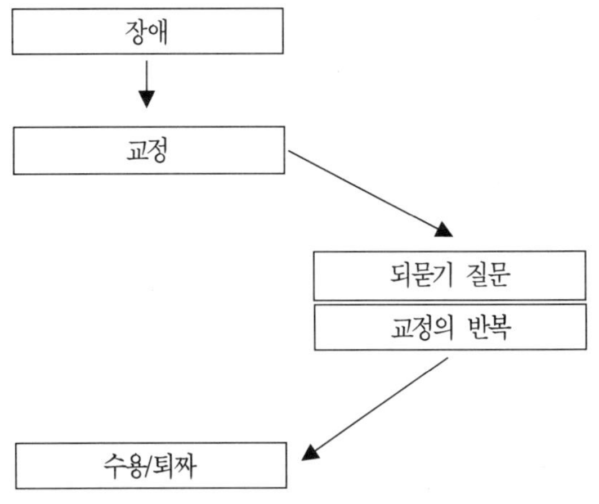

3. 교정 뒤의 되묻기 질문에 의한 교정

말하는 사람 1 : 한국 김치은 (장애)
말하는 사람 2 : 한국 김치는 (교정)
말하는 사람 1 : 김치은? (되묻기 질문)
말하는 사람 2 : 한국 김치는 (교정의 반복)
말하는 사람 1 : 예 (수용)

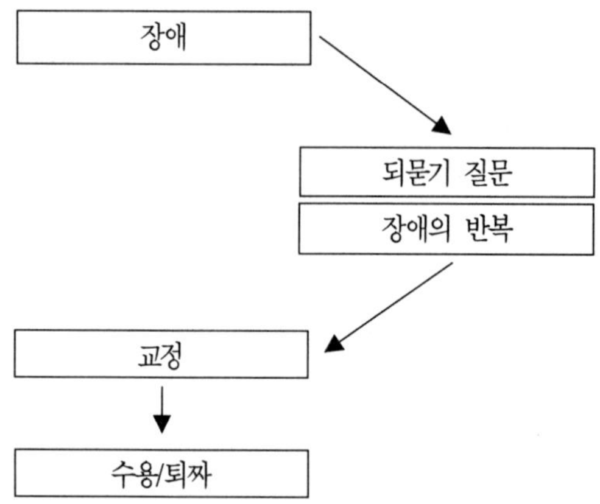

4. 교정의 수용이 또 다른 장애일 때의 확장
   말하는 사람 1 : 한국 김치은 (장애)
   말하는 사람 2 : 한국 김치는 (교정)
   말하는 사람 1 : 김치눈 (되묻기 질문)
   말하는 사람 2 : 김치는 (교정의 반복)
   말하는 사람 1 : 예, 김치는 (수용)

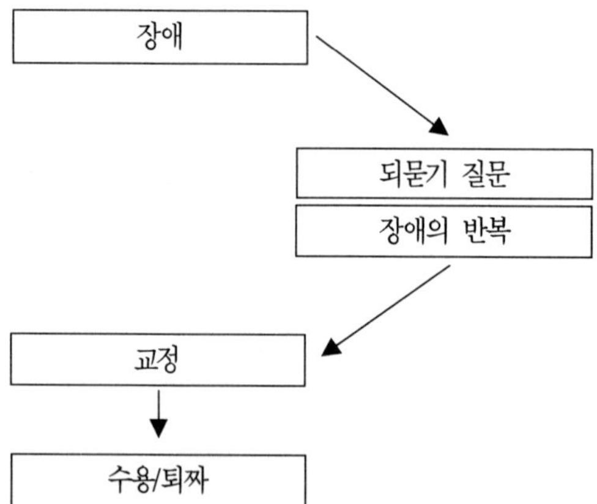

5. 자기교정의 요구를 통한 확장

말하는 사람 1 : 한국 김치은 (장애)
말하는 사람 2 : 한국 김치은? (자기교정 요구)
말하는 사람 1 : 한국 김치는 (교정)
말하는 사람 2 : 예 (수용)

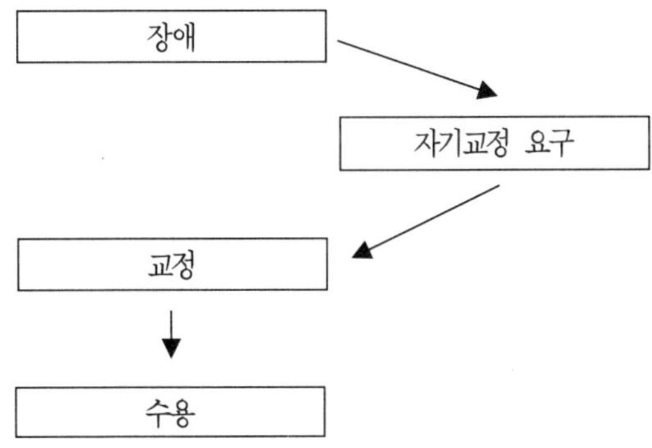

5. a) 자기교정이 또 다른 장애 요인일 때의 확장

말하는 사람 1이 발화 중에 장애 현상을 보였을 때 말하는 사람 2가 자기교정을 요구할 수 있고, 이에 따라서 말하는 사람 1이 교정을 하였는데 이 교정이 또 다른 장애 현상일 경우 말하는 사람 2가 곧바로 교정에 들어가거나 아니면 또 다른 자기교정을 요구할 수 있다.

말하는 사람 1 : 한국 김치은 (장애)
말하는 사람 2 : 한국 김치은? (자기교정 요구)
말하는 사람 1 : 한국 김치눈 (자기교정이 또 다른 장애)
말하는 사람 2 : 한국 김치는 (교정) / 한국 김치눈? (자기교정 요구 반복)

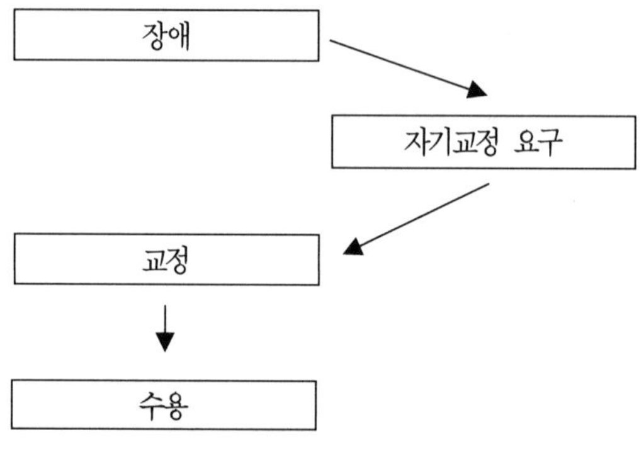

5. b) 타인교정의 요구를 통한 확장

말하는 사람 1 : 한국 김치은 (장애)
말하는 사람 2 : 한국 김치은? (자기교정 요구)
말하는 사람 1 : 그럼 어떻게 합니까? (타인교정 요구)
말하는 사람 2 : 한국 김치는 (교정)
말하는 사람 1 : 한국 김치는 (수용)

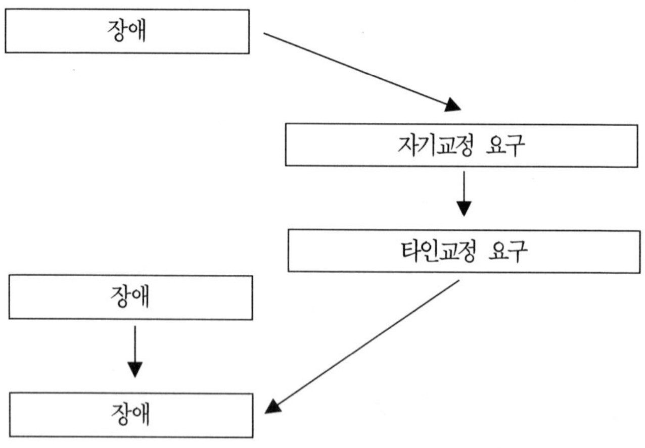

교정의 기본 구조와 다양한 확장을 전체적으로 표시하면 다음과 같다.

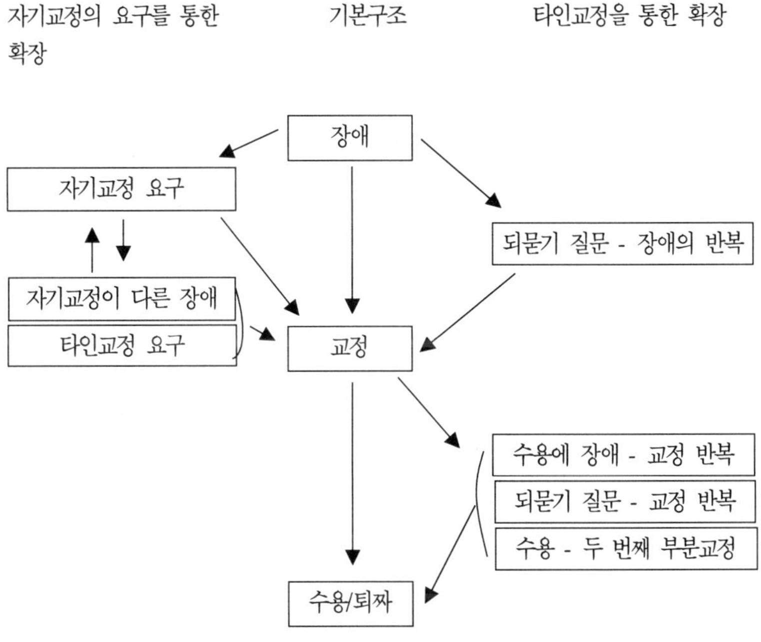

5. 람게의 수업 계획 모형

람게(Ramge, 1980)의 수업 계획 모형은 싱클레어와 쿨사드의 수업대화 분석 모형이 가지고 있는 큰 약점 중의 하나인 단계에 대한 문제점을 보완하기 위한 목적에서 출발한다. 앞서에서 이미 언급한 대로, 싱클레어/쿨사드의 수업대화 모형을 구성하는 단위 가운데 최상위의 위치를 점하고 있는 수업의 바로 밑에 있는 하위 단위인 단계에 대해서는 명확한 설명을 하고 있지 못하다. 그들에 의하면 단계는 공통의 주제에 의해서 구성되고, 그 공통의 주제는 발화연속체에 의해서 다루어지는데 그러한 것들이 어떻게 서로 연결되는 지에 대해서는 알고 있지 못하다는 것이다. 람게는 싱클레어/쿨사드의 수업대화 분석 모형의 문제점, 즉 수업대화의 단계를 보다 자세하게 규정하고 분석하고자 한다. 그는 수업대화에 관한 언어학적 연구에서 자주 사용되는 용어인 '단계'를 기존의 교육학적 수업연구에서 자주 사용하는 용어인 '계획'이란 용어로 대치한다.

람게는 특수한 언어 행위의 형식을 이용하여 교육적 목적이 설정되고 추구되는 복합적 행위의 관련성이라고 수업 계획을 정의한다. 수업의 조직과 형태적 차원에서 행위의 목적은 수업의 진행과정에서 어느 곳에 위치하느냐에 따라 다르게 규정된다. 람게는 수업 계획의 특성을 다음과 같이 기술하고 있다.

1. 수업을 자극과 반응 또는 대화이동과 대화이동 결합체의 연속으로 파악할 것이 아니라 구조와 계획을 통해서 조직된 단위로 파악해야 한다. 그렇다면 수업 계획은 전체로서의 수업과 대화를 조직하는 연속체 사이를 매개하는 중간 단위로 보는 것이 적합하다.

2. 수업 계획은 대화분석 및 교육학적 범주를 참조하여 일반적으로 정의된다. 수업 계획은 실제의 수업대화에서 보편적인 상호작용의 격률을 바탕으로 하는 일반적 수업조직의 원칙을 재생산한다.

3. 교육학적 범주를 참조하였기 때문에 주어진 수업의 조건(과목, 내용영역, 학년, 수업의 진행 방식)에서 수업 계획은 순서를 이루고 명시할 수 있는 순서로 나타난다. 수업 계획은 필수적인 것과 임의적인 것으로 구분된다.

4. 형태적으로 수업 계획은 시작과 종료가 있다는 특징이 있다. 시작은 보통 교사의 언어적이거나 비언어적인 의사소통 수단으로 명시적으로 표시된다. 시작 대화이동에서 공동으로 행위를 하기 위한 지표의 설정이 가능하도록 행위의 목적이 언급된다.

5. 중단, 선취, 추가 등은 독립적이고 자체적인 새로운 수업 계획이 아닌 이상 진행되고 있는 수업 계획의 효력에 영향을 끼치지 않는다.

6. 수업 계획은 보통의 경우 교사가 행위의 목적이 달성되었다고 평가하면 종료된다.

7. 수업대화 중에서 확인 가능한 기능과 상응하여 수업 계획은 특수하고 기대할 수 있는 대화의 형태를 보인다.

8. 수업 계획은 모든 수업 참가자들의 계획과 관련된 행위를 체계적으로 포괄하기 때문에 수업 행위가 성공했는지 또는 실패했는지에 대해서 명확하게 진술할 수 있다.

람게는 독일어 수업시간, 특히 작은 문학 텍스트를 다루는 수업을 예로 하여 다음과 같이 선택적 또는 필수적인 수업 계획을 제시한다.

1. 도입 계획 : 선택적
   도입 계획에서는 공동의 행위가 이루어지게 하는 기능을 갖는다. 특히 계획에서 다룰 것을 준비하도록 하고 학생과 교사 사이의 접촉을 생성시킨다 도입 계획은 원칙적으로 곧 바로 제시 계획, 즉 텍스트 읽기로 들어갈 수 있기 때문에 선택적이다.

2. 제시 계획 : 필수적
   문학 텍스트를 다루는 수업을 예로 든다면 수업의 대상인 텍스트를 제시하는 것으로 교사나 학생이 텍스트를 읽는다.

3. 설명 계획
   3.1. 사전 설명 계획 : 선택적
      이 계획에서는 학생들의 즉흥적인 인상이나 의견들을 자유롭게 표현할 수 있는 기능을 갖는다. 교사가 이것을 하지 않고 곧바로 텍스트 해명으로 넘어갈 수 있기 때문에 선택적이다.
   3.2. 텍스트 설명 계획 : 필수적
      문학 수업에서 텍스트를 완전하게 이해하기 위해서 텍스트에 나오는 어려운 낱말이나 행위 구조 등을 해명하는 것이 필수적이므로 이 계획은 필수적이다.
   3.3. 의미 해명 계획 : 필수적
      이 계획의 목적은 텍스트의 의미와 문제를 파악하고 토론하는 것이다

4. 일반화 계획 : 필수적
   작은 문학 텍스트를 다룰 때 일반화 계획의 기능은 보편적인 행위의 격률

이 파생될 수 있도록 의미 해명 계획에서 파악한 텍스트의 의미 구조를 일반화하는 것이다.

5. 요약 계획 : 선택적

이전의 계획에서 다룬 내용을 짧고 개략적으로 요약하는 것이 이 계획의 목적이다.

6. 메꿈 계획 : 선택적

이 계획에서는 수업의 주제와 관계가 없는 것들이 다루어진다.

수업대화의 분석

1. 수업대화의 환경적 조건과 특징

　제도의 하나인 학교의 목적이 가르침과 배움을 실현하는 것인데, 학교의 목적 실현에 가장 직접적으로 기여하는 것이 바로 수업이다. 가르침과 배움은 항상 학교라는 제도의 틀 안에서만 이루어지는 것은 아니다. 다시 말해서 가르침과 배움은 학교라는 사회적 제도 밖에서도 수행된다. 그렇기 때문에 이 글에서 '수업'은 학교라는 사회적 제도의 틀 안에서 이루어지는 학습의 행위만을 지칭하는 기술적 용어로 사용하겠다. 반면에 제도 밖에서 이루어지는 수많은 형태의 가르침과 배움, 가령 가정에서, 또래 집단에서 그리고 그 밖의 사회 영역에서 이루어지는 가르침과 배움을 '학습'이란 용어를 이용하여 부르기로 하겠다. 그러나 가르침과 배움이 제도권에서 이루어지느냐 아니면 제도권 밖에서 이루어지느냐가 수업과 학습을 구분 짓는 결정적인 기준은 아니다. 보다 더 중요한 기준은 배우는 사람이 특정 사안에 대해서 관심을 가지고 있고, 그에 대해서 알고자 하는 의욕과 동기가 있으며, 자신이 알고자 하는 사항을 가르쳐 줄 수 있다고 생각하는 사람에게 가르침을 부탁하면서 가르침과 배움의 행위를 시작하느냐에 달려있다. 다시 말해서 학습의 경우는 배우는 사람이 자신의 자유의지에 따라서 가르침과 배움의 행위를 시작하고 주도하는 것이다. 학습이 가지고 있는 또 하나의 다른 특징은 학습이 가르치는 사람과 배우는 사람 사이의 개인적 만남으로, 일대일로 이루어지거나 비교적 소집단의 형식으로 일어난다는 사실이다. 학습의 전형적인 예는 말을 막 배우기 시작한 아이들이 끊임없는 질문을 통해서 무엇인가를 알려고 하는 것이다. 그리고 현대적인 제도권적 교육이 이루어지기 이전의 교육의 형태도 또한 학습의 특징에 가깝다. 예를 들자면 우리가 접할 수 있는 논어, 성경, 불경 혹은 "소크라테스의 대화"와 같은 동서양의 대표적인 고전을 보면 지식의 전달과 습득이 현대사회의 수업의 특징과는 많은 차이가 있음을 알 수 있다. 그 시대 수업의 대표적인 특성은 배우고자 하는 이들이 지식의 습득 욕구로부터 출발하여 알고자 하는 내용에 대해서 스승에게 찾아가 묻고 논의하는 과정 속에서 지식을 습득한다는 것이다. 독일어나 영어의 학교에 해당되는 말 'school'과 'Schule'의 어원은 그리스어 'schole'인데 그 뜻은 '여가', 혹은 '안락함' 등을 가리킨다. 즉 그 당시에 있어서 학교는 조용하고 편안한 가운데 일상생활에서 벗어난 일에 대해서 생각하고 토론하는 곳이었다(Hanke 1991, 54).

반면에 제도권에서 이루어지는 교육인 수업은 학습과 여러 면에서 다르다. 수업과 학습을 구분하는 수업의 가장 큰 특징으로 법률적 사회적 강제성, 학생들이 습득할 지식의 복합성, 참가자의 대량성, 대화 참가자 사이의 힘의 비균형성 및 대화 내용의 허구성 등의 다섯으로 꼽을 수 있다(Ehlich 1981, Ehlich/Rehbein 1986). 강제성은 크게 두 가지 측면에서 기인하는데, 그 하나는 제도적 법률적 사실과 관계가 있다. 한국의 경우 지금까지 부분적으로 시행되어 오던 중등학교 의무교육이 2004년부터는 전면적으로 실시되어서 앞으로 한국의 모든 시민은 의무적으로 최소한 중등학교까지는 학업에 임해야 한다. 의무교육 기간 중에는 원칙적으로 학생들의 휴학이나 퇴학, 유급이 불가능하다. 다시 말해서 의무교육 기간만큼은 원칙적으로 그리고 법률적으로 반드시 국가의 지원 하에 의무적으로 교육을 받아야 한다. 이러한 의무교육과 관련된 또 다른 강제성은 학교에서 배울 교과나 교습 방법 그리고 학습할 내용들이 미리 규정되는 것과 관계가 있다. 그렇기 때문에 설령 자발적으로 학교에 나오고 또 특정한 현상에 대해서 의문을 갖고 알고자 할지라도 그것이 제도의 규정에 따라서 수업을 해야 하는 수업의 방향이나 분야와 서로 맞지 않는다면 학교에서 그것에 대해서 알 수 있는 기회가 자유롭게 주어지지 않는 것이 보통이다. 의무교육과 교과 과정의 강제성이 법률적 강제성과 관련이 있다면, 제도권 교육의 강제성은 사회적 요구에 의해서 기인하기도 한다. 자세히 말하자면 학교에서 이루어지는 제도적 교육을 받았다는 인증서를 지니지 않고서는 사회에 진출하여 각자가 원하는 사회적 활동을 하고 사회적 신분 유지나 상승을 달성하는 것이 매우 어렵다. 그렇기 때문에 굳이 의무교육 연한이 종료되더라도 거의 모두가 상급학교로 진학하는 것이 당연하고 거의 의무화되다시피 되어 버렸다.

수업의 다른 한 특징은 학생들이 현대의 매우 복잡하고 전문화된 사회에서 적응하고 살아가기 위해서 습득해야 할 지식의 양이 지나치게 많고 복잡한 것이다. 그렇기 때문에 학생들은 무엇을 모르는 것이 문제가 아니라, 그에 앞서서 무엇을 왜 알아야하는 지 모르는 것이 문제인 것이다. 이런 이유 때문에 학생들은 배워야 할 것에 대해서 흥미를 가질 수 없고 또한 자발적으로 수업에 참여하는 경우가 드물다. 습득해야 할 지식이 너무 많기 때문에 전달하고 습득해야 할 내용을 교과과정으로 미리 결정하고 이를 준수하기를 강요하므로 교사나 학생들은 배우고 가르치는 내용에 대해서 자발적으로 결정할 수 있는 선택권이 거의 없는 상태이다. 학교에서 가장 자주 쓰이는 언어행위 중의 하나는 교사질문인데, 이는 학교에서의 의사소통의 특징을 잘 반영해 주고 있다. 즉 학생들이 관심을 갖고 질문을 해야 할 것을 하지 못하기 때문에 교사가 대신해 주고 있는 것이다.

학교에서 이루어지는 수업의 또 다른 특징은 비균형성이다. 이는 개인과 개인의 사이에서 이루어지는 일상적인 의사소통에서 참가자들이 동등한 입장에서 출발하는 것과는 달리 학교에서 이루어지는 교사와 학생 사이의 의사소통에서는 교사에게 제도적으로 보장되는 사회적 지위의 우위와 또한 학생들이 습득해야 할 지식과 기능의 양에서도 우위를 점하고 있음을 뜻한다. 이와 같은 이유로 교사는 적극적인 의사소통 참가자이고 학생들은 반응을 하는 수동적인 의사소통 참가자인 경우가 대부분이다. 또한 그렇기 때문에 상호 간에 의사를 교환하는 의미의 의사소통이라기보다는 정보를 일방향적으로 전달하고 전수받는 형태로 의사소통이 진행되는 것이 일반적이다. 가르치는 사람이 지식과 기능과 관련하여 배우는 사람에 대해서 우월적 지위를 차지하는 것은 사실 제도권 밖의 가르침과 배움, 즉 학습에서도 마찬가지로 존재한다. 그럼에도 불구하고 학습의 경우 배우는 사람이 학습대화를 시작하고 주도할 수 있지만, 학교에서 이루어지는 수업의 경우 배우는 사람이 수업대화를 주도하기가 사실상 어렵다. 그 이유는 가르치는 사람이 학습자가 배워야 할 지식과 기능적 차원에서 우월적 위치를 점할 뿐만 아니라, 무엇을 어떻게 가르쳐야 할 지에 대한 지식에서도 압도적인 우월적 위치를 차지하고 있기 때문이다.

학교에서 이루어지는 수업의 또 다른 특징인 대량성은 교사 한 사람이 적어도 30~50명 이상의 학생을 상대해야 하는 의사소통적 상황을 지칭한다. 이러한 상황에서 학생 개개인이 하나의 동등한 대화 상대자로서 존중되지 않는 탈개성적인 의사소통의 결과가 생긴다. 이와 같은 상태에서 의사소통이 이루어지므로 학생들은 자연 흥미를 잃게 되고 산만해지며 교사는 이를 바로 잡기 위해서 야단을 치고 규율을 잡아야 하는 데 많은 시간을 보내야 한다. 한마디로 학교에서는 창의적이고 자발적이며 동등한 의사소통이 이루어지지 않고 있다고 할 수 있다. 다시 말하자면 학습자가 무엇을 알고 싶거나 배우고 싶은 것은 크게 중요하지 않다. 법률적 차원에서 후속 세대들이 나중에 사회 생활에 적응하기 위해서 그리고 사회적 가치와 물질의 재생산을 위해서 필요하다고 판단되는 지식이 선별되고 이를 학습자의 관심과 흥미와 관계없이 습득해야 하는 것이다.

　수업에서 이루어지는 대화의 내용이 대부분 허구적이라는 규정은 수업 시간에 학생들이 해결해야 할 문제들이 대부분 실제적으로 처한 문제가 아니라, 가상의 문제라는 사실과 관련이 있다. 학교 교육이 지향하는 근본적인 목적 가운데 하나가 바로 학생들에게 교육을 받고 나서 복잡한 사회에서 피할 수 없는 다양한 실제적 문제를 해결할 수 있는 지식과 능력을 갖추게 하는 것이다. 그런데 이미 제 2장의 3. 학교 의사소통의 유형에서도 확인한 바와 같이 학교에서 다루어지는 것은 대부분 언어로 이루어진다. 이 사실은 다시 말하면 학교에서 다루어지는 것들의 대부분은 언어라는 매체를 통하여 추상화된다는 것을 의미한다. 가령 어머니가 아이에게 뜨거운 다리미를 가리키며 주의를 주는 것은 실제적 상황이다. 그러나 수업 시간에 뜨거운 다리미가 없는 상태에서 그러한 주의를 주게 되면 그것은 실제적 상황이 아니다. 이러한 간단한 상황은 수업시간에서도 얼마든지 실제로 설정할 수는 있겠지만, 복잡하고 다양해진 사회 생활에서 오는 여러 실제적 문제를 설정할 수는 없다. 그렇기 때문에 인간들이 사회생활을 영위해오면서 경험하고 축적해 온 사회적 문제와 그 해결 방안을 학생들에게 알려주고 숙지시켜주는 것이다. 그러나 학생들의 입장에서는 현재 당면하지 않은 가상으로 설정된 문제에 당면하므로 그 문제와 문제 해결 방안이 왜 중요한 지를 모르는 경우가 적지 않을 것이다. 이는 다시 학생들의 학습에 대한 동기부여가 이루어지지 않는 중요한 원인이기도 한 것이다.

　가르침과 배움의 두 형태, 즉 학습과 수업의 차이점을 요약해서 정리하면 다음과 같다. 학습은 배우는 사람이 알고 있지 못한 특정 사안에 대해서 관심과 흥미를 가지고 있고, 자신에게 결여되어 있는 지식 또는 기능을 가지고 있다고 생각되는 사람에게 그러한 지식과 기능을 전수해 주기를 부탁하면서 이루어진다. 다시 말해서 학습의 경우 배우는 사람이 흥미와 동기가 유발되어 있고 자발적이고 적극적으로 학습을 주도해 간다. 반면에 학교에서 이루어지는 수업은 법률적 사회적 강제성으로 인해서 자발성과 동기유발이 결여되어 있는 경우가 많다. 또한 수업에서는 가르치는 사람이 지식과 기능 그리고 어떤 것을 어떻게 가르칠 지에 대한 우월적 지위로 인한 비균형성이 존재하고 한 사람의 교사와 다수의 학생 사이에 교육이 이루어지기 때문에 학생의 개인적 관심이나 창의성 그리고 개성이 존중되기 어려운 상황에서 진행된다.

다른 관점에서 수업과 학습의 관계에 대한 논의, 즉 수업이 학습에서 파생된 것인지 아니면 거꾸로 학습에서 수업이 파생된 것인지에 관한 논의는 흥미롭다. 지금까지의 논의에서는 일정한 동기를 가지고 있는 사람이 배움의 대화를 주도하는 학습이 가르침과 배움의 가장 원초적인 형식이고 이로부터 학교에서 이루어지는 수업의 형식이 파생되었다는 의견이 지배적이다(Ehlich 1981, Ehlich/Rehbein 1986, Weigand 1989). 그 이유는 이상적인 가르침과 배움의 형식이 고대 그리스의 산파술과 같이 배우고자 하는 사람이 스승에게 질문을 하면서 시작하는 것이었는데, 앞에서 언급한 학교의 제도적 특성(강제성, 복합성, 대량성, 비균형성, 허구성)으로 인해서 현재의 수업의 형식으로 바뀌었다는 데 있다.

그러나 인간의 사회화 과정을 조금 더 면밀하게 관찰해보면 오히려 수업의 형식이 가르침과 배움의 원형에 보다 더 가까운 것처럼 보인다. 다시 말해서 학습은 수업으로부터 발전했다는 것이다. 이러한 견해는 원시인들이 집단 생활을 시작하면서 주변 환경에 대한 아무런 사전 지식 없이 태어난 후세대들에게 주변 환경에 적응하면서 살아갈 수 있도록 기성 세대들이 다양한 정보를 전달하면서 내재하고 있는 지적 능력과 언어 능력이 계발되었을 것이라는 가정에 기인한다. 다시 말해서 가르치는 사람들이 가르침과 배움의 행위를 시작하고 주도했을 것이란 가정이다. 이러한 가정은 굳이 확인할 수 없는 인류의 원시 시대를 살펴보지 않더라도 어린 아기와 어머니 사이의 대화를 살펴보면 어느 정도 그 근거를 확인할 수 있을 것이다.

　화용론과 대화분석적 관점을 기초로 하는 어린이 언어습득에 대한 연구를 살펴보게 되면 어머니가 질문을 이용하여 어린 아기와의 상호작용을 시작하고 주도하는 사례의 빈도가 매우 높은 정도로 발견되었다(Bruner 1975, Ervin-Tripp/Milller 1977, Jochens 1979). 어린이의 초기 언어습득 과정에서 질문의 언어 행위는 매우 중요한 역할을 하는 것으로 밝혀졌다. 질문은 예를 들면 아기에게 곧바로 반응을 하라는 의사소통의 신호이기도 하고, 화자 교체의 규칙을 전수하는 것이기도 하다. 질문을 반복함으로써 어머니는 아기가 화자나 청자의 역할을 하도록 안내를 한다. 이러한 상호과정 중에 아기는 사물의 이름, 예절, 사회적 규범, 특정 물질의 위험성 등에 대해서 교육을 받게 되는 것이다.

　어머니와 어린 아이 사이의 의사소통은 어머니에 의해서, 다시 말해서 가르치는 사람에 의해서 주도되는 경우가 대부분이지만 보통의 수업대화와는 차이를 보인다. 수업대화에서 보통의 경우 학생들은 수업대화의 특성상 흥미를 보이지 않고 동기가 유발되어 있지 않으며 자발적이고 적극적으로 수업에 임하지 않는 경우가 많다. 하지만 어머니와 아이 사이의 학습 대화가 어머니에 의해서 주도되기는 하지만 어린아이는 수업대화의 학생들과는 달리 고도의 집중력과 흥미를 가지고 적극적으로 대화에 임하는 것이 보통이다. 이는 어머니와 아이 사이의 학습이 일대일의 개인적 형태로 이루어지고 보통의 경우 아이들이 관심과 흥미를 가지고 있는 것을 대상으로 하며 아이들의 사회화 과정에서 반드시 알아야 할 실질적인 내용을 다루고 있기 때문이다. 다시 말해서 수업대화가 일종의 허구적 대화인데 반해서 어머니와 아이 사이의 대화는 실제로 존재하는 것 또는 대상을 대화의 주제로 하는 구체적이고 실제적 대화인 것이다. 예를 들면 주변에 뜨거운 것이 있을 때 이것을 아이가 만지게 되면 화상을 입는 문제가 발생하므로 실제적인 문제가 존재하는 것이다. 하지만 학교의 수업에서 그러한 상황을 가정하고 그에 대한 대처 방식을 가르쳐주기 때문에 그 문제는 허구적이고 예방적인 것이다.

어머니와 어린아이 사이의 가르침과 배움의 상호작용과 비슷한 형식을 보이는 다른 하나의 사례로 또래집단의 교습과 학습을 꼽을 수 있다. 슈트렉(Streeck 1983)에 의하면 또래집단에 나이가 많은 아이는 나이가 자신보다 어린 아이가 배워야 할 행동을 관찰할 수 있도록 시범적으로 보여준다. 이 과정에서 나이가 어린 아이는 처음에 나이가 많은 아이가 보여주는 행동을 수동적으로 관찰을 한다. 이러한 초기 단계가 지나면 나이 어린아이는 점차적으로 나이 많은 아이의 행동을 부분적으로 따라하게 되고 나중에는 또래집단에서 이루어지는 학습 대화를 시작하고 주도하게 된다. 이는 어머니와 어린 아이 사이의 학습대화에서도 마찬가지이다. 어린아이가 일정한 시점이 되고 지식과 언어 능력이 어느 정도 쌓이게 되면 어린이는 그야말로 '왜'와 '무엇'에 관한 질문 세례를 어머니에게 퍼붓기 시작한다. 이 과정은 다시 말해서 수업대화와는 정반대의 모습인 학습대화의 전형이다. 즉 배우는 사람이 홍미와 관심을 바탕으로 가르침과 배움의 상호작용을 시작하고 적극적으로 주도하게 되는 것이다.

이러한 학습대화의 양식이 어린이나 가족 또는 또래집단의 범위를 넘어서 일반적 교육의 이상적 형식을 보이는 것 중에 하나가 바로 고대 그리스의 산파술이다. 항케(Hanke 1989)에 의하면 산파술에서 배우려고 하는 사람이 문제, 즉 지식의 결핍을 가지고 있고, 그 문제를 해결할 수 있는 해답을 개연적으로 알고는 있지만 그것이 올바른 것인지에 대한 확신이 없는 것이 산파술의 초기 상황이다. 이러한 상황을 가르침을 받고자 하는 사람에게 이야기하면 곧 산파술이 시작되는 것이다. 이 때 가르치고자 하는 사람도 문제의 해답을 알고 있지는 못하지만 문제의 해답을 찾을 수 있는 방식은 알고 있다. 배우고자 하는 사람은 대화를 통해서, 즉 가르치는 사람의 질문과 배우는 사람의 대답을 통해서 점차적으로 해답을 얻게 된다. 이 과정에서 가르치는 사람은 두 개의 방식을 이용한다. 하나는 부정(Elenktik)이고 다른 하나는 긍정의 격려(Protreptik)이다. 부정을 통해서 학습자가 개연적으로 알고 있는 해답 또는 불완전한 사전 지식이 부정된다. 이를 통해서 학습자는 당혹감(Aporie)을 갖게 된다. 그러한 당혹감은 학습자의 사전 지식이 불확실할 때 일종의 정화적 기능을 갖는다. 그러한 당혹감에 의해서 학습자는 의문을 품게 되고 바른 답을 찾으려고 노력한다. 이때 교습자는 촉매자로서의 역할을 한다. 즉 교습의 부정으로 인해서 새로운 지식을 형성해야 하는 학습자에게 긍정의 격려를 통해서 학습자의 의견이 확실한 지식으로 형성되는 것을 돕는 역할을 하는 것이다. 결론적으로 말해서 산파술에서는 교습자가 가지고 있는 완성된 지식이 학습자로 전달되는 것이 아니라, 학습자가 미완성의 상태로 가지고 있는 지식을 생산하고 창조하도록 교습자가 도움을 주는 것이 핵심적이다.

2. 수업대화의 유형학적 규정

먼저 헤네/레복(Henne/Rehbock 1979)의 대화 유형학에 따라서 수업대화를 어떻게 유형학적으로 구분하고 규정할 수 있는지를 살펴보도록 하겠다. 헤네/레복은 대화의 유형을 구분하기 위해서 모두 10개의 기준을 제시하고 있다(자세한 사항은 박용익 2001, 174-181 쪽을 참조).

  1) 대화의 종류
   1-1) 자연 대화
    1-1-1) 즉흥적 자연 대화
    1-1-2) 계획된 자연 대화
   1-2) 가상 대화/허구 대화
    1-2-1) 가상 대화
    1-2-2) 허구 대화
   1-3) 상연 대화
  2) 시간과 공간의 관계(상황적 문맥)
   2-1) 근접 대화
   2-2) 원거리 대화
  3) 대화 참가자의 수
   3-1) 2인 대화
   3-2) 집단 대화

    3-2-1) 소집단

    3-2-2) 대집단

  4) 공개성의 정도

   4-1) 사적

   4-2) 비공개적

   4-3) 반공개적

   4-4) 공개적

  5) 대화 참가자의 사회적 관계

   5-1) 평등

   5-2) 불평등

    5-2-1) 인류학적

    5-2-2) 사회문화적

    5-2-3) 전문지식적

    5-2-4) 대화구조적

  6) 대화행위의 차원

   6-1) 지시적

   6-2) 구술적

   6-3) 담론적

    6-3-1) 일상적

    6-3-2) 학문적

  7) 대화 참가자 사이의 인지도

   7-1) 믿는

   7-2) 친한/잘 아는

   7-3) 알고 있는

   7-4) 대충 아는

   7-5) 모르는

  8) 대화참가자의 준비 정도

   8-1) 준비하지 않은

   8-2) 준비한

   8-3) 경험적으로 준비한

   8-4) 특별히 준비한

  9) 대화 주제의 확정성

   9-1) 주제가 확정 안된

   9-2) 주제 영역이 개략적으로 확정된

   9-3) 특정한 주제가 세부적으로 확정된

　　10) 의사소통과 비언어적 행위와의 관계
　　　10-1) 비행동적
　　　10-2) 행동적

　위의 기준에 따라서 수업대화를 규정해 보면 수업대화는 자연 대화의 하나로서 적어도 교사의 입장에서 보면 사전에 준비된 대화라고 할 수 있다. 시간과 공간의 기준으로 보자면 보통의 수업대화는 근접 대화이다. 참가자의 수에 따르면 수업대화는 집단 대화, 그 중에서도 비교적 대집단 대화라고 규정할 수 있다. 그리고 공개성의 정도로 본다면 완전히 공개적인 대화의 한 유형이다. 대화 참가자의 사회적 관계로 볼 때 수업대화는 불평등 대화인데, 그 불평등은 전문지식과 인류학(연령에 따른)적 불평등으로부터 기인한다. 여섯 번째로 대화행위의 차원에서 보면 수업대화는 지시적 대화행위로 학문적 특성을 지닌다고 할 수 있다.

　그리고 대화 참가자 사이의 인지도에 따르면 수업대화는 적어도 잘 알고 있거나 최상의 상황이라면 서로 신뢰하는 사이라고 할 수 있다. 대화 참가자의 준비 정도의 기준에서 수업대화를 보자면 교사의 경우 경험적 또는 특별히 준비한 상태에서 수업에 임할 수 있다고 볼 수 있고, 학생의 경우는 준비의 정도 8-1)에서 8-4)까지의 준비 정도 모두를 보일 수 있다. 대화 주제의 확정성과 관련하여 보면 수업대화는 주제 영역이 개략적 또는 세부적으로 확정된 대화로 볼 수 있고, 의사소통과 비언어적 행위와의 관점에서 보면 수업대화는 미래의 삶을 준비하기 위한 지식과 기능을 전달하기 위한 행위이므로 비행동적 대화 유형이라고 규정할 수 있다.

　다음으로 대화의 출발점이며 대화의 결속성을 가능하게 하는 대화 참가자의 목적 또는 대화의 용도를 대화 유형학의 기준으로 삼는 대화문법론의 대화 유형학에서 수업대화의 유형학적 규정에 대해서 살펴보기로 한다(Hundsnurscher 1989; Franke 1990, 박용익 2001, 182~192). 대화문법론에서는 대화의 기능에 따라서 관계 중심적 대화와 행위 동반적 대화 그리고 과제 중심적 대화로 구분한다. 대화문법론은 이 세 대화 유형 가운데에서 과제 중심적 대화를 중심으로 대화 유형을 분류하는데, 과제 중심적 대화 유형은 토론이나 수업대화 혹은 협상 등과 같이 대화 참가자들의 의사소통 목적에 발화의 초점이 맞추어지고 과제를 해결하는 기능을 갖는 의사소통의 유형을 말한다. 과제 중심적 대화는 대화 참가자 사이의 이해 관계에 따라서 하위 유형으로 분류된다. 대화 참가자의 이해관계는 서로 합치할 수도 있고 그렇지 않을 수도 있다. 상보 대화의 경우는 대화 참가자들의 이해가 서로 부합될 때를 말하고, 협력 대화와 경쟁 대화의 경우에는 대화 참여자의 이해관계가 서로 배치되는 경우인데, 이때 이해 관계를 조정하는 방식에 따라서 협력 대화(조정과 타협)와 경쟁 대화(일방적, 강제적)로 다시 구분된다. 이 세 유형의 대화는 다시 대화의 대상 혹은 주제에 따라서 인지적 대화(지식 또는 정보의 문제), 실제적 대화(실제적 상황에서 어떻게 대처하는가에 관한 문제) 아니면 심정적 대화(심리적 정서적 문제)로 각각 구분된다. 수업대화는 원칙적으로 교사가 학생들이 필요로 하는 지식을 전수해주고자 하는 목적을 가지고 있고 또한 학생들은 자신들이 필요한 지식을 교사로부터 전수받고자 하므로 상호 이해가 합치하는 경우로 볼 수 있기 때문에 상보적 대화이고, 수업대화에서 다루어지는 것이 전체적으로 지식과 관련된 것이므로 인지적 대화 유형에 속한다고 규정할 수 있다. 상보 대화의 인지적 대화 유형은 정보를 필요로 하는 사람과 정보를 가진 사람 중에서 누가 대화를 주도하느냐에 따라서 하위 분류될 수 있다. 정보를 필요로 하는 사람이 대화를 주도하는 경우에는 문의 대화이고 반대로 정보를 가진 사람이 대화를 시작하는 경우에는 통보 대화이다. 수업대화의 경우 교사의 사회적 지위와 지식의 우월성 그리고 학교 교육의 제도적 조건 등으로 인해서 교사가 학생들에게 주도적으로 지식을 전달해주므로 통보 대화의 한 유형이라고 보는 것이 타당하다. 통보 대화의 다양한 유형에 대해서 살펴보기 전에 먼저 문의 대화 유형에 대해서 살펴보기로 하겠다.

문의 대화는 정보를 필요로 하는 사람이 무엇인가를 탐구할 목적으로 시작할 때의 대화, 즉 탐구 대화와 상대자가 얻고자 하는 자격검증을 위해서 필요한 지식이나 능력을 확인하기 위한 대화, 즉 심사 대화로 나눌 수 있다. 탐구 대화는 탐구하고자 하는 대상의 성격에 따라서 사실 탐구와 입장 탐구로 나눌 수 있다. 사실 탐구는 말하는 사람이 필요한 정보나 안내 등을 상대자로부터 얻고자 하는 의사소통 목적을 추구할 때의 의사소통의 유형으로서 다시 정보수집 대화와 사실확인 대화로 나눌 수 있다. 정보수집 대화의 대표적인 유형으로는 길묻기 대화나 시간묻기 대화 등이 있고 사실확인 대화로는 청취가 있다. 반면에 입장 탐구의 대화는 대화를 시작한 사람이 상대방의 입장이나 의견 혹은 선호성 등에 대한 것을 알려고 할 때의 대화로서, 여기에 속하는 대표적인 유형으로 의견수렴과 여론 조사 등이 있다. 탐구 대화와 함께 문의 대화의 한 축을 이루는 심사 대화는 앞에서 말한 대로 상대방이 자격 취득을 위해서 필요한 지식이나 자질을 갖추고 있는가를 알아내기 위한 대화로서 비실제적 심사 대화와 실행 준비적 심사 대화로 나눌 수 있다. 비실행적 심사 대화는 퀴즈나 시험 대화와 같이 대화의 수행 뒤에 그에 해당하는 실제적 행위가 곧 바로 수행되지 않는 경우의 대화이고, 반면에 실행 준비적 심사대화는 면접 대화와 같이 피심사자가 얻고자 하는 직업에 적합한 자격과 능력을 갖추고 있는가를 확인하고자 할 때의 대화이다.

문의 대화와 더불어 상보적-인지적 대화의 하위 대화 유형이자 수업 대화도 하나의 하위 대화 유형으로 속해 있는 통보 대화는 재구성적-서술적 대화와 설명대화로 나뉜다. 재구성적-서술적 통보 대화, 즉 사실기술에 속하는 것으로는 이야기와 묘사하기 그리고 기술하기 등이 있는데 이 대화 유형의 특징은 이야기되고 있는 대상들이 과거에 일어났던 일들이다. 설명적 통보 대화, 즉 설명 대화는 재구성적-서술적 통보 대화와는 반대로 이 유형의 대화 행위를 수행하는 사람의 목적이 상대방의 미래 행위에 영향을 끼치고자 하는 데 있다. 다시 말해서 특정한 상황을 보고하거나 아니면 지식을 전달해줌으로써 미래의 일을 보다 효과적으로 대처할 수 있게 하는 것이 설명 대화의 목적이다. 설명 대화는 서술적 대화와 교습적 대화로 하위분류할 수 있다. 서술적 설명 대화에 속하는 것으로 보고 대화가 있는데, 이는 예를 들어 어떤 단체의 상급자가 결정을 내리는 데 필요한 정보를 하급자가 제공할 때의 대화를 말한다. 교습적 설명 대화는 예방적 교습 대화와 예비 지식적 교습 대화로 나눌 수 있다. 예방적 교습 대화에 속하는 것으로는 계몽 대화나 법률 공표와 같은 교화 대화가 있는데, 이것은 상대방이 행한 결정이나 행위가 그에게 부정적인 결과를 가져다주는 것을 미리 막도록 하는 정보를 제공할 때의 대화를 말한다. 예방적 교습 대화와 대비되는 예비 지식적 대화, 즉 교육 대화는 심사대화의 하위분류 기준과 비슷하게 대화수행 이후의 실제적 행위의 수행여부에 따라서 비실행적 교육 대화와 행위수반적 교육 대화로 나뉜다. 비실행적 교육 대화는 미래에 수행할 행위를 위해서 필요한 지식이나 능력을 전달받는 예비 지식적 대화를 대표적인 수업대화의 예로 꼽을 수 있고, 행위수반적 대화는 기술 교육장에서와 같이 이론적 지식을 습득하는 것 말고도 실제적 기술의 습득이 상호작용의 한 부분을 차지할 때의 교육 대화를 지칭하는 것으로 실기지도 대화를 한 예로 꼽을 수 있다.

지금까지 기술한 상보적 인지적 대화인 문의대화와 통보 대화의 하위유형 분류를 도표로 개괄하면 다음과 같다.

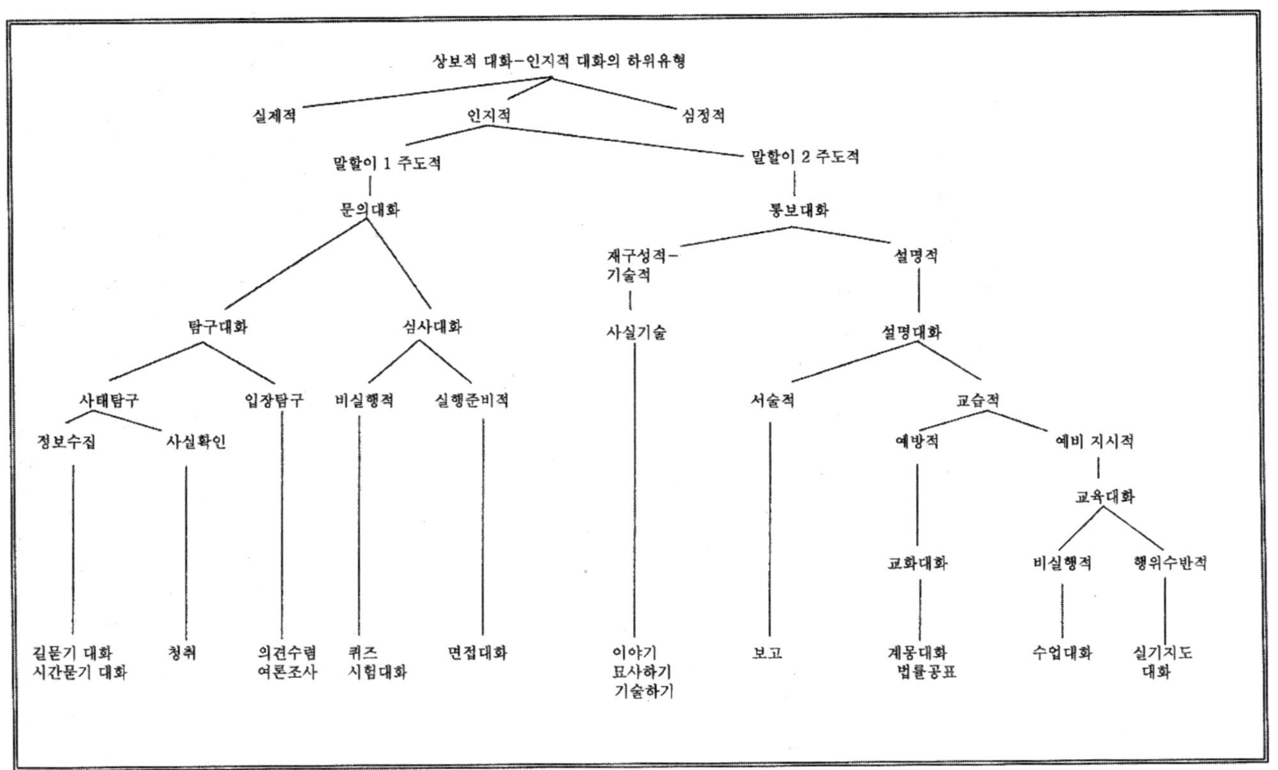
상보적 대화-인지적 대화의 하위유형
실제적
인지적
심정적
말할이 1 주도적
말할이 2 주도적
문의대화
통보대화
재구성적-기술적
설명적
탐구대화
심사대화
사실기술
설명대화
사태탐구
입장탐구
비실행적
실행준비적
서술적
교습적
정보수집
사실확인
예방적
예비 지시적
교육대화
교화대화
비실행적
행위수반적
길묻기 대화
시간묻기 대화
청취
의견수렴
여론조사
퀴즈
시험대화
면접대화
이야기
묘사하기
기술하기
보고
계몽대화
법률공표
수업대화
실기지도
대화

3. 수업대화의 단계

대화문법론(Franke 1990, 박용익 2001)의 이론과 방법론에서 출발하는 이 책에서는 대화분석의 절차로 하향식 방법을 채택한다. 하향식 방법이란 대화를 구성하고 있는 구성 단위들 중에서 가장 근본적인 것부터 그리고 가장 큰 단위로부터 시작하여 작은 단위로 내려가면서 대화의 구조를 재구성하는 것을 말한다. 하향식 방법에 따른 대화의 분석은 대화수행의 출발점이자 대화분석의 범주 가운데 최상위에 있는 대화의 목적을 규정하는 것으로부터 시작한다. 대화의 목적이 규정되고 난 뒤에는 대화의 목적이 원칙적으로 단 하나의 대화이동 연속체로 달성되느냐, 아니면 필수적으로 여러 개의 다른 대화이동 연속체를 걸쳐야 달성되느냐에 따라서 단순대화와 복합대화로 구분한다.

복합대화인 경우 복합대화의 직접 구성성분인 기능단계와, 기능단계에서 처리되는 복합대화의 부분목적을 규정한다. 기능단계란 대화문법론자들이 대화의 목적이 실현되는 기능의 성취도에 따라서 복합대화의 진행과정을 나눈 것으로서 복합대화의 한 부분을 지칭한다. 회화분석론에서 단순대화나 복합대화를 구별하지 않고 모든 대화를 시작단계와 핵심단계 그리고 종료단계 등으로 순차적 형태적으로 나눈 것에 대해서 대화문법론이 대화의 기능적 관점을 바탕으로 보완한 용어이다. 기능단계는 복합대화의 전체 의사소통 목적으로부터 파생되고 그에 의존되어 있는 부분 의사소통 목적을 지니고 있다. 바꾸어 말하자면 기능단계에서 실현된 부분 용도의 총체가 복합대화의 전체 용도라고 할 수 있다.

단순대화와 복합대화의 구분과 관련하여 보자면 단순대화는 하나의 기능단계만을 가지고 있는 대화, 즉 일단계 대화이고, 반대로 복합대화는 여러 개의 기능단계를 가지고 있는 다단계 대화라고 할 수 있다. 기능단계를 구분하는 기준은 기능 또는 목적달성과 관련이 있기 때문에 화용론적이라고 규정할 수 있다. 한편 기능단계에서 추구하는 목적은 원칙적으로

단 한번의 의사소통 행위, 즉 단 한 개의 대화이동 연속체로 달성되는 경
우도 있다. 하지만 기능단계에서 다루고자 하는 주제의 복합성이나 혹은
주제를 다루는 기술이나 방법, 즉 대화의 진행방식 등으로 인해서 기능단
계도 다시 여러 개의 하위 부분단계로 나누어지는 경우도 있다. 또한 같
은 이유로 부분단계도 다시 그 하위 부분단계로 나누어질 수 있다. 기능
단계가 경우에 따라서 그 아래의 구성 단위인 `부분단계나 부분단계의 하
위 부분단계로 구분되는 것은 의미론적 또는 대화진행의 방법론적 기준에
의한다(박용익 2001, 138쪽 이하 참조).

   앞에서도 이미 언급한 대로 회화분석론에서는 대화를 시작단계와 중간
단계 그리고 종료단계로 나누고, 주로 시작단계와 종료단계를 중심으로
연구를 하였다. 그러나 대화의 목적이나 과제 그리고 진행 방식 등과 같
이 개별 대화 유형의 특징이 나타나는 대화의 중간단계에 대한 연구는 비
교적 드문 편이다. 대화문법론에서는 그와는 반대로 모든 언어권과 개별
대화 유형에 비교적 보편적이고 공통적인 양상을 보이는 시작단계와 종료
단계보다는 개별 대화 유형의 특성이 나타나는 중간단계를 중심으로 대화
를 연구하고 분석한다. 프랑케(Franke 1990, 108f.)는 실제 대화의 진행 양상
과 관련하여 아래와 같이 의사소통의 모형을 제시하고 있다.

상황적틀	의사소통 전장	대화의 핵심	의사소통 후장	상황적틀
A	B	C	B	A

   이 모형에 따르면 대화의 핵심(C)은 특정 대화 유형이 실제로 실현된
것이고 이것을 전후로 상황적 틀(A)과 의사소통의 전장 및 후장(B)이 나타
날 수 있다. 상황적 틀에서는 곧바로 대화의 목적이나 주제를 다루기 전

에 대화를 할 수 있는 분위기가 조성된다. 이 단계에서는 만남의 인사, 소개하기, 의례적 인사치례(상대방 칭찬하기, 개인적 사항에 대한 질문 등), 만남에 대한 의사표시 등과 같이 상황적 틀짜기가 이루어질 수도 있고, 감사의 인사나 작별의 인사 등과 같이 상황적 틀이 해체되는 언어행위가 이루어진다. 한편 의사소통의 전장은 특정 대화의 성공적인 실현을 위해서 특수한 조건을 창출하는 것을 목적으로 한다. 이 단계에서는 말하는 사람이 목적으로 하는 것을 상대방이 수행할 수 있는 능력이 있는지(가령 시간을 묻기에 앞서서 시계를 가지고 있는지, 물 한잔을 부탁하기 전에 마실 물이 있는지)를 묻거나, 곧 자신이 수행할 행위에 대해서 공표를 하거나(예:"질문이 있는데요", "부탁좀 하겠는데…" 등), 앞으로 나눌 대화의 주제에 대해서 언급을 한다(예:"우리 애들에 대해서 이야기 좀 합시다", "다음에 토론할 내용은 지방자치에 관한 문제입니다…" 등). 의사소통의 후장에서는 대화의 핵심에서 다루어진 내용을 요약하거나 해석하는 언어행위가 이루어진다. 가령 협상 대화에서 "자, 이제 서로 만족할 만한 타협점을 찾았습니다", 위로 대화에서 "그 말을 들으니 마음이 좀 편안해진다" 등을 의사소통의 후장에서 나타날 수 있는 언어행위의 예로 들 수 있다.

대화문법론에서 말하는 상황적 틀과 의사소통의 전장과 후장은 회화분석론에서 말하는 시작단계와 종료단계에 상응한다. 이미 말한 바대로 이에 대한 현상은 특정 대화, 가령 수업대화의 전형적인 모습보다는 모든 대화에 적용되는 보편적인 것이기 때문에 이곳에서는 자세하게 다루지 않고 수업대화에 전형적인 단계를 재구성하는 데 집중하도록 하겠다.

제 2장에서 기술한 학교의 기능과 목적을 요약하면 학교는 개개인이 자기 완성을 이룩하고 또 이들이 장차 사회구성원으로서 살아갈 수 있는 준비를 하도록 하며, 이를 통해서 그 개개인이 속해 있는 사회 공동체를 유지하고 발전시키는 것이라고 할 수 있겠다. 이런 기능을 발현시키기 위해서 학교 안에서 수행되는 여러 가지 형태의 의사소통 가운데 하나가 바로 수업대화인데, 수업대화는 학교의 목적과 기능에 상응하여 지식과 기

술 그리고 이해력을 가르치고 배우는 것을 목적으로 한다고 규정할 수 있다(Hundsnurscher 1989; Weigand 1989; 박용익 1994). 이와 같이 정의된 수업대화의 목적은 하나의 대화이동 연속체로는 실현되지 않는 일종의 복합대화이기 때문에 수업대화의 목적은 여러 개의 기능단계를 거쳐 실현된다. 수업대화의 기능단계는 수업대화의 목적을 직접적으로 발현하는지 아니면 목적 실현을 위해서 보조적인 기능을 하는지에 따라서 주 기능단계와 보조 기능단계로 구분할 수 있다. 주 기능단계는 수업대화의 목적을 실현하기 위해서 원칙적으로 반드시 필요한 필수적 구성요소이고, 반대로 보조 기능단계는 주 기능단계의 목적 실현을 원활하게 하기 위해서 수행되는 것으로 반드시 필요한 것이 아닌 선택적인 구성요소이다. 수업대화의 주 기능단계는 안내단계, 복습단계, 주제전개단계, 그리고 예고단계로 이루어진다.

안내단계의 용도는 수업 전개와 그 시간에 다루어질 내용에 대한 정보를 교환하는 데 쓰인다.

> 교사 : 자, 오늘은 첫 번째 시간에는 이거 선생님하고 주제를 가지고 공부를 하고, 두 번째 시간에는 지난번과 같이 학습 발표회, 그거 준비를 위해서 웅변하는 사람들은 웅변하고…
> 학생 : 선생님, 저도 조금 공부했어요
> 교사 : 좋아! 그 다음 3 교시에는 세 번째 시간에는 오늘도, 음, 재미있는 놀이를 하나 개발해 갖고 왔어 재미있는 놀이를 할 꺼야.

복습단계에서는 지나간 시간에 다루었던 내용의 요점을 반복해서 다루거나 과제물 검사 또는 시험 결과에 대한 의사소통이 이루어진다. 복습단계는 전체적으로 지난 시간에 다루었던 내용을 다시 거론하는 단계를 말한다.

> 교사 : 신사임당, 우리가 어디까지 했었지?
> 학생 : 91까지요

> 교사 : 근데 우리가 그 지난 걸 뭐야 복습하기 위해서 한번 다시 읽어보기로
> 하자!
>
> 교사 : 자 그리고 지난 시간에 숙제, 저기, 내세요 지난 시간에 숙제! 숙제
> 안했어, 학생 1? 야, 숙제! 지난 시간에 숙제, 좋아! oo은 숙제 알아
> 지난 시간에?
> 학생 : 아니요

복습단계와 함께 수업대화의 핵심을 구성하는 주제전개단계에서는 해당
수업시간에 다루어질 주 내용을 전달하고 배우기 위해서 교사와 학생 사
이의 언어행위가 수행되는 수업대화의 부분이다. 주제전개단계는 대략 다
음과 같은 형태로 시작될 수 있다.

> 교사 : 자, 오늘은 제목이 뭐냐 하면 백화점에서 백화점이 뭐예요, 백화점?
> 학생 : 음, 큰 시장.
>
> 교사 : 오늘 우리가 여기 단원 1 인사에서 배울 내용은 어떻게 하면은 한국말
> 을 이렇게 정중하게, 정중하다는 말은 예의바르게 말을 하는가 그것을
> 배우는 거예요 […]

수업대화의 그 다음 기능단계는 예고단계로서 다음 시간에 다룰 내용을
알려 주거나 학생들이 다음 시간을 위해 준비해야 할 것이나 혹은 숙제를
내주는 등에 쓰이는 용도를 갖고 있다.

> 교사 : 자, 선생님이 이 그림에 대해서 숙제를 내 줄게. [칠판에 쓴다.] 학생,
> 한 번 읽어 봐!
> 학생 : 그림에 대한 나의 생각.
> 교사 : 음, 너희들 스스로 어떻게 생각하는가?

지금까지 기술한 안내단계, 복습단계, 주제전개단계 및 예고단계는 수업
대화의 필수적 구성요소로서 실제로 실현된 수업대화의 기저에 놓여 있는
이상적 전개과정 형태를 나타낸다. 즉 여기서 제시한 수업대화의 기능단
계와 그 순서는 이상적이고 전형적인 수업대화의 진행 모형을 말하는 것

이다. 그러나 실제 대화에서 주제전개단계를 제외한다면 기능단계는 의사소통 상황에 따라 빠질 수도 있고 또 순서가 뒤바뀔 수도 있고 또 여타의 기능단계가 끼어들거나 추가될 수도 있다.[3]

한편 수업대화의 의사소통 목적의 달성을 돕기 위해서 수행되는 보조 기능단계는 수업대화의 진행 과정의 양상과 환경이 부정적일 때 주로 나타나는 데 대략 두 종류로 구분된다. 그 하나는 수업대화의 목적 달성을 위한 조건이 충족되지 않았을 때, 즉 학생들이 잡담을 하거나 주의를 기울이지 않아서 더 이상 정상적으로 수업을 진행시키기 어렵다고 판단될 때 학생들에게 주의를 주거나 야단을 치는 형태로 나타나는 것으로 이를 규율단계라고 할 수 있다. 규율단계의 용도는 수업을 할 수 있는 적절한 조건을 갖추거나 회복시키는 데 있다.

> 교사 : 자, 그러면, 엠, 학생이 90 쪽 한번 읽어 봐!

> 교사 : 자, 우리 조용히 하자! 조용히! 90 쪽 읽어봐!

> 교사 : 그만! 다 같이 해야죠! 어느 사람은 하고 어느 사람은 안하고 뭐야?
> ** 같은 놈은 뭐 하고 있는 거야, 지금. 이 똥강아지야. 다시 한 번 읽어보자. 시~작!

다른 한 형태는 학생들의 주의 집중 또는 흥미를 유발하기 위해서 교사가 재미있는 이야기나 농담 또는 학생들이 관심을 가지고 있는 주변 잡기 등에 대한 여담을 할 수도 있다. 이는 학교 의사소통 유형 가운데 비공식적인 사담이나 잡담 등이 수업대화의 의사소통 목적 달성에 장애가 되는 것과는 반대로 수업대화의 목적 달성을 원활하게 해주는 순기능을 가지고 있는 것이다. 이를 흥미유발단계로 부르기로 하겠다. 규율단계가 수업대화의 목적달성을 위한 조건이 손상되었을 때 나타나는 것이라면, 흥미유발

---

3) 이와 같은 현상은 통사론의 기본 개념을 이용하여 설명된다. 간단히 예를 들면 단계생략, 단계삽입, 단계혼합, 단계치환 등이다(Hundsnurscher 1986 과 Franke 1990 참조).

단계는 수업대화의 목적달성을 위한 조건을 더욱 공고히 하고 원활하게 하는 것이 특징이라고 하겠다.

주 기능단계가 원칙적이고 이상적으로 일정한 순서로 나타날 수 있는 것과는 달리 보조 기능단계는 수업대화의 진행 과정 중에서 어떤 곳에서도 나타날 수 있다.

지금까지 분류하고 기술한 수업대화의 기능단계를 도표로 나타내면 다음과 같다.

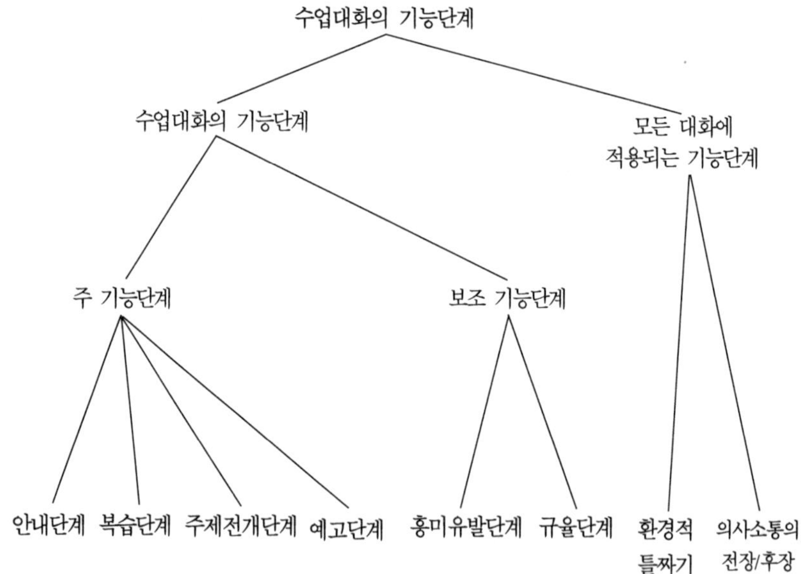

4. 수업대화의 주요 행위 연속체

수업대화의 의사소통 목적 달성을 위해서 다양한 기능단계와 부분단계가 있듯이 또한 수업대화의 기능단계와 부분단계의 의사소통 목적 또는 부분목적을 실현하기 위한 수단으로써 특수하고 다양한 대화이동 연속체가 수행된다. 수업대화에서 수행되는 주요 대화이동 연속체에 대해서 자세하게 살펴보기 전에 먼저 모든 대화에 보편적으로 적용될 수 있는 연속체의 구조 종류 그리고 연속체와 연속체 사이의 기능적·의미적 관계에 대해서 살펴보기로 하겠다.

1) 대화의 보편적 구조와 진행

대화이동 연속체는 단순대화나 복합대화의 기능단계와 그 부분단계에서 추구하는 의사소통 목적을 실현하기 위한 수단이며, 의사소통의 최소단위로서 의사소통 목적의 달성에 필요한 대화이동으로 구성된다. 기능단계 또는 부분단계를 행위 연속체와의 관계에서 보자면 이들은 상호작용적 특성을 나타내는 행위 연속체와는 달리 여러 행위들이 서로 결속성을 가질 수 있도록 하는 기능을 갖는다. 다시 말해서 특정 기능단계나 부분단계에서 다루어지는 의사소통 목적이나 주제 또는 대화의 진행과정과 직접적으로 관련이 있는 행위가 수행되도록 하는 일종의 기능적 및 의미적 울타리 또는 틀과 같은 역할을 한다고 볼 수 있다.

대화이동 연속체의 성격과 기능은 연속체를 시작하는 대화이동에 의해서 결정된다. 다시 말해서 시작 대화이동 이후에 나타날 수 있는 대화이동의 유형은 시작 대화이동에 의해서 제한된다(예:질문-대답, 지시-이행 등). 대화이동 연속체는 발현하는 기능에 따라서 용건 중심적 대화이동 연속체와 관계 중심적 대화이동 연속체로 나눌 수 있다. 용건 중심적 대화이동 연속체에서는 의사소통 목적이 구체적인 용무의 해결이며, 시작 대화이동과 반응 대화이동 그리고 의사확인 대화이동으로 이루어진 삼원 연속체이다(예:질문-대답-의사확인, 교사질문-학생대답-교사평가). 반면에 관계 중심적 대화이동 연속체는 의사소통 목적이 구체적 용무의 해결이 아니라 인간관계를 유지하고 개선하는 데 있는 것으로서 시작과 반응의 대화이동으로 구성된 이원 연속체이다. 관계 중심적 대화이동 연속체의 예로 인사-인사, 감사-겸양, 사과-이해표시 등을 꼽을 수 있다.

한편 기능단계나 부분단계에서는 단 하나만의 대화이동 연속체가 수행될 수도 있고, 또 그 이상의 대화이동 연속체가 수행될 수도 있다. 의사소통 과정이 아무런 문제없이 진행되어 의도한 의사소통 목적을 달성하는 경우도 있고, 또한 의사소통 상황에서 여러 요인들로 인해서 의도한 목적을 여러 경로를 통해서야 비로소 달성하는 수도 있다. 의사소통이 매끄럽게 진행되어 의사소통을 아무런 장애 없이 종결한 경우를 수업대화의 대화이동 연속체를 예로 보면, 교사질문-학생대답-평가 연속체를 구성하는 필수 대화이동 외에 어떠한 다른 유형의 대화행위가 일어나지 않는 경우라고 할 수 있다. 그러나 많은 경우 의사소통 목적달성을 위해서 대화가 최소의 필수 구성요소로만 이루어지는 것은 아니다. 경우에 따라서는 목적달성에 필요한 보조적 대화이동 연속체가 본 대화이동 연속체의 앞과 뒤에서 수행되고 본 연속체가 완결 또는 완결되지 않았는지에 따라서 연속해서 수행되는 두 연속체 사이에는 다양한 관계가 형성된다(박용익 2001, 153쪽 이하 참조).

본 대화이동 연속체가 수행되기 이전에 수행되는 예비적 대화이동 연속체에 속하는 것으로는 의례적 대화이동 연속체와 예비공표 대화이동 연속체 그리고 논증적 대화이동 연속체 등이 있는데, 이들의 기능은 본 대화이동 연속체의 기능이 효과적으로 발휘될 수 있도록 하는 보조적 역할을 한다. 의례적 대화이동 연속체는 본 대화이동 연속체를 시작하기 전에 사회적 관계를 설정하기 위한 인사나 사과 등이 다루어질 수 있다(예:"안녕하세요?", "실례하겠습니다" 등으로 시작되는 연속체). 예비공표적 대화이동 연속체는 말하는 사람 1이 본 대화이동 연속체의 시작 대화이동을 시작하기 전에 상대방의 이름이나 직함을 부르거나 또는 발화를 하겠다는 구체적인 의사를 표명함으로써 자신이 발화권을 갖겠다는 표시를 하거나, 상대방에게 자신이 수행할 대화이동에 대해서 메타언어를 이용하여 미리 알려주는 기능을 한다(예:"질문이 있습니다", "제가 한 마디 해도 되겠습니까?" 등으로 시작되는 연속체). 또 하나의 예비적 대화이동 연속체인 논증적 대화이동 연속체는 본 연속체에서 말하는 사람 1이 수행할 대화이동의 정당성에 대해서 말하는 사람 2가 문제를 제기할 것을 예견하고 그러한 문제제기를 사전에 방어하기 위해서 수행된다(예:가령 어떤 부탁을 하기 전에 먼저 부탁을 해야만 하는 사정을 충분히 설명함으로써 상대방이 자신을 이해하고 부탁을 들어주도록 하는 경우).

 선행하는 대화이동 연속체가 완결되지 않은 상태에서 새로운 연속체가 수행되는 경우에 발현되는 후행 연속체의 기능은 설명과 논증이 있다. 설명적 대화이동 연속체는 대화의 전개과정 중에서 상대방의 의사소통 목적 달성에 협력하느냐 아니면 거부하느냐를 결정하기 위해서 보다 상세한 정보(상대방의 의도나 내용 혹은 조건)를 얻기 위해서 나타나는 연속체로서 되묻기 질문을 통해서 실현된다. 본 대화이동 연속체가 종결되기 전에 나타나는 논증적 대화이동 연속체는 말하는 사람 1이 수행한 대화 행위에 대해서 말하는 사람 2가 문제화하거나 이의를 제기할 때 수행될 수 있는 연속체로서 말하는 사람 1이 이미 앞에서 수행한 자신의 입장이 정당함을 주장하며 그에 대한 근거를 제시함으로써 시작된다. 논증 대화이동 연속체는 앞에서 기술한 바대로 본 대화이동 연속체 앞과 뒤에서 나타날 수 있는데, 앞에서 나타나는 경우 말하는 사람 1이 상대방의 문제제기나 이의를 선취하여 그러한 것을 예방하기 위해서 수행하는 것이고, 본 대화이동 연속체 뒤에 나타나게 되면 말하는 사람 2가 말하는 사람 1의 대화 행위에 대해서 구체적으로 문제제기나 이의제기를 하였을 때 나타나는 것이다. 본 대화이동 연속체가 완료되기 전에 나타나는 설명과 논증의 대화이동 연속체는 본 대화이동 연속체 사이에 삽입되는 형태로 수행된다.

완결된 대화이동 연속체 뒤에 수행되는 연속체가 갖는 기능은 선행 연속체에서 목표달성이 이루어진 때와 실패한 때에 따라서 각각 다르다. 목표달성 실패 뒤의 후행 대화이동 연속체가 갖는 기능으로는 고수와 수정이 있다. 고수의 대화이동 연속체는 선행 연속체에서 달성하지 못한 의사소통 목적을 후속 연속체에서 다시 추구하려 할 때 두 연속체 사이에서 발현되는 기능이다(예:부탁을 거절당했을 때 또 다시 같은 부탁을 되풀이하는 경우). 수정의 대화이동 연속체에서는 선행 대화이동 연속체에서 달성하지 못한 의사소통 목적의 일부를 포기하고 부분적으로 달성하거나 혹은 의사소통 목적달성을 위한 조건이나 형태를 달리하여 추구한다(부탁을 거절당했을 때 또 다시 부탁을 하기는 하나 가령 상대방이 부탁을 들어주었을 때 그에 대한 대가를 제시하는 경우).

성공적으로 이루어진 대화이동 연속체와 그 뒤를 따르는 새로운 대화이동 연속체 사이에는 두 대화이동 연속체에서 다루어진 내용의 관련성에 따라 계속과 상세화 그리고 반복의 관계가 성립될 수 있다. 계속은 연속으로 수행되는 두 개의 대화이동 연속체의 주제가 서로 다르고 대화 또는 기능단계의 전체적 내용을 통해 간접적인 관련을 맺는 경우에 두 대화이동 연속체 사이의 관계를 말한다. 계속과는 반대로 상세화와 반복에서는 연속되는 대화이동 연속체의 주제가 동일하다. 상세화는 후속하는 대화이동 연속체의 대화주제가 선행하는 연속체의 것과 동일하나 다른 관점 또는 관련되는 점을 언급함으로써 동일한 대화주제를 보다 자세하게 다루는 것이다. 반복은 이전의 대화이동 연속체에서 다루어진 내용을 보다 더 확고하게 하기 위해서 선행 연속체의 내용 전체를 되풀이하거나 내용의 요점을 간추려 전달할 때, 두 대화이동 연속체 사이의 관계를 말한다.

【도표 : 대화연속체의 전개와 상호관계】

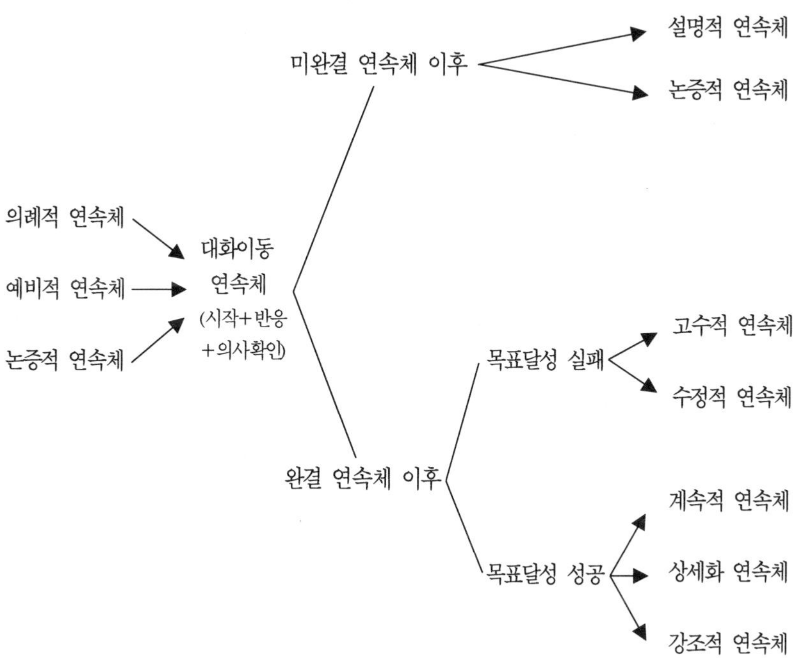

2) 질문과 대답의 연속체

　가르치고 배우는 목적을 위해서 가장 중심적인 역할을 하는 언어행위를 꼽자면 그 어떤 것보다도 질문과 대답의 연속체를 꼽을 수 있다. 지식 전달과 습득에서 질문과 대답의 중요성은 배움과 가르침의 행위가 잘 나타나 있는 성경이나 불경 또는 논어 등과 같은 고전에서 볼 수 있는 것처럼 시간과 공간을 초월하여 타당성을 가질 뿐만 아니라 인간의 사회화 과정, 특히 초기 과정에서도 매우 잘 나타난다. 그렇기 때문에 훈츠누르셔 (Hundsnurscher 1989, 245)는 질문은 '지식 습득과 전달을 위한 수레바퀴'라고 표현한 바도 있다. 특히 수업대화에서 교사질문과 학생대답으로 이어지는 연속체는 그 비중이 매우 크기 때문에 교사질문에 대해서 상세하게 살펴보아야 하겠다. 수업이라는 제도적 환경에서 교사질문은 일상 생활에서 사용되는 일반적인 질문의 변이형태이기 때문에 제도적 환경에 의해서 변형된 특성 이외에는 일상 언어생활 속에서의 질문과 공통적으로 보이는 특성이 매우 많다. 교사질문에 대해서 상세하게 다루기 전에 먼저 질문에 대해서 자세하게 알아보도록 하겠다.

(1) 질문에 대하여

일상 언어생활에서는 물론이거니와 언어학적, 특히 화용론적 담론에서 질문이라는 개념이 매우 자주 사용되고는 있지만 그 질문이 표시하는 대상은 그 용어를 사용하는 사람에 따라서 매우 다른 것처럼 보인다. 그 이유는 대략적으로 말하자면 발화 형태로서의 질문 문장과 행위로서의 질문을 명확하게 구분하지 않기 때문이다. 아래의 예를 먼저 보기로 하자.

(1) 가까운 버스 정류장이 어디에 있습니까?
(2) 버스 정류장까지 같이 가시겠어요? ((1)에 대한 대답으로 버스 정류장을 안내하기 위해)
(3) 오늘 또 취했어요? (매일 술에 취해서 들어오는 남편에게 아내가 하는 경우)
(4) 결재 서류가 어디에 있는지 좀 알려줘! (직장 상사가 부하 직원에게)
(6) 이 상황에서 어떻게 해야할지 모르겠습니다. (피상담자가 상담원에게)

(1)~(3)까지는 의문문으로 이루어져 있고 (4)는 명령문 그리고 (5)~(6)은 평서문으로 이루어져 있다. 질문의 행위가 어떤 것을 알고 있지 못하는 사람이 알고 있다고 여기는 사람에게 그 지식을 전달해 줄 것을 요구하는 행위라고 대략적으로 정의한다면(질문행위에 대해서는 4.3에서 다시 논의) 의문문의 경우 (1)은 질문 행위라고 하더라도 큰 문제는 없을 듯하다. 그러나 (2)와 (3)은 분명 질문문으로 이루어져 있기는 하지만 앞에서 정의한 질문 행위의 개념을 따르자면 질문이라고 단정하기에는 어려운 측면이 있다. 즉 (2)는 제안 또는 청유라고 할 수 있는데, 말하는 사람은 상대방의 의사를 묻기보다는 직접 버스 정류장으로 안내하겠다는 의지를 표명함으

로써 궁극적으로 제안을 하는 것이다. 그리고 (3)은 술 취한 남편을 보고 남편이 술에 취했는지 아닌지에 대해서 남편이 답변을 해주기를 기대하는 것이 아니라, "또"는 말에 의해서 자주 반복되는 부정적인 남편의 행동에 대해서 불평을 하거나 비난을 하는 것이라고 보는 것이 더 타당할 것이다. (4)의 경우는 명령문으로 이루어지기는 하였지만 명령의 대상이 어떤 구체적인 행동이 아니라 궁극적으로는 결재 서류가 어디에 있는지를 알고 싶어하는 것, 즉 말하는 사람이 알고 있지 못한 사실을 상대방이 알게 해 주는 것이기 때문에 질문 행위의 정의에 따르면 문장은 명령문이지만 행위적 차원에서 본다면 질문 행위라고 보는 것이 보다 타당할 듯하다. 그리고 (5)~(6)도 (4)와 비슷하게 문장의 형식과는 달리 그 문장을 말하는 사람의 의사소통 목적이 자신에게 결여되어 있는 정보를 상대방에게서 구하는 것이므로 질문의 화행이라고 볼 여지가 크다. 화용 언어학에서 보통 질문문과 질문 화행으로 구분하고 있다. 비록 (2)~(3)의 질문문장이 질문이 아닌 다른 행위를 구현하는 것이기는 하더라도 형식과 기능과는 다른 질문적 요소(질문적 요소에 관한 사항은 나중에 보다 자세하게 다루기로 하겠다)가 발화시에 여전히 남아 있음을 부정하기 어렵다. 그러한 이유로 형식과 행위의 차원 외에 또 다른 질문적 요소를 가리켜 힌델랑(Hindelang 1980; 1983)은 질문 의미라는 새로운 개념을 도입하였다. 질문이라는 광의의 개념을 문장과 의미 그리고 행위의 차원에서 자세하게 살펴보도록 하겠다.

① 의문문

국어에서 문장 유형의 수는 국어학자마다 각각 다르게 제시하지만 보통 4개에서 8개가 있는 것으로 인정하고 있다. 남기심/고영근(1985, 341f.)은 국어의 문장 유형을 평서문, 의문문, 감탄문, 명령문, 청유문의 다섯 개로 바라보고 있다. 그 중에서 의문문은 화자가 청자에게 질문을 던짐으로써 해답을 요구하는 문장 유형으로 정의하고 있다. 의문문은 발화 시에 보통 문장의 끝에서 억양을 올리거나 종결어미(-니, -냐, -까 등)나 의문사(언제, 어디서, 누가, 무엇을, 어떻게, 왜)를 사용하면서 표시할 수 있고, 글로 표현할 때에는 의문부호를 문장 뒤에 붙여줌으로써 표시할 수 있다. 남기심/고영

근은 의문문을 다시 판정 의문문, 설명 의문문, 수사 의문문의 다섯 유형으로 구분한다. 판정 의문문은 예/아니오의 대답을 요구하는 것이고, 설명 의문문은 의문사로 시작되는 의문문을 말한다. 수사 의문문은 형태적으로는 의문문이지만 의미상으로는 의문문이 아닌 것을 의미하는데, 이는 다시 반어 의문문, 감탄 의문문의 하위 유형으로 구분한다. 가령 "내가 너한테 집 한 채 못 사주랴?"와 같이 강한 긍정 진술을 포함하고 있는 문장이 반어 의문문이고, "인수가 온다면 얼마나 좋을까?"와 같이 강한 긍정 진술을 내포하고 있는 문장을 감탄 의문문이라고 한다.

남기심/고영근에서 일반 의문문, 즉 판정 의문문과 설명 의문문 그리고 수사 의문문의 차이점을 사용과 의미를 구분의 기준으로 설명하였는데, 문장 유형의 구분인 만큼 형식적 기준으로 설명하는 것이 보다 타당하다. 가령 예로 든 "너한테 장난감 하나 못 사줄까?"라는 문장은 판정 의문문으로도 사용될 수 있고 수사 의문문으로도 사용이 가능한데, 판정 의문문의 경우에는 문장의 끝에서 억양이 올라가는 것과 달리 수사 의문문은 문장의 끝에서 억양이 내려온다. 반어 의문문에서 종결어미 "-랴"가 사용되는 경우가 흔할 뿐만 아니라, 또한 판정 의문문과는 달리 문장의 끝에서 억양도 내려온다. 감탄 의문문의 경우에도 판정 의문문과는 달리 문장의 끝에서 억양이 내려올 뿐만 아니라 강조의 뜻을 나타내는 부사(얼마나)가 사용되고 있기도 하다. 가령 감탄 의문문에서 강조의 부사가 빠진다면(예: "인수가 온다면 좋을까?") 이 문장은 감탄의 의문문으로 사용되기 어려울 것이고 오히려 판정 의문문으로 사용될 가능성이 크다. 다시 말해서 감탄 의문문이 판정 의문문과 대별되는 점은 일반 수사 의문문의 경우와 마찬가지로 문장 끝에서 억양이 내려오는 형식을 취해야 하고, 더 나아가 반어 의문문과는 달리 문장의 내용을 강조하는 부사의 사용이 필수적이다.

독일의 분더리히(Wunderlich 1976, 183f.)는 억양이나 의문사 그리고 종결어미 등으로 표시되는 의문문을 다섯 종류의 유형으로 구분한다.

1. 판단 의문문 : 아이는 자니?
2. 설명 의문문 : 언제 오니?
3. 선택 의문문 : 사과를 먹을래, 배를 먹을래?
4. 확인 의문문 : 배를 먹겠다고?
5. 근거제시 의문문 : 왜 오니?

분더리히의 의문문 유형 분류에서 세 번째 의문문인 선택 의문문은 크게 보아 판단 의문문의 한 변형이라고 보는 것이 타당할 것이다. 확인 의문문은 종결어미 "–다고"에 의해서 한국어에서는 형태적으로도 표시가 되기는 하지만 예를 들어서 "배를 먹겠니?"라는 일반 판단 의문문의 종결어미와 억양이 일치하는 경우도 많다. 그렇기 때문에 형태적 기준을 주로 삼는 의문문의 유형 분류에 확인 의문문을 첨가하는 것이 꼭 타당한지에 대한 의문은 남는다. 확인 의문문은 형식적 조건에 의한 것이라기보다는 의문 문장이 언제 사용되느냐에 따른 기준에 의해서 보다 확연하게 규정된다. 즉 말하는 사람이 질문을 하고 듣는 사람이 대답을 하였을 때 말하는 사람이 그 대답을 다시 확인하고자 하는 목적이 있는 질문이다. 그리고 다섯 번째의 근거제시 의문문은 의문문의 유형 분류에는 나타날 수 없는 것이라고 볼 수 있다. 그 이유는 유형 분류의 기준이 형식적인 것이 아니라 설명 의문문의 여러 내용적 하위 유형 가운데 하나이기 때문이다.

의문문을 하위 유형으로 구분하는 또 하나의 방법은 로러(Rohrer 1971, 113)에 제시되어 있다. 그에 의하면 의문문은 세 개의 유형으로 구분된다.

1. 의문사 의문문 : 의문사 의문문은 의문사(언제, 어디서, 누가, 무엇을, 어떻게, 왜)가 포함되어 있는 의문문으로 의문사가 지향하는 내용을 알고자 하는 것이 질문의 목표이다.
2. 부분 의문문 : 이 질문에서는 문장의 한 성분이 질문의 목표인데, 특히 억양을 통해서 표시가 된다.
3. 문장 의문문 : 이 질문 문장에서는 질문 문장을 구성하고 있는 주요 문장 성분들 사이에 관계가 성립하는지 아닌지를 알아내는 것이 질문의 목표이다.

의문사 의문문과 문장 의문문은 보통의 문법에서도 흔하게 볼 수 있는 개념으로 별다른 설명이 필요하지 않을 듯하다. 다만 형식적으로 부분 의문문과 문장 의문문은 큰 차이가 나지 않기 때문에 아래의 예를 들어서 보다 상세하게 설명하겠다.

    (1) 아이가 가게에서 공책을 샀어?
    (2) 아이가 가게에서 공책을 샀어?

위의 두 예문은 문장의 구성 성분으로 보았을 때에는 별 차이가 없다. 그러나 (1)에서는 아이가, 가게에서, 공책을, 샀어 중에서 어느 것도 강조가 되어 있지 않고, 질문의 목적은 그러한 문장 성분 사이에 관계가 성립하느냐 아니냐를 묻는 문장 의문문이다. 반면에 (2)에서는 여러 문장 성분 가운데 "샀어"가 강조되어 있다. 이 문장에서는 아이, 가게, 공책, 그리고 아이가 공책을 소유하고 있다는 사실은 이미 알려진 내용으로 전제인데 비해서, 그것을 소유하게 된 방법, 즉 샀는지, 빌렸는지 혹은 훔쳤는지에 대해서는 알고 있지 못한 것으로 질문의 목표가 되는 것이다. 구성 요소의 관계적 측면에서 말하자면 아이, 가게, 공책 사이에는 관계가 성립되어 있는 것으로 전제되어 있지만 이 관계와 소유의 방법 사이에는 관계가 성립되어 있지 않은 것이다. (1)과 (2)의 부정적 대답은 두 의문문의 차이점을 보다 뚜렷하게 해준다. (1)에 대한 부정적 대답은 아이가 가게에서 공책을 사지 않았다라고 할 수 있겠지만, (2)에 대한 부정적 대답은 아이가 가게에서 공책을 산 것은 아니다(즉 빌리거나 훔친 것)라고 할 수 있을 것이다(Rohrer 1971, 112f.).

로러가 의문문을 위와 같이 세 유형으로 나눈 것은 적절해 보인다. 특히 문장 의문문과 부분 의문문을 구분한 것이 인상적인데, 그 이유는 부분 의문문이 판단 의문문과 설명 의문문의 중간 점에 위치하고 있기 때문이다. 다시 말해서 부분 의문문에서 판단 의문문처럼 예/아니오의 대답을 요구하기도 하지만, 설명 의문문과 같게 내용 전체를 묻는 것이 아니라 내용의 일부만이 질문의 목표가 되기 때문이다.

② 질문 의미

질문의 형식과 내용 그리고 행위적 차원의 혼돈을 피하기 위해서 의문문과 질문 의미 그리고 질문 행위의 세 종류로 나눈 것은 힌델랑(Hindelang 1980; 1983)이 처음은 아니다. 내용과 용어에서는 차이가 나지만 분더리히(Wunderlich 1976, 181f.)도 질문 상황과 질문 행위 그리고 질문 문장으로 구분하면서 질문과 관련하여 의미론적 차원에 대해서 언급하고 있다. 질문 상황이란 무엇인가 의문스럽고, 불확실하고, 불명확하고, 무엇인가를 모르고 있는 상태를 말한다. 질문 상황에 처한 사람은 질문 행위를 통해서 질문 상황을 해소할 수도 있지만, 스스로가 무엇인가를 시험해 보거나 다시 생각해 봄으로써 해소될 수도 있다. 의문문을 발화하는 것은 질문 행위를 수행하기 위한 것으로 의미, 즉 의미론적 측면에 해당되는 것이고 질문 행위를 수행하는 것은 질문 상황을 해소하기 위한 것으로 기능, 즉 화용론적 측면에 해당된다.

분더리히가 의문문을 질문 화행을 수행하기 위해서 사용될 상황만을 가리켜 의미론적 측면이라고 언급한 것과는 달리 힌델랑은 질문의 의미론적 측면을 보다 넓은 차원에서 규정하고 이해하고 있다. 힌델랑이 질문 의미라는 개념을 새로이 도입하게 된 계기는 특히 썰(Searle 1975b)의 간접 화행론에 관한 논의에서 비롯된다. 썰에 의하면 문장은 특정한 문자적 의미를 가질 수 있음과 동시에 문자적 의미와 다른 발화수반적 의미를 가질 수 있다. 예를 들어 "왜 여기에 서지 않습니까?" 또는 "조용히 하지 못하겠니?" 라는 문장은 궁극적으로 요구라는 발화수반적 또는 화용론적 의미를 갖지만 여전히 문자적 의미를 가지고 있기도 하다. 두 예문의 경우 질문을 하면서 요구 행위를 하는 것이다. 이러한 의사소통의 현상을 가리켜 썰은 간접 화행이라고 부르는데, 질문은 부차 화행이고 요구는 본질적 또는 일차적 화행이라 부른다. 어쨌든 일차 또는 본질적 의사소통적 목적이 요구라는 것은 의심할 여지가 없지만, 위의 두 문장이 질문으로 이루어졌다는 사실은 변하지 않는다고 썰은 밝히고 있다. 힌델랑은 썰이 말한 질문이 의문문이나 질문 화행으로 볼 수 없기 때문에 그것을 바로 질문 의미라고 규정한다. 힌델랑은 질문의 문장과 의미 그리고 화행의 관계를 아래의 예로써 설명하고 있다.

> (1) 성함이 어떻게 됩니까?
> (2) 어디 사시는지 말씀하십시오
> (3) 어디 있었는지 묻고 싶다.
> (4) 신분증 좀 보여주시겠습니까?
> (5) 한 대 맞을래?
> (6) 그 아가씨를 만날 수 있다면 얼마나 좋을까?

예문 (1)~(5)는 모두 질문 의미를 가지고 있는 문장들이다. 문장의 형태적 측면에서 본다면 (1), (4)~(6)은 의문문이고, (2)는 명령문이며 (3)은 명시적 이행동사를 가지고 있는 평서문이다. 이렇게 본다면 모든 의문문은 질문의 의미를 가지고 있지만, 반대로 질문 의미를 가지고 있는 문장은 모두가 의문문은 아니다. 또한 통상적으로 (4)는 요구로, (5)는 위협으로, (6)은 소망을 나타내는 정표 화행으로 볼 수 있기 때문에 질문의 의미를 가지고 있는 문장이 모두 다 질문 행위를 구현하는 것도 아니다. 이를 표로 나타내면 다음과 같다.

예문	질문 행위	질문 의미	의문문
(1)	+	+	+
(2)	+	+	−
(3)	+	+	−
(4)	−	+	+
(5)	−	+	+
(6)	−	+	+

위의 예문에서 볼 수 있듯이 의문문 또는 질문의 의미를 가진 문장들이 실현할 수 있는 언어 행위의 유형은 매우 다양하다. 의문문 또는 질문의 의미를 가진 문장들이 질문의 행위를 수행할 수 있다는 사실은 너무도 일반적이므로 자세하게 다룰 필요가 없고 그 이외의 언어 행위 유형들에 대

해서 살펴보기로 하겠다. 언어 행위의 유형은 학자에 따라서 수와 종류가 각각 다르다. 그 중에서 가장 잘 알려져 있는 썰(Searle 1975, 다음절에서 보다 자세하게 다루기로 함)에 따르면 언어 행위는 확언 화행, 지시 화행, 언약 화행, 정표 화행, 선언 화행로 구분된다. 그 중에서 선언 화행은 "지금부터 대회가 시작되었음을 선언합니다", "이 배는 충무공으로 명명합니다" 등의 예에서 볼 수 있듯이 선언 화행을 구현하는 발화는 고정된 형식과 틀을 가지고 있기 때문에 의문문이나 질문의 의미를 가진 문장으로 수행되는 경우는 거의 없다. 그 외의 언어 행위들은 의문문 또는 질문의 의미를 가진 문장으로 구현된다.

1. 확언 화행
   주장 : 멋있지 않습니까?
   전언 : 내일 비온다는 얘기 들었니?
   통보 : 우리 오는 가을에 결혼한다는 사실 알고 있냐?

2. 지시 화행
   요구 : 조용히 좀 할래?
   부탁 : 돈 좀 빌려줄래?
   충고 : 지금 집으로 가보는 게 좋지 않겠니?

3. 언약 화행
   제안 : 저녁때 식사에 초대해도 돼?
   제의 : 같이 식사나 하러 갑시다.

3. 정표 화행
   감사 : 어떻게 감사를 드려야 할지?
   한탄 : 왜 그걸 몰랐을까?
   빈정대기 : 그래서 좋아?

③ 질문 행위

언어학자에 따라서 질문 행위를 보편적 화행의 유형으로 간주하는 경우도 있고(Wunderlich 1976, Hindelang 1978, Sökeland 1980, Weigand 1989b), 반대

로 썰(Searle 1969, 1975b)과 같이 보편적 화행 유형의 하나가 아니라 보편적 화행의 하위 유형으로 간주하기도 한다. 썰이 질문 화행을 지시 화행의 한 하위 유형으로 보는 까닭은 질문을 함으로써 말하는 사람은 상대방에게 자신에게 결여되어 있는 정보를 제공해주기를 요구하기 때문이다. 다시 말해서 질문도 요구적 특성이 매우 강하다는 것이다. 이 같은 사실은 영어의 경우 동사 'ask'가 '묻다'와 '요구하다'를 동시에 의미할 수 있기 때문에 일면 타당성이 있는 것처럼 보이기도 한다.

하지만 단순히 질문의 화행이 상대방의 반응을 '요구'하는 특성이 강하기 때문에 요구의 한 하위 유형이라는 썰의 주장은 자신의 언어 화행에 대한 견해에는 충실한 것이기는 하지만 의사소통의 실제로부터는 거리가 멀다. 썰은 듣는 사람이 말하는 사람의 의사소통 목적을 이해하면 화행이 성공적으로 수행되었다는 견해를 가지고 있다. 다시 말하면 듣는 사람이 말하는 사람의 말에 대해서 어떻게 반응하는가와는 전혀 관련이 없고, 단지 말하는 사람의 의도만 이해하면 말하는 사람의 입장에서는 성공적으로 화행을 수행하였다는 것이다. 화행 경고를 예로 들어 썰이 제시한 화행의 구성 규칙 가운데 근본 규칙을 보면, 위험한 상황에 처한 사람에게 경고를 하는 사람의 의사소통 목적은 그가 어떤 행동을 하거나 하지 않으면 위험에 처할 것이라는 사실을 이해하기만 하면 썰의 입장에서는 성공한 것이라는 것이다. 그러나 실제의 의사소통 상황에서는 위험의 정도에 따라 편차가 있기는 하지만 말하는 사람이 경고를 하는 경우 듣는 사람이 어떤 행동을 하거나 하지 않음으로써 위험으로부터 벗어나기를 바랄 것이다. 이런 상황을 보다 극명하게 보여주는 한 예로, 말하는 사람의 아이가 언 강물 위에 서 있는데, 얼음이 금방 깨질 듯 하게 보일 때, 말하는 사람이 "위험해! 얼음이 곧 깨진다!"라고 외칠 때, 아이가 "알았어요"라고 이해 표시만을 하고 계속 그 위에 서 있다면 썰의 입장에서는 말하는 사람이 한 경고의 화행은 성공한 것이겠지만 보통의 부모라면 그 아이가 얼음판에서 벗어나 더 이상 위험에 처하지 않을 때라야 비로소 화행이 성공했다고 판단할 것이다. 바로 이러한 이유로 썰의 화행론이 지나치게 말하는 사람만의 입장만을 고려했기 때문에 의사소통의 실제를 왜곡했다는 강한 비판에 직면하게 된 이유이다. 같은 이유로 요구나 질문만이 상대방에게 특정한 반응을 기대한다는 썰의 입장도 수용하기 어렵다. 그 이유는 가령 누군가 상대방에게 무엇인가를 주장한다면 상대방이 그것에 동의하기를 기대할 것이고, 약속을 한다면 상대방이 그것을 기쁘게 받아들일 것을 기대할 것이며, 슬픔을 토로한다면 위로의 말을 듣기를 기대할 것이기 때문이다. 상대방의 반응을 기대하는 것은 요구나 질문에 국한된 특성이 아니라, 대화를 시작하는 모든 화행에 공통으로 적용되는 특징이다.

요구와 질문의 차이점을 나타내주는 또 다른 요소는 요구와 질문이 기대하는 반응의 유형이 다르다는 사실에 있다. 클링케(Klinke 1976, 127f.)는 질문 화행을 통해서 기대하는 반응은 보통의 경우 언어적 행위, 즉 언어 수단을 통해서 실현되는 행위인데 비해서 요구를 통해서 기대하는 반응은 실제적 행동이라고 지적하였다.

> (1) 말하는 사람 1 : 거기 소금 좀 줄래?
>   말하는 사람 2 : 응.
> (2) 말하는 사람 1 : 오늘 토요일이야?
>   말하는 사람 2 : 응.

(1)의 대화에서 말하는 사람 1의 발화는 통상 요구로 해석할 수 있는데 말하는 사람 2가 그에 대해서 "응"이라고 대답만 하고 대화가 끝난다면 이는 부적절한 반응일 것이다. 말하는 사람 1이 발화를 통해서 추구하는 목적이 소금을 넘겨받는 것이기 때문이다. 물론 말하는 사람 1의 발화를 질문의 화행으로 해석할 수 있는 상황이 없는 것도 아니다. 말하는 사람 1이 말하는 사람 2가 요구하는 행위를 할 수 있는 여건이 되는 지를 알고자 하는 질문일 수도 있기 때문이다. 그러한 경우 말하는 사람 2의 대답 이후에 곧바로 "그러면 이리 좀 줘"라는 요구의 화행이 수행되어야 정상적인 대화로 간주할 수 있을 것이다. 그러나 대화 예문 (2)의 경우 말하는 사람 2의 반응은 매우 일반적이고 적절하다고 할 수 있다.

클링케의 견해는 큰 틀 안에서 동의할 수 있기는 하지만 보다 가다듬어야 할 부분이 있다. 그 이유는 질문 화행에 대한 반응으로 비언적인 수단을 통해서 대답을 하는 경우도 종종 있기 때문이다. 예를 들면 "내 시계가 어디 있지?"라는 질문에 대해서 상대방이 시계가 있는 곳을 손가락으로 단순하게 가리킬 수 있다. 이와 같은 유사한 예는 일상 의사소통 생활에서 드물지 않게 발견된다. 그러나 그러한 예에서도 질문을 통해서 요구하는 것은 시계의 소재에 대한 정보이지 그 소재를 가리키는 손가락을 이용한 행동 그 자체는 아닌 것이다. 비록 질문의 행위에 대한 반응으로 실제적인 행동이 실현된다고 하더라도 그것은 질문에 대한 직접적인 반응이 아니라 질문에 의해서 요구되는 정보를 전달하는 수단이다. 이와는 반대로 요구에 의한 반응으로서의 행동은 그것이 다른 어떤 것을 구현하기 위한 수단이 아니라 바로 요구를 통해서 기대하는 반응 그 자체인 것이다. 가령 물에 무엇이 들어있는지를 묻는 말에 물이 들어있는 잔을 보여주면 그것은 그러한 사실을 알려주기 위한 것이지만, 물을 달라는 요청에 물을 갖다주면 그 행위는 컵에 물이 있다는 사실을 알려주기 위한 것이 아니라 요청한 사람이 원하는 것을 실현시켜 주는 자체적 목적이 있는 것이다. 그러므로 클링케의 주장은 약간의 수정이 필요하다. 질문 화행이 요구하는 반응은 지식 또는 정보와 관련된 것이고 반대로 요구 화행이 기대하는 반응은 실제적 행동 그 자체이다.

요구와 질문을 구분하는 또 다른 기준은 헤링어 외(Heringer et al. 1977)에 제시되어 있다. 그들에 의하면 요구의 반응은 기대하는 행위의 실행과 비실행으로 단순하게 나타나지만, 대답에 대한 반응으로 나타날 수 있는 대답의 유형은 요구에 비해서 훨씬 다양하다는 것이다.

(1) 말하는 사람 1 : 오늘 시내에 서커스단이 온대?
    말하는 사람 2 : 아직도 그런데 관심이 있니?
(2) 말하는 사람 1 : 자녀가 몇 명입니까?
    말하는 사람 2 : 아직 결혼도 하지 않았는데요

예문 (1)에서 말하는 사람 1은 예/아니오의 대답을 요구하는 질문이고, (2)는 몇 명에 대한 대답을 요구하는 것이어서 원칙적으로 대답이 미리 정해져 있지만 말하는 사람 2는 기대하는 대답에서 벗어나는 다른 유형의 행위로 반응을 한다. 바로 이러한 사실 때문에 질문이 요구와 구별된다는 것인데, 그러한 사실은 질문에만 적용되는 것이 아니라 요구에도 동일하게 적용된다는 것을 헤링어 등이 간과한 듯 하다.

> (3) 말하는 사람 1 : 물 한 잔만 줄래?
> 　　말하는 사람 2 : 뜨거운 물, 찬 물?
> (4) 말하는 사람 1 : 돈 좀 빌려줄래?
> 　　말하는 사람 2 : 돈은 어디에 쓰게?

결론적으로 말하자면 지금까지 기술한 바와 같이 질문이 반응을 요구하는 특성 때문에 질문 화행을 요구의 한 하위 유형으로 분류하는 것은 의사소통의 실제에 부합하지 않기 때문에 적절하지 않다는 것이다. 뿐만 아니라 의사소통 상황의 유형에 따라 그 편차가 다르기는 하겠지만 일상생활에서 질문 화행은 결코 무시하지 못할 만큼 그 사용의 빈도가 큰 것으로 판단된다. 또한 인간은 사회적 존재로 규정되고 보통의 경우 일상적 또는 제도적 교육의 형태로 최소한 십 수년 동안 이루어지는 인간의 사회화 과정에서 질문 화행이 차지하는 중요성은 실로 매우 크다고 말할 수밖에 없다. 그렇기 때문에 앞에서 언급한 학자들과 마찬가지로 이 책에서도 질문의 화행을 보편적 화행의 한 유형으로 규정하기로 한다. 그렇다면 보편적 언어 행위의 유형은 확언 화행, 지시 화행, 질문 화행, 언약 화행, 정표 화행, 선언 화행 등으로 최소한 6개의 종류를 꼽을 수 있을 듯 하다. 이들의 특징과 서로를 구분하는 자질들을 썰(Searle 1975b)에 따라서 살펴보도록 하겠다.

썰(Searle 1975a)은 화행 분류를 위해서 모두 12개의 분류 기준을 제시하지만 보편적 화행의 유형을 분류하는 중요한 기준으로 의사소통 목적, 말과 대상 사이의 지향성, 표현된 심리상태 등의 차이를 꼽을 수 있고 그

나머지 것들은 보편적 화행의 유형을 다시 하위 분류하기 위한 것이다(박용익 2001, 81쪽 이하 참조). 보편적 화행의 유형을 구분하는 세 기준은 다음과 같다.

1. 의사소통적 목적의 차이 : 이 기준은 썰이 제시한 화행의 성공적 수행을 위한 본질적 조건과 같은 것으로 화행의 유형을 나누는 데 있어서 가장 근본적인 기준이다. 의사소통 목적의 예를 들면 약속은 어떤 것을 하겠다는 의무를 말하는 사람 스스로가 지는 것이고, 질문은 자신에게 부족한 정보를 상대방으로부터 구하는 것이다.

2. 말과 대상세계의 지향성의 차이 : 말과 대상세계의 지향성에서는 말이 대상세계보다 먼저인가 혹은 대상세계가 말을 하기 이전에 이미 사실로 있었는가에 관한 것이다 예를 들면 주장의 경우는 주장하고자 하는 사실이 발화를 하기 전에 먼저 있었고 말이 그것을 나중에 기술하는 것이므로 말이 대상세계로 지향하는 것이다(↓로 표시). 반대로 약속과 명령의 경우는 약속과 명령으로 인해서 수행될 행위가 발화를 한 이후에 나타난다. 그러므로 이 경우는 말이 기술하고자 하는 대상세계가 발화의 내용에 따라서 발생하는 것이므로 대상세계가 말에 순응하는 것이다(↑로 표시).

3. 표현된 심리상태의 차이 : 명제내용이 있는 발화수반력 행위를 함으로써 말하는 사람은 명제내용에 대해서 특정한 자세나 입장을 표시하는데 이를 표현된 심리상태라고 한다. 표현된 심리상태는 대략 썰이 제시한 행위의 성실성 조건과 동일하다. 예를 들면 주장은 믿음, 지시는 원함, 약속은 의도 그리고 사과는 미안함이 해당 화행의 표현된 심리상태이다.

썰은 이 기준에 따라서 앞서 말한 5개의 보편적 화행을 설명하고 구분
한다.

1. 확언 화행

    1) 의사소통 목적 : 말하는 내용이 사실이라고 (정도의 차이를 두고) 확인함

    2) 지향성 : 말이 대상세계를 지향 (↓)

    3) 표현된 심리상태 : 말하는 내용이 사실이라고 믿음

2. 지시 화행

    1) 의사소통 목적 : 듣는 사람이 어떤 행동을 하도록 또는 하지 않도록 하
                      기 위한 시도

    2) 지향성 : 대상세계가 말을 지향 (↑)

    3) 표현된 심리상태 : 소망

3. 언약 화행

    1) 의사소통 목적 : 미래의 행위를 하거나 하지 않겠다고 확정함

    2) 지향성 : 대상세계가 말을 지향 (↑)

    3) 표현된 심리상태 : 의도

4. 정표 화행

    1) 의사소통 목적 : 심리상태의 표현

    2) 지향성 : 없음 (∅:명제내용이 진실하다고 전제됨 말과 대상세계가 서로 순응되
                  어 있음이 전제됨)4)

    3) 표현된 심리상태 : 다양한 심리상태

5. 선언 화행

    1) 의사소통 목적 : 특정 의사소통 상황에서 어떤 상태가 되어야 한다는
                      의사표시 : 이 유형의 화행에 대해서 가장 특징적인
                      점은 선언화행을 성공적으로 수행하면 명제내용과 실
                      제상황이 일치하게 된다는 점이다. 또 말하는 사람은

---

4) 예:어떤 사람이 버스 안에서 다른 사람의 발을 밟았고 이에 대해서 사과를 한다면 이
   는 발을 밟았다는 사실을 말하려는 것(말이 대상세계로 지향)도 아니고 또한 앞으로 발을
   밟겠다고 밝히는 것(대상세계가 말에 지향)도 아니다. 이 경우의 명제내용은 화행의 실행
   순간에 진실한 사실로 전제되는 것이다

선언화행을 수행할 수 있는 사회적 그리고 제도적으로 부여된 자격이 있어야 한다(예:성혼선언을 위해서는 주례라는 사회적으로 부여된 자격을 가진 사람만이 할 수 있다).

2) 지향성 : 동시적 상호지향(↕) : 선언화행이 성공적으로 수행됨과 동시에 대상세계가 도래됨으로 발화와 대상세계가 상호지향하는 것으로 볼 수 있다.

3) 표현된 심리상태 : 없음

선언 화행 가운데에서 확언적 선언 화행으로 불릴만한 행위가 있다. 확언적 선언 화행의 특징은 어떤 사태가 참 또는 거짓이라는 것을 확인할 수 있지만 동시에 또한 참과 거짓에 대해서 최종적으로 판단을 내릴 수 있는 제도적 권위가 필요한 조건 하에서 수행되는 화행으로서 예를 들면 판사의 심판이나 심판의 결정 등이 있다.

같은 방식으로 질문 화행의 특징을 기술하면 다음과 같다.

6. 질문 화행
   1) 의사소통 목적 : 자신에게 결여되어 있는 정보를 상대방이 제공하도록 함
   2) 지향성 : 없음 (∅:명제내용이 완결되어 있지 않기 때문에)
   3) 표현된 심리상태 : 지식에 대한 욕구

질문 화행을 보다 자세하게 이해하기 위해서 썰(Searle 1969)이 제시한 화행의 구성규칙에 따라서 질문 화행의 구성규칙을 재구성해 보면 다음과 같다.

1) 명제내용 규칙 : 모든 명제 또는 명제적 기능
2) 도입규칙
   2-1) 말하는 사람은 대답을 모른다. 즉 명제가 참인지 거짓인지를 모르거나, 명제적 기능의 경우 명제를 올바로 완성시키기 위해서 필요한 정보를 가지고 있지 않다.
   2-2) 말하는 사람이나 듣는 사람 모두 질문을 하지 않으면 듣는 사람이 필요한 시점에서 정보를 제공할지를 모른다.
3) 성실성 규칙 : 말하는 사람은 정보를 실제로 원한다.
4) 본질적 규칙 : 듣는 사람이 정보를 제공하도록 시도한다.

　지금까지 논의한 대로 질문은 보편적 행위 유형 가운데 하나로 간주하는 것이 정당하다. 질문은 의사소통 목적이 지식과 정보를 얻고자 노력하는 것이 특징이라고 이미 앞에서도 규정한 바 있다. 질문 행위를 통해서 얻은 지식과 정보를 어떤 목적으로 구하였고 어떻게 사용할 것인가에 따라서 질문 행위의 유형 분류가 다양하게 시도되었다. 썰은 화행의 성실성 규칙에 따라서 참 질문과 시험질문으로 구분한다. 참 질문의 성실성 규칙은 위에 언급한 대로 질문자가 구하는 답변의 내용에 대해서 모르고 있는 것인데 반해서, 시험 질문은 질문자가 구하는 답변의 내용을 미리 알고 있다. 훈츠누루셔(Hundsnurscher 1975)는 질문은 화행의 한 하위 유형 또는 변형이라는 썰얼의 견해를 바탕으로 질문이 요구하는 답변 행위의 유형에 따라서 질문 행위의 유형을 분류할 것을 몇 가지의 예를 들면서 예시적으로 제시하였다.

(1) 네가 어떻게 세계일주를 해?
(2) 이사 갈 때 도와줄 거지?
(3) 예수를 믿습니까?

　(1)에 대한 답변은 가령 "두고 봐. 할 수 있어"라는 짧은 대답은 적절하지 않고 여러 발화로 이루어진 설명이 답변으로서 적절할 것이다. 그렇기 때문에 질문 (1)은 설명 질문이라고 할 수 있을 것이다. (2)의 경우에는 "그래 도와줄게"라는 답변이 일종의 약속의 행위이므로 언약 질문이라고 할 수 있을 것이며, (3)의 경우는 상대방의 고백적 특성을 보이는 답변을 요구하는 것이므로 고백 질문이라고 부를 수 있을 것이다. 비록 실험적인 것에 머물렀지만 훈츠누루셔의 질문의 유형 분류는 매우 유용한 것으로 인정되었고 또한 후에 다른 유형 분류의 토대를 이룬다.

　바이간트(Weigand 1989b, 108ff.)는 훈츠누르셔와는 달리 선언 화행과 요구 화행 그리고 확언 화행과 더불어 질문을 보편적 화행 유형의 하나로 간주하지만 질문 화행의 유형 분류는 기본적으로 훈츠누르셔의 방식에 따른다. 그에 의하면 질문 화행은 확언적 질문과 요구적 질문 그리고 선언적 질문의 세 가지 유형으로 크게 나누어질 수 있다. 이 세 유형의 질문의 공통적인 특징은 상대방으로부터 지식 또는 정보와 관련된 반응을 요구하는 것이다. 확언적 질문은 질문 행위의 전형적이고 대표적인 유형으로 전적으로 지식과 정보와 관련된 질문으로 사실 또는 해석이 요구된다.

    (1) 몇 시야?
    (2) 어떻게 생각해?

요구적 질문은 획득한 질문을 이용하여 어떤 행동을 하기 위한 것으로 그 행동은 자신이 직접 수행하거나(예: 어떻게 해야 하지?), 아니면 상대방이 행동을 하겠다는 확약을 받는 것(예; 네가 할거야?)으로 구분이 될 수 있다.

선언적 질문은 어떤 상태를 발생시키거나 확인하는 것과 관련된 정보를 요구하는 질문으로서 다음과 같은 질문을 예로 들 수 있겠다.

    (1) 한국인입니까?
    (2) 알라신을 믿습니까?

역시 훈츠누르셔의 입장에서 출발하는 힌델랑(Hindelang 1981)은 질문의 화행 유형을 대답의 유형에 따라서 보다 더 자세하게 분류한다. 그는 먼저 대답의 내용의 종류에 따라서 문제 중심적 질문과 관계 중심적 질문의 유형으로 대분류를 한다. 문제 중심적 질문은 대부분의 질문에 해당되는 것으로 문제의 해결을 위해서 지식과 정보를 얻으려고 하는 것이 의사소통 목적이다. 그러나 관계 중심적 질문은 대화 상대자에 대한 관심이나 상대자와의 의사소통적 관계를 창출하거나 회복하려는 소망 또는 상대방을 시험하고 조정하기 위한 의도로 사용된다. 문제 중심적 질문은 문제의 상황과 문제의 유형에 따라서 하위 분류될 수 있다.

문제 중심적 질문은 질문자와 대답자가 문제의 상황에 공동으로 당면하고 있는 경우(공동의 문제 상황, 예:낯선 곳에서 차를 타고 가는 두 사람이 행인에게 주유소를 물을 때)와 질문자 한 사람에게만 적용되는 것(일방적 문제 상황, 예:낯선 도시에 가서 길을 물을 때)으로 구분할 수 있다. 문제의 상황이 질문자와 대답자 모두에게 적용되는 경우에는 협력 질문이라고 할 수 있다. 문제의 유형은 실제적인 것과 이론적인 것이 있는데, 실제적인 문제는 무엇인가를 행동해야 문제가 해결되는 유형으로, 질문자는 질문을 통해서 얻은 지식을 이용하여 어떤 행동을 하게 된다. 반면에 이론적인 문제는 질문자가 무엇을 알기만 하면 해결되는 유형이다.

일방적이고 이론적인 질문의 유형으로는 근거제시 질문(1)과 설명 질문(2) 그리고 사실 질문(3)이 있다. 근거제시 질문에서 기대하는 답변은 인간의 행위나 행동 방식을 이성적으로 이해할 수 있도록 하는 내용을 담고 있고, 설명 질문에서는 사건의 인과적 관계의 자연법칙에 관한 배경이 설명된다. 반면에 사실 질문에서는 수, 이름, 자료 등과 같이 큰 문제없이 진실성이 확인되는 사실 정보에 관한 내용이 답변으로 요구된다.

(1) 왜 외국인 노동자가 한국에 그렇게 많이 들어오려고 하지?
(2) 여름에 해가 겨울보다 긴 것은 무엇 때문일까?
(3) 이 꽃의 이름은 무엇이지?

일방적이고 실제적인 질문의 유형으로는 충고 질문과 교시 질문이 있다. 교시 질문은 질문자가 질문의 답변을 통해서 곧바로 당면한 실제적 문제를 해결할 수 있다고 생각할 때 수행하는 질문이다. 교시 질문의 경우 질문자는 자신이 현재의 문제를 간단하고 확실하게 해결할 수 있는 지식을 상대방이 가지고 있다고 전제한다. 여기에 해당되는 질문의 예로는 전문가에 대한 질문, 간단한 기술적 문제에 대한 질문(4) 또는 길묻기 질문(5)이 있다.

(4) 자전거 바퀴에 펑크가 나면 어떻게 때우지요?
(5) 경찰서가 어디에 있지요?

반면에 충고질문(6)은 상대방이 곧바로 문제를 해결할 수 있는 답변을 줄 것이라고 기대하지 않고 문제해결을 위한 선택가능한 다양한 정보와 전략에 대해서 토론을 하고자 할 때 사용된다.

(6) 이 위기에서 벗어나려면 어떻게 해야 할까?

공동의 이론적인 질문은 질문자가 상대방도 질문자와 마찬가지로 특정 이론적 문제의 해결에 관심이 있을 것이라는 전제 하에서 수행된다. 이때 질문자는 상대방이 질문에 대한 확정적인 해결책을 가지고 있을 것이라고는 생각하지 않고 같이 토론을 함으로써 문제해결을 할 수 있을 것이라는 희망을 가지고 있다. 이러한 종류의 질문을 문제제기 질문이라고 한다.

(7) 남과 북이 통일을 할 수 있는 방안에는 어떤 것이 있을까?

공동의 실제적인 문제, 즉 협력 질문에서도 문제제기 질문과 마찬가지로 질문자가 상대방이 확정적인 문제의 해결책을 가지고 있다고 전제하지 않는다. 또한 질문자는 상대방을 전문가로 간주하는 것이 아니라 문제 해결을 위한 생각이나 의견을 제시하는 동등한 대화 상대자로 파악한다. 질문자는 토론을 통해서 수용, 변형, 또는 폐기될 수 있는 제안을 기대한다.

(8) 이번 주말 파티에 무엇을 준비할까?

(8)이 토론을 개시하는 협력 질문이라면, 연계적 협력 질문은 질문자와 답변자가 실제적 행위를 협력적이고 즉각적으로 실행하기 위해서 하는 질문이다.

(9) 사다리를 어디에 갖다 놓을까?
     (한 사람은 지붕에 올라가고 한 사람은 지붕에 올라가는 것을 돕는 상황에서)

관계 중심적 질문의 한 유형인 관심 질문은 질문자가 상대방에 대한 우정이나 사랑 또는 연대감의 표현으로 감정이나 느낌 또는 기분이나 평가 등에 대해서 알고자 할 때의 질문을 말한다.

　　(10) 걱정이 많이 되니?
　　(11) 아직 아파?

　관심 질문은 상대방의 답변 내용에 대해서 실제적으로 알고자 하는 반면에 근황 질문은 상대방과 대화를 시작하기 위한 하나의 수단으로 이용된다. 이 질문을 통해서 질문자는 상대방에게 대화를 하고 싶다는 표시를 하는 것이다.

　　(12) 휴가는 잘 다녀오셨어요?

　감시 질문은 질문자가 상대방이 무엇을 하였는지, 어떤 것을 계획하고 있는지에 대해서 알게 됨으로써 어떤 지시를 할 수 있는 토대를 마련하기 위한 질문으로, 이 질문을 통해서 질문자는 상대방에게 권력을 행사하고 감시를 하는 것이다. 이 질문의 경우 질문자와 답변자의 관계는 불평등하다.

　　(13) 이 장난감 어디에서 났어? (어린 아이에게)
　　(14) 근무시간에 어디에 갔었습니까?

힌델랑이 제시한 질문의 유형을 도표로 표시하면 다음과 같다.

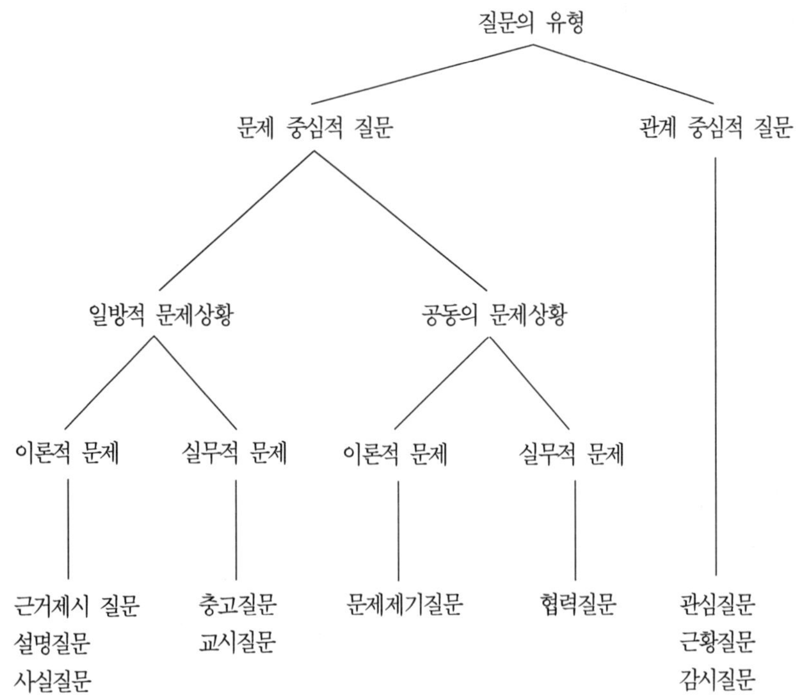

지금까지 살펴본 질문 행위의 유형학에서 나타나는 문제점은 교사질문이나 되묻기 질문 또는 퀴즈 질문과 같은 유형의 질문이 포함되지 않았거나 아니면 언급이 되어있다고 하더라도 만족할 만큼 설명되어 있지 않다. 보다 포괄적인 질문의 유형학을 위해서 먼저 질문의 행위 유형을 구분하기 위해서 먼저 질문자가 답변을 알고 있는지 아니면 모르고 있는지에 대한 기준에 따라서 질문의 유형을 크게 두 유형으로 구분하는 것이 타당할 것이다. 질문자가 답변을 모르고 있는 경우 질문자가 모르고 있는 지식과 정보를 질문을 통해서 얻고자 하는 것이다. 반면에 질문자가 답변을 알고 있는 질문에 속하는 유형의 질문들에서는 피질문자가 결여되어 있는 지식과 정보를 습득하게 하거나 아니면 피질문자가 알고 있어야 할 지식과 정보가 실제로 있는지를 알아내는 것이 의사소통 목적이다.

질문자가 알고 있지 못하는 지식과 정보를 구하는 유형의 질문은 다시 대화를 시작하는 위치에서 질문을 사용하느냐 아니면 상대방의 언어 행위에 대한 반응으로 수행하느냐에 따라서 일반 질문(또는 참 질문, 정보 질문, (1))과 되묻기 질문((2)와 (3)에서 말하는 사람 2의 발화)으로 구분할 수 있다. 참 질문과 되묻기 질문은 다시 말해서 자체적인 차이점은 없고 질문이 대화의 진행 과정에서 어느 위치에서 수행되느냐에 따른 기준에 의해서만 구분되는 것이다.

(1) 말하는 사람 1 : 몇 시야?
(2) 말하는 사람 1 : 언제 와?
　　말하는 사람 2 : 누가?
(3) 말하는 사람 1 : 물 좀 줘!
　　말하는 사람 2 : 따뜻한 물?

질문자가 답변을 알고 있기 때문에 질문자는 상대방으로부터 어떤 정보나 지식을 구하려는 목적을 추구하는 것이 아니라 오히려 상대방이 지식이나 정보를 습득하게 하고 습득해야 한다는 당위성을 고취시키는 목적을 추구한다. 질문자가 답변을 알고 있는 질문은 추구하는 의사소통의 목적에 따라서 질문의 활성화를 위한 질문과 지식의 검증을 위한 질문으로 구분된다. 지식의 활성화를 위한 질문에 속하는 대표적인 것으로는 자문 질문과 교사질문이 있다. 교사질문은 질문을 함으로써 질문자 자신이 직접 상대방에게 특정 지식이나 정보를 일방적으로 제공할 수도 있지만, 이를 지양하고 상대방에게 알아야 할 특정 영역의 지식과 정보를 개연적으로만 제시해주고 그것을 보다 구체적이고 확고한 지식과 정보로 발전시킬 시간과 기회를 제공하는 질문이다. 교사질문은 교육적 상황에서 가장 대표적으로 사용되는 질문으로 굳이 학교라는 제도적 환경에서 교사에 의해서만 수행되는 질문이 아니라, 교육적 목적으로 위에서 언급한 조건 아래 수행되는 질문 모두를 의미한다. 다시 말해서 어머니가 아이에게 무엇인가를 가르쳐주고 싶은 경우 직접 그것에 대해서 말해주기보다는 어머니가 가르쳐 주고자 하는 내용에 대해서 질문을 함으로써 아이가 스스로 그 지식을 습득하려고 할 때에도 어머니의 질문은 교사질문으로 간주될 수 있다.

(4) 조선은 누가 건국했나요?

반면에 예비적 질문에서 예비적이란 곧 바로 다음에 행할 언어 행위 또는 행위의 명제적 내용을 상대방에게 예고해주는 특성을 말한다. 교사질문이 연속체를 시작하는 위치에 있고 그 자체적으로 독립적인 위상을 가지고 있다면, 예비적 질문은 다음에 수행될 언어 행위의 목적달성을 원활하게 하는 보조적 기능을 가지고 있고 그러한 점에서 다음에 수행될 언어 행위의 존재에 의존되어 있다. 예비적 질문은 앞서 말한 되묻기 질문이 수행되기 위한 전제조건으로 특정 언어 행위가 바로 앞에서 수행되어야 하는 것과 비교된다. 강연자 또는 발표자가 지식의 전달을 비교적 길게 지속하는 동안 예비적 질문을 함으로써 듣는 사람들이 강연자가 곧바로 전달할 내용을 스스로 생각해 볼 수 있게 한다. 이렇게 함으로써 강연자는 듣는 사람에게 지식과 정보에 대한 호기심을 유발시키고, 강연자의 강의나 연설의 내용에 보다 집중하게 하며 듣는 사람이 의사소통의 과정에 적극적으로 동참하게 하는 효과를 얻을 수 있다. 예비 질문은 질문자가 강의나 연설 등에서 비교적 긴 시간동안 독화적으로 발화를 하는 동안 어떤 중요한 지식이나 정보에 대해서 말하기 바로 직전에 그에 관해서 질문을 한 다음 곧바로 또는 스스로 답변을 하는 경우도 있고(자문자답 질문, (5)), 또한 듣는 사람들이 질문에 대한 대답을 할 수 있는 기회를 줌으로써 의사소통에 참여하게 하는 경우(참여유도 질문 (6))도 있다.

(5) 말하는 사람 1 : 여러분 이렇게 하는 것이 옳습니까? 아니죠

(6) 말하는 사람 1 : 여러분 이렇게 하는 것이 옳습니까?

말하는 사람 2 : 아닙니다!

말하는 사람 1 : 그렇습니다. 옳지 않습니다.

지식의 검증을 위한 질문에 속하는 질문의 유형들은 의사소통 목적이 특정 과제를 해결하기 위한 과제 중심적인 질문과 특정 과제의 해결과는 관련 없이 유흥과 오락을 위해서 실행되는 오락 중심적 질문으로 구분된

다. 과제 중심적 질문에 속하는 질문으로는 시험 질문과 면접 질문이 있다. 시험 질문(7)은 배우는 사람이 의무적으로 지니고 있어야 할 지식이나 정보를 가지고 있는지를 확인하는 것으로 대답의 평가에 따라서 피질문자의 지적 능력이 판단된다. 반면에 면접 질문에서는 피질문자의 특정 지위에서 과제를 수행할 수 있는 지식이나 정보의 양과 질에 대해서 뿐만 아니라(8), 피질문자의 인생관이나 철학 또는 특정 사안에 대한 입장에 대해서도 질문을 받게 된다(9). 그렇기 때문에 시험 질문의 경우 질문자가 질문의 대답 내용을 구체적으로 알고 있는 것과는 달리 면접 질문에서는 질문자가 항상 질문의 답을 구체적으로 알고 있는 것은 아니다. 특히 피질문자의 인생관이나 관점에 대한 질문을 할 경우 그것이 질문자의 것과 잘 어울리는지를 살펴보기 위한 것이다.

    (7) 삼국유사의 저자는?
    (8) 우리 회사의 남미 시장 개척을 위한 전략으로 어떤 것이 있겠습니까?
    (9) 우리 회사의 기업 이념에 대해서 어떤 의견을 가지고 계신지요?

끝으로 오락 중심적 질문인 퀴즈 질문 또는 수수께끼 질문은 어떤 과제를 풀기 위함이 아니다. 다시 말해서 정보 질문의 경우 질문의 답변을 통해서 질문에 담겨진 문제가 해결되는 것과는 달리 퀴즈 질문의 경우 자체적 문제가 있는 것이 아니라 질문과 답변을 통해서 여흥과 여가를 즐기는 것이 목적이다. 퀴즈 질문은 형식과 행위적 측면에서 다른 질문과 차별성은 없다.

【도표 : 질문의 유형】

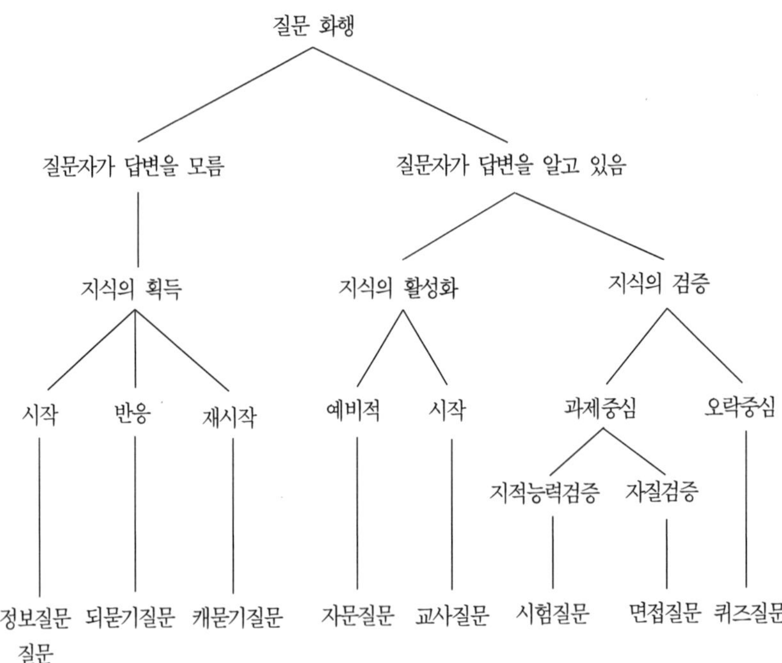

(2) 교사질문-학생대답의 연속체

① 교사질문

수업 시간에 수행하는 교사와 학생의 발화를 살펴보면 유독 질문의 행위가 많음을 알 수 있다. 질문의 행위가 수업대화에서 가장 중심적인 역할을 하는 이유는 수업대화의 의사소통 목적과 질문의 의사소통 목적이 상당 부분 겹치기 때문이다. 앞서서도 이미 규정한 바 있지만 수업대화의 의사소통 목적이 학생들의 지식과 기능 그리고 이해력을 증진시키는 것이고, 질문 행위의 유형이 무엇이든지와 상관없이 지식 또는 정보가 질문 행위의 대상인 것을 보면 질문이 수업대화에서 매우 자주 사용되고 수업대화의 목적 달성에서 핵심적인 역할을 하는 것은 그리 놀라운 일은 아니다. 일반적으로 질문의 행위를 통해서 질문자는 듣는 사람의 인지 활동에 영향을 끼친다. 질문을 통해서 듣는 사람은 질문자가 원하는 지식과 정보를 질문자에게 제공하려고 하게 된다. 듣는 사람의 답변을 통해서 질문자는 자신이 가지고 있는 지식과 정보의 결핍을 해소하게 된다. 그러나 교사질문의 경우에는 학생들이 현재 가지고 있는 지식과 정보에 접근하고 이를 자극하고 활성화하여서 특정한 방향으로 지식과 정보가 발전할 수 있도록 이끌어주고 조정해주는 기능을 갖는다. 그렇기 때문에 에엘리히/레바인(Ehlich/Rehbein 1986, 70)은 교사질문을 '지휘질문'이라고 부르기도 한다.

수업시간에 사용되는 질문의 유형은 매우 다양하다. 수업대화에서는 일상 생활에서 보편적으로 사용되는 정보 질문과 교육적 환경에서 사용되는 교사질문이 뒤섞여서 사용되는 것이 큰 특징 중의 하나이다. 정보 질문의 경우 교사는 실제로 특정 정보를 가지고 있지 못하고 있기 때문에 질문을 통하여 학생들로부터 정보를 얻으려는 목적을 추구한다. 수업대화에서 교사가 정보 질문을 하는 상황으로는 대개 학생들이 자신이 말한 바를 제대로 이해했는지 또는 어떤 것을 하려고 하는 데 그에 대한 준비가 되어있는지 등을 확인하려는 것을 예로 꼽을 수 있다. 다시 말해서 정보 질문은 수업의 진행과 구성을 위해서 주로 사용된다. 정보 질문과는 달리 교사질문의 경우 정보를 얻어야 할 주체가 교사가 아닌 학생이다. 교사질문의 경우 교사는 질문의 답을 구체적 또는 개연적으로 알고 있다. 이러한 사실을 바탕으로 그리고 썰(Searle 1969)에 의거하여 교사질문의 구성적 규칙을 살펴보면 다음과 같다.

1. 명제내용 규칙 : 수업시간의 주제와 직접 또는 간접으로 관련이 있는 모든 명제
2. 도입규칙
   1) 교사는 학생들이 자기 완성과 미래의 생활에 필요한 특정 지식을 지니고 있지 않다.
   2) 교사는 질문의 답변을 구체적으로 또는 최소한 개연적으로 알고 있다
   3) 교사와 학생들은 질문 없이도 학생에게 필요한 지식 습득의 기회를 가

　　질지 모른다.
　3. 성실성 규칙 : 교사는 학생들이 특정 지식을 알아야 한다고 생각한다.
　4. 본질적 규칙 : 교사는 학생들이 지식을 습득하도록 시도한다.

수업대화는 제 3장의 2. 메한의 모델에서 살펴본 바와 같이 교육의 강제성, 습득할 지식과 정보의 복합성, 대화 참가자의 대량성, 대화 참가자의 힘의 비균형성 및 수업대화의 허구성 등의 특징이 있다. 먼저 강제성과 대량성, 교사질문과의 상관 관계를 살펴보기로 하자. 강제성은 학생들이 학교에서 의무적으로 교육을 받아야 한다는 법적 규정과 학교에서 이루어지는 제도적 교육을 받지 않을 경우 감수해야 할 사회적 불이익에 대한 두려움과 관련이 있기도 하지만, 또 한편으로는 학생들의 관심과 흥미와는 관계없이 학생들이 배워야 할 내용과 시간 등이 제도적으로 규정되어 있다. 또한 사회화 과정에서 학생들이 습득해야 할 지식의 양은 매우 많고 복잡하다. 이로 인해서 학생들은 보통 자신이 무엇을 알아야 하는지를 모르고, 또 알고 싶은 것을 배운다기보다는 제도적으로 주어진 것을 배워야 한다.

　수업대화의 대량성, 즉 교사 한 명과 다수의 학생이 수업을 해야 하는 상황과, 전문적 정보의 양과 인류 문화사적 측면에서 압도적으로 우위를 점하고 있는 교사의 권력으로 인한 의사소통 참가자의 비균형성 등이 수업대화의 또 다른 특징이다. 수업대화의 허구성으로 인해서 학생들은 왜 무엇을 해야하는지에 대한 현실감을 가지고 있지 못하고 그렇기 때문에 동기부여가 되어 있지 않다. 이러한 수업대화의 제한된 상황적 조건으로 인해서 종래에는 수업대화에서 교사가 학생들에게 지식을 일방향적으로 전달하는 경우가 많았다. 이러한 상황에서 학생들은 단순한 지식 습득자로서 교사의 일방향적인 행위를 수용하는 단순하고 수동적인 역할만을 할 수밖에 없다.

　그러나 교사가 자신이 알고 있는 내용을 일방적으로 전달하는 것을 지향하고 학생들에게 질문을 함으로써 얻을 수 있는 장점이 많다. 우선 수동적인 역할을 하는 학생들에게 답변을 할 수 있는 기회를 제공함으로써 수업대화에 적극적으로 참여할 수 있는 기회와 역할을 제공하고 그렇게 함으로써 학생들에게 보다 많은 동기부여를 제공할 수 있다. 교사질문은 일방향적인 지식 전달의 경우 학생들이 오랜 시간 동안 다량의 지식과 정보를 수동적으로 수용할 수밖에 없기 때문에 나타나는 학생들의 집중력과 주의력을 향상시키는 장점을 가지고 있기도 하다. 뿐만 아니라 교사질문을 통해서 학생들은 단순하게 지식을 전달받는 역할을 벗어나서 스스로가 지식을 찾아내고 형성하는 지식의 창출자로서의 역할을 할 것을 기대할 수 있다. 동시에 교사와 다수의 학생 집단 사이의 의사소통에서 부분적으로 교사와 학생 개인 사이의 의사소통 형식으로 전환함으로써 의사소통의 집중도를 향상시킬 수 있다.

수업대화의 특성과 관련 없이 교사질문이 가지는 또 하나의 큰 장점은 교사가 전달해주고자 하는 지식과 정보를 학생들이 수용할 준비가 되어있는지 그리고 이미 전달한 지식과 정보가 얼마만큼 전달되어 있는지를 확인하고 검증할 수 있다는 사실이다. 지식의 전달과 습득은 그것을 이해할 수 있는 능력이 전제된다. 다시 말해서 지식과 정보의 이해와 처리를 위해서 사전 지식이 필요하다. 질문의 행위에는 알려진 것과 알려져 있지 않은 것이 구분되어 있다. 교사질문과 관련해서 말하자면 학생들이 알고 있는 지식과 정보 그리고 알고 있지 못하기 때문에 습득해야 할 지식과 정보로 명확하게 구분된다. 다른 관점에서 말하자면 교사질문을 통해서 습득해야할 지식과 정보뿐만 아니라, 그러한 지식과 정보가 어느 영역에 놓여있는지가 동시에 표시되는 것이다. 예를 들어서 "세종은 조선의 몇 번째 왕인가요?"라는 질문은 답변을 해야 하는 학생들이 조선이라는 나라와 임금 세종이 역사적으로 존재하였다는 사실 그리고 세종 외에도 더 많은 왕들이 있었다는 사실을 알고 있음을 전제로 한다. 이러한 전제된 사실을 바탕으로 학생들이 더 알아야 할 부분이 바로 '몇 번째'라는 사실이다. 만약에 학생들이 이에 대한 대답을 하지 못한다면 '몇 번째'라는 사실을 알지 못해서 일 가능성도 크지만, 알고 있다고 전제된 지식과 정보를 알고 있지 못하기 때문일 가능성도 크다. 후자의 경우 교사는 전제가 잘못되었음을 확인할 수 있고 전제된 사실을 알려줄 수 있는 기회를 가질 수 있다.

교사질문이 요구하는 답변의 유형으로 사실제시와 의견제시가 있다. 이에 따라서 교사질문은 사실제시 교사질문과 의견제시 교사질문으로 구분할 수 있다. 사실제시 대답은 수, 이름, 자료 등에 대한 정보와 관련된 것으로 대개 단답의 형식으로 수행되고, 제시된 정보에 대한 진위는 비교적 빠르고 간단하게 판단할 수 있다.

> 교사 : 직업에는 뭐뭐가 있어?
> 학생 : 간호사
>
> 교사 : 내일 온도는 얼마나 된다고 합니까?
> 학생 : 17도 정도

반면에 의견제시 답변은 특정 사안에 대해서 학생들이 어떤 입장을 가지고 있는지를 설명하거나, 어떤 현상에 대한 인과관계나 논리적 구조에 대한 정보를 제공하는 것이다. 그렇기 의견제시 답변은 때문에 하나의 화행으로 수행되는 경우도 있지만, 여러 개의 화행이 복합적으로 수행됨으로써 이루어지는 경우도 많다. 또한 사실제시 답변과는 달리 답변의 진위에 대한 것이 문제가 되는 것이 아니라, 적절성이나 타당성 그리고 동의 여부나 용인성 등이 문제가 된다. 지향하는 학생들의 답변 유형에 따라서 교사가 대응할 수 있는 유형도 각각 다르다(제 4장의 4. 2) (2) ② 참조).

> 교사 : 너희는 팥쥐를 어떻게 생각해?
> 학생 : 어 팥쥐는요 나쁘기도 하지만 착하기도 한 것 같아요 왜냐하면 팥쥐요
>   엄마가요 시켰기 때문에요 그걸로 인해 팥쥐는 엄마 말을 거역할 수
>   없기 때문에요 팥쥐가 그 말을 따른 것 같아요
> 교사 : 내일 날씨를 듣고 주의해야 할 사람들은 누구일까요?
> 학생 : 항해하는 사람들입니다.

교사 : 왜요?
학생 : 바다에 물결이 높게 인다고 하였기 때문입니다.

　교사질문의 대화이동은 단순하게 질문 하나의 화행으로 수행되는 경우도 있지만 여러 개의 화행들이 복합적으로 이루어지는 경우도 흔하다. 이때 화행들은 기능적으로 서로 동등한 관계에 있을 수도 있고, 기능적으로 서로 위계적인 관계에 있을 수도 있다. 교사질문의 대화이동에 나타날 수 있는 화행 유형으로 주의환기, 예비공표, 도입, 교사질문, 도움주기, 참여요구, 피질문자 지명 등이 있을 수 있다.

교사 : 자! (주의환기)
　　　내가 질문을 할 테니 잘 들어봐! (예비공표)
　　　이조 시대는 왕조시대였고 여러 왕들이 계셨어. (주제화)
　　　그 중에는 훌륭한 분들이 많이 계셨었는데 (주제화)
　　　그 가운데에서도 가장 훌륭한 분을 꼽을 수 있을 텐데. (주제화)
　　　어느 분이 가장 훌륭할까? (교사질문)
　　　한글을 창제하신 네 번째 임금이셨는데 (도움주기)
　　　누가 한 번 대답해 볼까?(참여요구)/창수가 대답해볼래?(피질문자 지명)

　주의환기는 말하는 사람이 발화를 하겠다는 신호를 보내는 기능이 있고, 예비공표는 말하는 사람이 앞으로 어떤 행위(즉 질문)를 하겠다는 정보를 줌으로써 듣는 사람이 말하는 사람의 발화를 보다 원활하게 이해하는 데 도움을 주는 기능이 있다. 예비공표에서는 메타언어가 사용되는 것이 특징이다. 예비공표는 위와 같이 독화의 형태로 발현되는 경우도 있지만 대화의 형태로 이루어지는 경우도 많다.

교사 : 자!
　　　내가 질문을 할 테니 잘 들어봐!
학생들 : 예!

　주제화는 학생들이 교사질문을 이해하고 그에 대해서 바른 대답을 할 수 있도록 질문의 영역에 대해서 사전 정보를 주는 것이다. 주제화는 교사질문을 도입하는 과정으로 주로 통보 화행으로 이루어진다. 도움주기는 교사가 교사질문을 한 뒤에 학생들이 대답을 할 수 있도록 추가적으로 정보를 제공하는 것으로 역시 통보 화행으로 수행되는 경우가 많다. 도움주기는 보통의 경우 교사질문에 대해서 학생들이 대답을 하지 못하거나 틀린 대답을 할 때 수행되는 경우가 많은데 그러한 경우 도움주기는 대화체로 이루어진다.

> 교사 : 자! (주의환기)
>   내가 질문을 할 테니 잘 들어봐! (예비공표)
>   이조 시대는 왕조시대였고 여러 왕들이 계셨어. (주제화)
>   그 중에는 훌륭한 분들이 많이 계셨었는데
>   그 가운데에서도 가장 훌륭한 분을 꼽을 수 있을 텐데.
>   어느 분이 가장 훌륭할까? (교사질문)
> 학생들 : (대답을 못한다)
> 교사 : 한글을 창제하신 조선의 네 번째 임금이셨는데.

참여요구는 교사가 교사질문에 대해서 답변을 할 학생을 구체적으로 명시하지 않는 경우에 수행된다. 반면에 피질문자 지명은 교사질문에 대해서 대답을 할 사람을 구체적으로 명시하는 경우로 교사질문의 첫 번째 화행으로 수행될 수도 있다.

> 교사 : 자! (주의환기)
>   창수! (피질문자 지명)
>   이조 시대의 가장 훌륭한 분은? (교사질문)

참여요구 후에 학생들이 대답을 하겠다는 표시로 손을 들거나 지명되기를 요구하는 경우 피질문자 지명은 대화체로 이루어진다.

> 교사 : 자! (주의환기)
>   내가 질문을 할 테니 잘 들어봐! (예비공표)
>   이조 시대는 왕조시대였고 여러 왕들이 계셨어. (주제화)
>   그 중에는 훌륭한 분들이 많이 계셨었는데

그 가운데에서도 가장 훌륭한 분을 꼽을 수 있을 텐데.
어느 분이 가장 훌륭할까? (교사질문)
한글을 창제하신 네 번째 임금이셨는데 (도움주기)
누가 한 번 대답해 볼까? (참여요구)
학생들 : 저요!
교사 : 창수가 대답해볼래? (피질문자 지명)

교사는 교사질문을 할 때 특정인을 답변자로 지칭하지 않고 전체를 답변자로 하는 경우도 많다. 이 경우도 전체 답변자를 암묵적으로 지칭하는 경우도 있고 명시적으로 지칭하는 경우도 있다.

교사 : 고민하고 있어. 여행하는데 날씨가 우선 어때야 될까?
학생들 : 좋아야돼요

교사 : 자. 다같이 무슨 이야기라구요?
학생들 : 콩.쥐.팥.쥐.

② 교사질문에 대한 학생들의 반응 유형

제 1 대화이동에서 수행된 교사질문에 대해서 학생들이 제 2 대화이동에서 할 수 있는 교사질문에 대한 반응 유형은 대답과 비대답 그리고 되묻기 질문이다. 일상 생활의 대화에서는 시작 대화이동에 대해서 역시작 대화이동(예:비난-역비난, 지시-역지시 등)이 나타날 수 있지만 교사와 학생 사이의 관계에서는 역시작 대화이동, 즉 교사질문에 대해서 학생이 새롭고 독립적인 대화이동 연속체를 시작할 가능성은 거의 없다고 보는 것이 타당하다. 제 2 대화이동에서 학생들이 수행할 수 있는 대화이동의 유형에 대해서 자세하게 살펴보도록 하겠다.

가. 학생대답

대답은 여기서 좁은 의미로 정의되는데, 교사질문에 대해서 적극적으로 그리고 진지하게 대응할 때만이 대답으로 규정된다. 여기서 '적극적'이다 혹은 '진지하다'란 말은 질문에 대한 대응으로 듣는 사람이 질문을 질문으로 받아들이고 질문을 통해 요구되는 정보를 전하려고 하는 것이며, 이 때 듣는 사람은 자신이 주는 정보가 말하는 사람이 질문을 통해 요구된 것에 부합된다고 믿는다는 것을 의미한다. 일상생활에서는 대답이라는 용어가 상당히 광범위하게 사용되어서 거의 시작 발화에 대한 반응의 유형 모두를 대답이라고 지칭하는 경우가 적지 않다. 예를 들어서 "너 어제 몇 시에 들어왔니?"라는 질문에 대해서 "말하기 싫어"라고 말한다면 보통의 경우에 대답이라고 할 수 있겠으나, 앞서 말한 대답의 정의와는 다르므로 여기서는 대답이 아닌 비대답(아래를 참조)으로 간주한다. 썰(Searle 1969)에 의거하여 대답의 구성 규칙을 재구성하면 다음과 같다.

   1. 명제내용 규칙 : 질문의 미완성 명제내용을 완전하게 할 수 있는 명제
   2. 도입 규칙
     (1) 말하는 사람 2는 말하는 사람 1의 발화를 질문 행위로 이해한다.
     (2) 말하는 사람 2는 말하는 사람 1과 협력할 준비가 되어 있다.
     (3) 말하는 사람 2는 대답을 안다고 생각한다.
   3. 성실성 규칙 : 말하는 사람 1은 자신이 제시하는 명제가 질문의 답변으로
                 서 적절하다고 생각한다.

위에 제시한 명제내용 규칙, 도입 규칙, 성실성 규칙은 모든 유형의 질문에 공통적으로 적용된다. 하지만 본질적 규칙은 질문의 유형에 따라서 각각 다르다.

   4. 본질적 규칙
     1) 정보 질문 : 말하는 사람 2는 말하는 사람 1이 요구하는 정보를 제공함
                 으로써 말하는 사람 1이 처한 정보와 지식의 결핍을 해소해
                 주고자 한다.
     2) 시험질문 : 말하는 사람 2는 말하는 사람 1이 요구하는 정보를 제공함
                 으로써 자신이 보유하고 있는 정보와 지식의 수준을 증명하
                 고자 한다.
     3) 면접질문 : 말하는 사람 2는 말하는 사람 1이 요구하는 정보를 제공하
                 여 자신의 자질과 능력을 원하는 위치에 자신이 적합한 사
                 람임을 증명하고 설득하고자 한다.

4) 교사질문 : 말하는 사람 2는 말하는 사람 1이 요구하는 정보를 제공함
　　　　　　　으로써 말하는 사람 1과 협력하여 지식과 정보의 양과 깊이
　　　　　　　를 더하고자 한다.

　학생대답은 학생들이 가지고 있는 지식과 정보를 교사와 주위 학생들에게 내보임으로써 일차적으로는 그것의 사실성과 적절성에 대한 검증을 받는 것이고 이를 바탕으로 궁극적으로는 자신과 다른 학생들의 지식과 정보체계를 확장하고 심화하는 기능을 갖는 것이다.

　　교사 : 좋다, 가다? 뭐가 다르지?
　　학생 : 받침이 있어요

　학생대답은 대개의 경우 확언 화행(제 4장 4. 3) 통보와 확인 참조)의 형식으로 수행된다. 학생들은 자신이 가지고 있는 지식과 정보의 사실성에 대한 믿음의 정도에 따라서 주장과 추측의 행위를 학생대답으로 수행할 수 있다. 주장의 경우는 자신이 제시하는 답변의 내용이 사실에 부합한다고 믿는 것이고 추측은 답변의 내용이 사실에 부합할 것이라고 믿지만 확신이 서지 않을 때 각각 수행된다. 그 실현 형태는 예를 들어 위의 학생대답이 주장적 답변이라면 "받침이 있는 것 같아요" 또는 "혹시 받침이 있는 것 아닙니까?" 등이 있을 수 있다.

　나. 비대답
　제 2 대화이동에서 학생들이 갖는 또 하나의 대응 가능성은 비대답이다. 비대답은 학생들이 요구되는 정보를 갖고 있지 않거나 혹은 갖고 있더라도 그 정보가 요구하는 것에 부합하는지에 대해서 확신이 서지 않는 등의 이유로 대답하지 않거나 또는 할 수 없는 경우에 수행된다. 비대답은 침묵이나 얼굴 표정 혹은 언어 발화를 수단으로 수행된다.

　　교사 : 잔치집, 어 잔치는 뭐야? 잔치는 뭐야, 잔치가?
　　학생들 : [침묵]
　　교사 : 직업에는 또 무엇이 있을까요?

    학생 : 몰라요

    교사 : 근데 여기 있는 것만으로는 꽃의 색깔을 알아보기!
    학생들 : 어려워요

다. 퇴짜

교사질문이 적절한 조건을 갖추지 못한 채 수행되어서 학생들이 교사질문에 퇴짜를 놓는 경우가 있기도 하다. 학생들이 교사의 질문에 응하지 않는 이유로는 발화순서 교체와 관련이 있기도 하다. 그러한 사례로는 다음의 예에서 볼 수 있다.

    교사 : 노령 산맥은 어디에 있지?
    학생 : 제 차례가 아닌데요? / 영철이가 대답할 차례인데요!

교사질문의 퇴짜는 학생들이 교사질문을 현 의사소통 상황에서 더 이상 관여적이지 않다고 판단할 때 이루어지기도 한다.

    교사 : 노령산맥은 어디에 있지?
    학생 : 그거 지난 시간에 벌써 했는데요.. / 그 부분은 아직 배우지 않았어요.

라. 되묻기 질문

제 2 대화이동의 세 번째 유형은 되묻기이다. 되묻기는 원래 교사질문-학생대답 연속체에 국한되어 있는 대화이동이 아니다. 다시 말해 되묻기는 어떤 대화이동 연속체에 그리고 대화이동 연속체 내의 어떤 곳에서도 나타날 수 있다. 되묻기는 교사질문-학생대답 연속체의 구성성분도 아니고 또 제 2 대화이동에만 나타나는 특수한 대화이동도 아니다. 그러므로 제 3 대화이동 이후로는 다루지 않기로 하겠다. 되묻기는 학생들이 교사질문을 언어적으로나 내용적으로 이해하지 못하여서 대답을 하지 못하는 상황에서 수행된다. 되묻기의 용도는 교사질문을 반복해서 들음으로써 대답을 하기 위한 준비를 하는 데 있다.

교사 : 학생이 일하러 가, 약국 약국으로, 약국에서 일해.
학생 : 예.
교사 : 무슨 일을 해?
학생 : 예?

교사질문에 대한 학생의 반응 유형을 종합하면 다음과 같다.

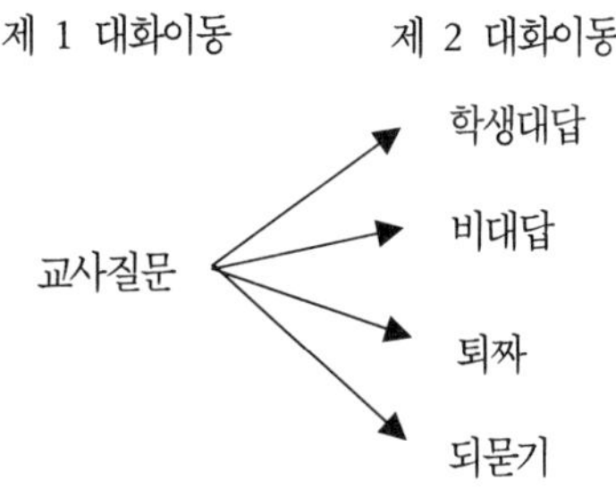

③ 학생들의 반응에 대한 제 3 대화이동의 유형

제 2 대화이동에서 학생들이 수행한 대화이동의 성격에 따라 제 3 대화이동에서 각각 상이한 대화이동이 수행될 수 있다. 학생이 대답을 한 경우 교사의 반응은 일상 생활에서 사용되는 질문의 대답에 대한 반응과 크게 차이가 난다. 질문과 대답의 연속체가 수행된 이후에 보통 질문자가 그 대답을 수용한다는 표시를 한 뒤 그에 대해서 감사의 표시를 하는 것과는 달리, 교사질문-학생대답의 연속체 이후에는 교사의 평가 대화이동이 후속된다. 평가의 대화이동은 학생들이 어떤 것이 참된 지식인지 그릇된 지식인지를 구분할 수 있도록 하고, 바른 지식을 축적해나가도록 하는 기능을 갖는다. 평가가 겉으로는 특정 학생의 대답의 옳고 그름을 판단하는 것이 주목적인 것처럼 보인다. 하지만 실제로는 전체 학생들이 어떤 지식을 습득해야 하는지 그리고 습득해야 할 지식을 가지고 있다면 그것이 온전한지 또는 부족한지를 공개적으로 판단하고 필요에 따라서 교정하고 보충해줌으로써 그 지식이 학생 모두에게 공유될 수 있도록 하는 것이 평가의 목적이다(Streeck 1979, 250). 학생의 대답에 대한 교사의 평가는 크게 긍정적인 것과 부정적인 것으로 나눌 수 있다.

가. 긍정평가

긍정적인 평가는 학생이 제시한 지식이 옳음을 판단해주는 것으로 교사 질문의 유형과 그에 따른 학생대답의 유형에 따라서 각각 확인적 긍정평가와 동의적 및 인정적 긍정평가로 구분된다. 가령 학생이 사실제시 답변을 수행하였다면 이 답변의 내용이 참과 거짓으로 비교적 명확하게 판단될 수 있으므로 확인적 긍정평가가 뒤따른다. 긍정평가는 명시적으로 표시될 수도 있고 암묵적으로 수행되는 경우도 있다. 명시적인 평가의 대화이동은 확인, 확언, 긍정 등의 화행으로 수행될 수 있다. 긍정평가의 대화이동을 명시적으로 표시할 수 있는 언어 수단으로는 "음, 그래, 맞아, 그렇지, 옳지" 등이 있다. 또한 학생이 대답한 내용 전체 또는 일부를 반복해서 말하는 방법도 있을 수가 있다.

교사 : 친구는 어떻게 알았을까?
학생 : 일기예보를 들었기 때문입니다.
교사 : 예, 일기예보를 들었기 때문입니다.

교사가 학생의 대답을 일부 또는 전체를 반복하는 경우도 있지만, 또한 학생대답을 보다 완전한 형식으로 오히려 늘려서 확인을 해주는 경우도 많다.

교사 : 여기에는 뭐가 있어? 또
학생 : …구름
교사 : 구름이 있습니다. 구름도

교사 : 어 그 얘긴.. oo!
학생 : 할머니가 계시는 영남지방은 흐리다고 했으니까 추울 것입니다. 그러니까 옷을 두껍게 입고 가시라고…
교사 : 예, 날씨가 흐리고 온도도 낮아요. 햇빛도 없어. 그러니까 이모 내일 가실 때, 부산 가실 때 옷 두껍게 입고 나가세요. 내일 날씨가 흐리대요

교사의 긍정평가는 아래 대화 예문의 두 번째 교사 발화의 예에서 볼 수 있듯이 학생대답에 대해서 교사가 해석을 하면서 이루어지기도 한다.

> 교사 : 쉬어 읽기. 그 다음, 갑자기 하늘이 먹구름으로 뒤덮였습니다. 여기선 뭘해야 될까요
> 학생들 : 끊어 읽기.
> 교사 : 자, 여기까지는 앞에서 배운 거니까 너무 쉬웠죠?

긍정평가는 학생들의 의욕을 높여 줄 목적으로 칭찬이 위의 화행들과 더불어 수행되기도 한다. 이 때의 대화이동 긍정평가는 복합 대화이동이다(박용익 2001, 63쪽 이하 참조). 다시 말해서 긍정평가는 동등한 두 개의 의사소통 기능, 확인과 칭찬이 하나의 대화이동에 실현된다. 칭찬은 꾸중과 더불어 전형적으로 교육적 의사소통 환경에서 수행되는 의사소통 행위이다. 찔리히(Zillig 1982)는 칭찬 행위의 구성적 조건을 아래와 같이 제시하고 있다.

조건 1
1) 말하는 사람 1은 명제 P를 말한다.
2) 그 명제로 말하는 사람 1은 분석 영역의 대상에 대해서 언급한다.
3) 말하는 사람 1은 동시에 그 대상이 하나 또는 여러 가치와 상응한다고 기술한다.
4) 아래의 조건 3의 2)에 부합하는 측면이나 대상이 있을 수 있다.

조건 2
말하는 사람 1과 말하는 사람 2는 평가의 대상을 알고 있다. 말하는 사람 2는 말하는 사람 1의 가치평가를 인정해야 한다.

조건 3
1) 말하는 사람 1은 말하는 사람 2의 교사이다.
2) 말하는 사람 2는 평가의 대상에 대해서 책임이 있다.

조건 4
1) 말하는 사람 1은 평가를 내림으로써 말하는 사람 2가 미래에도 평가된

　　　　대상과 상응하여 행동하도록 시도한다.
　　2) 말하는 사람 1은 평가의 대상이 기대한 것 이상으로 가치에 부합하다
　　　　는 것을 표현한다.

　　찔리히가 제시한 칭찬 행위의 구성적 조건 가운데 가장 핵심적인 사항을
요약해서 말하자면 교사는 칭찬을 함으로써 학생의 대답 또는 행동이 평
상시에 기대할 수 있는 것보다도 더 좋았음을 학생에게 알게 해주고 미래
에도 그와 같은 답변과 행위를 하도록 유도하고 동기를 부여하는 것이다.

　　확인과 칭찬은 아래의 대화 예문에서 볼 수 있듯이 하나의 긍정평가 대
화이동에서 동시에 실현될 수 있다.

　　교사 : 한명만 얘기해 주세요. 일어나서 00가 얘기해 보세요.
　　학생 : 흐린다가 차차 갠다고 하였습니다.
　　교사 : 네, 아주 잘했습니다.

　　보통의 경우 수용의 행위가 단독으로 수행되는 경우가 대부분이지만,
수용이 암묵적으로만 수행되고 칭찬만이 명시적으로 수행되는 경우도 간
혹 있다.

　　교사 : 자…다같이 무슨 이야기라구요?
　　학생들 : 콩.쥐.팥.쥐.
　　교사 : 다…이야기를 잘 들었나 봐…

　　반면에 긍정평가는 명시적이고 구체적으로 실현되지 않고 곧바로 다음
대화이동 연속체의 시작 대화이동으로 넘어갈 수도 있다. 이러한 경우는
특히 같은 주제에 속하는 질문을 연속해서 던질 때 자주 나타난다. 이러
한 경우 교사가 학생의 대답 뒤에 같은 질문을 계속하거나 아니면 특정
학생을 지칭하는 방식으로 진행된다.

　　교사 : 물고기에는 무엇이 있을까?
　　학생1 : 붕어요

교사 : 또?

교사 : 물고기에는 무엇이 있을까?
학생1 : 붕어요
교사 : 학생2!

암묵적인 긍정평가 대화이동은 교사질문이 요구하는 대답의 내용이 상대적으로 평이하여서 학생들 스스로가 판단을 내리고 교사의 질문 없이 연속해서 대답을 하는 형태로도 나타난다.

교사 : 학생 1! 직업에는 또 뭐가 있을까요?
학생 1 : 간호사!
학생 2 : 운전기사!
학생 3 : 판매원!

이 경우 형태적으로는 학생들이 다른 학생들의 대답을 평가하는 것처럼 보이지만, 역시 교사의 암묵적인 긍정평가가 전제된다. 만일에 다른 학생의 대답이 틀렸다면 교사 또는 또 다른 학생에 의한 부정평가가 이어질 것이다.

사실제시의 학생대답에 대한 긍정평가가 주로 "그렇다", 혹은 "맞다" 등과 같은 확인적 화행에 의해서 수행되는 것과는 달리 의견제시의 학생대답에 대한 긍정평가는 주로 인정, 용인, 동의 또는 찬성 등의 화행으로 이루어진다. 의견제시 학생대답에 대한 긍정평가는 "그렇게 볼 수도 있다", "하나의 의견으로 받아들일 수 있다", "좋은 생각이야" 등과 같은 발화로 수행될 수 있다. 의견제시에 대한 긍정평가는 사실제시에 대한 긍정평가와는 달리 그 표현이 짧고 긴 것 그리고 명시성이 확연하거나 약하거나와는 상관없이 대부분 명시적으로만 수행되는 것이 특징이기도 하다. 의견제시에 대한 긍정평가의 또 다른 특징은 교사가 학생의 대답을 용인, 인정, 동의를 하고 난 뒤 보통 대답에 대한 해석이나 의견 제시 또는 답변 내용을 요약하는 형식으로 수행되는 것이다.

교사 : 어, 그래요 참 잘했어요 또 다른 친구. 어, 저기 oo!
학생 : 어 팥쥐는요 나쁘기도 하지만 착하기도 한 것 같아요 왜냐면요 팥쥐요
엄마가요 시켰기 때문에요 그걸로 인해 팥쥐는 엄마 말을 거역할 수
없기 때문에요 팥쥐가 그 말을 따른 것 같아요
교사 : 아 그렇구나 우리 영민이는 그렇게도 생각하네? 그럼 팥쥐는 엄마
말을 잘 듣는 효녀네요? (인정/용인)

교사 : 어…그래요? 자…또 한사람만 더 얘기해 봅시다. oo가 팔빠지겠다. oo
가 한 번 발표해 볼까?
학생 : 어. 전생에 나쁜 짓을 했나봐요…
교사 : 어…그래요.. 역시 oo는 우리에게 새로운 생각을 하고 있죠. 전생까
지 막. 자. 잘했어요 여러분 친구들이 우리 친구들 이야기를 다 잘
들은것 같애. (인정/용인)

교사 : 어…그래요? 자 그러면…흥부아내는 한 번도 안나왔죠…흥부아내 누
가 한 번 얘기해 보세요 oo이가 얘기해 보자…
학생 : …<학생이 대답을 하였지만 녹음 상태가 불량하여 전사가 불가능함>
   교사 : 어…그래요.. 선생님도 그거 보면서 그렇게 생각했어요

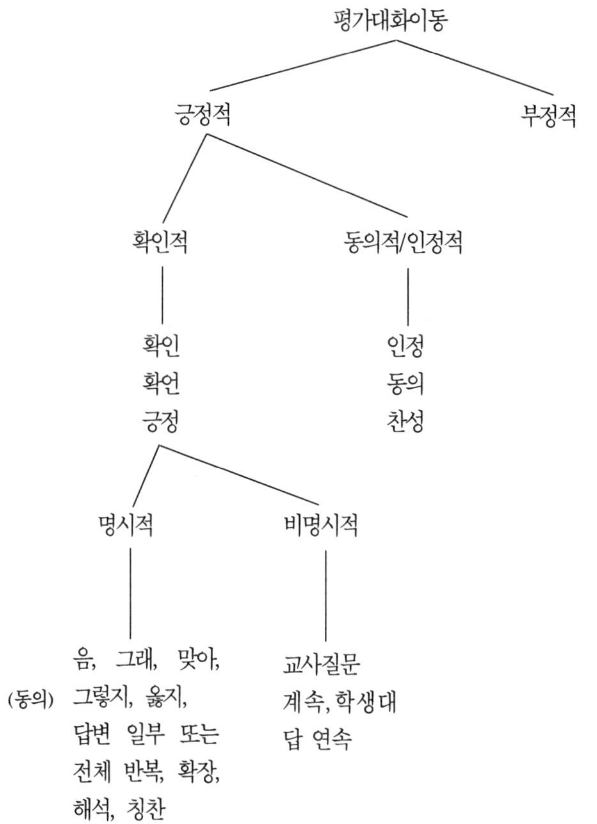

학생이 옳은 대답을 하고 난 후 교사가 그 대답에 대해서 직접적 또는 간접적으로 평가를 내리면 교사질문–학생대답의 대화이동 연속체는 종결되어 하나의 완결된 대화 연속체가 이루어지고 하나의 새로운 대화연속체가 이루어지며 이것은 선행하는 대화연속체와 의미적 기능적 관계를 형성한다.

나. 부정평가

부정평가는 사실제시 학생대답의 경우 내용이 사실과 부합하지 않음을, 그리고 의견제시 학생대답의 경우 학생의 의견이 적절하지 않거나 교사가 그에 동의하지 않음을 밝혀주는 것이다. 부정평가는 이를 통해서 학생들이 잘못 알고 있는 정보 또는 적절하게 수용될 수 없는 견해나 시각을 배제시켜주는 기능을 갖는다. 긍정평가의 대화이동과는 달리 부정평가의 대화이동은 사실을 제시하는 것인지 혹은 의견을 제시하는 것인지의 여부와는 상관이 없이 부정, 문제제기, 이론제기, 의혹제기 그리고 반론 등의 화행으로 수행된다. 부정을 구현하는 대표적인 언어 수단으로는 "아니야", "틀렸어", "그렇지 않아" 등이 있다. 이론이나 의혹제기는 학생대답의 일부 또는 전체를 반복하면서 문장의 끝에서 억양을 높힘으로써 의문문의 형식을 취한다.

교사 : 영동 영서는 무슨 이유로 비가 내린다고 했습니까?
학생 : 바다라서
교사 : 아니예요. (부정)

교사 : 자, 지내다?
학생 : 지냈습니다.
교사 : 그거는 과거형이고. (문제제기)

교사 : 직업에는 무엇이 있나요?
학생 : 교황!
교사 : 그게 직업이야? (이론제기)

교사 : 혹시 서울, 경기 지방 내일 어떤지, 내일 날씨 기억나는 사람?
학생 : 오후부터 흐려진다.
교사 : 오후부터 흐려진다고 했습니까? (의혹제기)

교사 : 무슨 일을 할까, 약국에서?
학생 : 약국하는 일.
교사 : 약국 일? (의혹제기)

부정평가를 명시적으로 수행하는 또 다른 방법으로 머리를 가로젓기, 문제가 있다는 의미의 얼굴표정 등이 있기도 하다. 부정평가의 비명시적

인 **수행** 방식으로는 교사가 대답을 한 학생 또는 다른 학생에게 질문을
반복하거나, 교사가 직접 대답을 하는 방식도 있을 수 있다.

교사 : 영동 영서는 비가 내린다고 했는데, 그 이유가?
학생 : 흐려서
교사 : 들은 사람? (다른 학생에게 질문 반복)

교사 : 가다가 뭐야, 가다?
학생 : 가다.
교사 : 음? ００이! (다른 학생에게 질문 반복)

교사 : 시간이 딱 됐어. 그럼 어떻게 해?
학생 : 그럼 집에 가요
교사 : 퇴근하다. 퇴근하다. (교사대답)

교사 : 예, 17정도로 날씨가 어떻다 그랬어요? 따뜻하다 그랬어요?
학생들 : 춥다고
교사 : 약간 쌀쌀할 거라고 그랬어요. (교사대답)

부정평가의 경우 "아니야", "틀렸어" 등과 같은 단정적인 부정의 화행
으로 수행되는 경우도 많지만 위의 예문에서 보는 것처럼 문제제기, 이론
제기, 의혹제기 등과 같이 학생대답에 대해서 긍정 또는 부정적으로 명확
하게 판단을 내리지 않고 유보적인 태도를 취하는 경우가 많은 것이 특징
이다. 이러한 평가 방식에는 두 가지 목적이 있는 것으로 보인다. 한 가지
목적은 명시적이고 단언적인 부정평가를 함으로써 대답을 한 학생이 체면
이 손상되고 또 이 때문에 학생이 자신감을 상실하여 수업대화에 적극적
으로 참여하지 못하는 것을 예방하는 기능이다. 동시에 추구하는 다른 목
적은 대답을 한 학생 또는 다른 학생에게 대답을 할 수 있는 기회를 다시
한 번 부여함으로써 학생들이 수업에 적극적으로 참여할 수 있는 기회를
제공하는 것이다. 이와 같은 이유로 설령 학생대답이 틀렸거나 부적절하
더라도 교사는 명시적인 부정평가나 유보적 평가를 하는 대신 일단 학생
대답의 일부를 수용하는 형식을 취하거나 심지어 칭찬을 하고 나서 나중

에 부정평가를 하는 경우도 자주 있다.

> 학생 : 생물!
> 교사 : 예?
> 학생 : 생물에 대해서
> 교사 : 예, 생물인데요, 어떤 생물들이냐고요? ㅇㅇ!
>   (학생대답 일부 수용 + 비명시적 부정평가 + 교사질문 반복)
>
> 교사 : 어려운데… ㅇㅇ이
> 학생 : 생선, 바다에 사는 동물과 땅에 사는 동물 그리고 하늘에 사는 동물과
>   식물을, 식물로 나눌 수 있습니다.
> 교사 : 예, 잘 했는데, 그 말을 하나의 낱말로 바꿔서 해보세요.
>   (칭찬 + 비명시적 부정평가 + 교사질문 반복)
>
> 교사 : 어…심술궂구요…돈이 최고라고 생각해요..그러면..놀부 아내는요? 놀
>   부 아내에 대해서 생각해 보세요
> 학생 : 놀부 아내는요…놀부보다 나쁜 거 같애요…흥부는…아…놀부는…쫓
>   겨내잖아요.
> 교사 : 어…그러니까…잘했어…잘했어…놀부하고 흥부하고 막 헷갈리는구
>   나. 놀부는 놀부가 먼저 쫓아낸 게 아니구…가 먼저 쫓아내자 그랬
>   어요.. (칭찬 + 문제제기 + 교사답변)

부정평가는 교사의 전유물이 아니라 또한 학생들이 할 수 있는 것이기도 하다. 학생들은 다른 학생의 대답에 대해서 명시적 또는 비명시적으로 부정평가를 내린다. 학생들의 명시적 부정평가는 부정("아니요, 틀려요, 음. 음!"), 반박 또는 반론, 이론제기, 문제제기 아니면 비언어적 수단(고개 가로 젓기, 부정적 얼굴 표정 등)의 형태로 이루어지고 비명시적인 부정평가는 자신들이 직접 대답을 하는 형태로 이루어진다.

> 교사 : 혹시 서울, 경기 지방 내일 어떤지, 내일 날씨 기억나는 사람?
> 학생 1 : 비가 온다고 그랬어요
> 학생 2 : 아닌데. (부정)

교사 : 혹시 만약에 부산 가서 배를 탄다면 배를 타도 될까요? 안될까요?
학생들 : 안돼요
학생 1 : 비행기 타고 가요
학생 2 : 비행기 타면 더 안돼. (반론)

교사 : 학생 1! 직업에는 또 뭐가 있을까요?
학생 1 : 교황.
학생 2 : 수녀.
학생 3 : 그건 직업이 아니야 (이론제기)

교사 : 그렇다?
학생 1 : 그럽니다. 그럽니다.
학생 2 : 그렇습니다 (다른 학생대답)

위의 예문에서 볼 수 있듯이 교사에 의한 부정평가가 대단히 유연하고 간접적으로 수행되는 데 비해서 다른 학생들에 의해서 수행되는 부정평가는 대단히 직접적이고 명시적인 것이 특징이다.

긍정평가 대화이동에서 학생의 대답 또는 행동이 평상시에 기대할 수 있는 것보다도 더 좋은 경우 칭찬이 추가로 수행될 수 있듯이 부정평가의 대화이동에서도 부정, 문제제기, 이론 제기, 의혹제기, 반론 등과 더불어 꾸중이 추가적으로 수행될 수 있다. 꾸중은 칭찬과 반대로 학생의 대답 또는 행동이 평상시 기대할 수 있는 것보다도 더 못할 때 수행된다. 꾸중의 구성조건은 아래와 같다(Zillig 1982, 96).

조건 1
    1) 말하는 사람 1은 명제 P를 말한다.
    2) 그 명제로 말하는 사람 1은 분석 영역의 대상에 대해서 언급한다.
    3) 말하는 사람 1은 동시에 그 대상이 하나 또는 여러 가치와 상응하지 않는다고 기술한다.
    4) 아래의 조건 3의 2)에 부합하는 측면이나 대상일 수 있다.

조건 2

　　말하는 사람 1과 말하는 사람 2는 평가에 표현되어 있는 대상을 알고 있
　　다. 말하는 사람 2는 말하는 사람 1의 가치평가를 인정해야 한다.

조건 3

　　1) 말하는 사람 1은 말하는 사람 2의 교사이다.
　　2) 말하는 사람 2는 평가의 대상에 대해서 책임이 있다.

조건 4

　　1) 말하는 사람 1은 평가를 내림으로써 말하는 사람 2가 미래에는 평가된
　　　대상과 상응하여 행동하지 않도록 시도한다.
　　2) 말하는 사람 1은 평가의 대상이 기대한 것 이상으로 가치에 부합하지
　　　못하다는 것을 표현한다.

　요약하자면 꾸중은 교육적 환경에서 사용되는 언어행위로서 학생들의
태도와 학습능력이 기대할 수 있는 기준보다 훨씬 미치지 못할 때 수행된
다. 꾸중의 의사소통 목적은 학생들의 그러한 상태를 지적해 줌으로써 학
생들이 미래에는 최소한 평균 이상의 태도와 학습능력을 가질 것을 독려
해주는 것이다. 학생의 학습능력에 대해서 꾸중(예:그걸 대답이라고 하니?, 그
것도 몰라?)이 이루어지는 경우는 거의 없고, 기대에 못미치는 학습능력을
갖게 된 학생의 학습태도에 대해서 이루어지는 경우가 대부분일 것이다.
예를 들면 교사는 학생의 수준에 미달하는 대답 또는 대답을 하지 못하는
경우 다음과 같은 발화로 꾸중을 수행할 수 있다.

　　교사 : 어제 이것이 중요하니까 잘 외어두라고 했지?
　　　　　너 요즘 공부 열심히 하지 않는구나?

　그러나 학습능력과 관련된 교사의 꾸중도 실제의 수업대화에서는 잘 사
용되지 않는 경향이 있는 듯하다. 그 이유는 아마도 부정평가를 명시적으
로 수행하는 것을 지양하는 것과 같은 이유인 것으로 보인다. 그와는 반
대로 원활한 수업을 방해하는 학생의 수업태도에 대해서는 꾸중이 매우
명시적이고 자주 사용된다.

　지금까지 기술한 부정평가와 긍정평가를 종합하여 도표로 표시하면 아래와 같다.

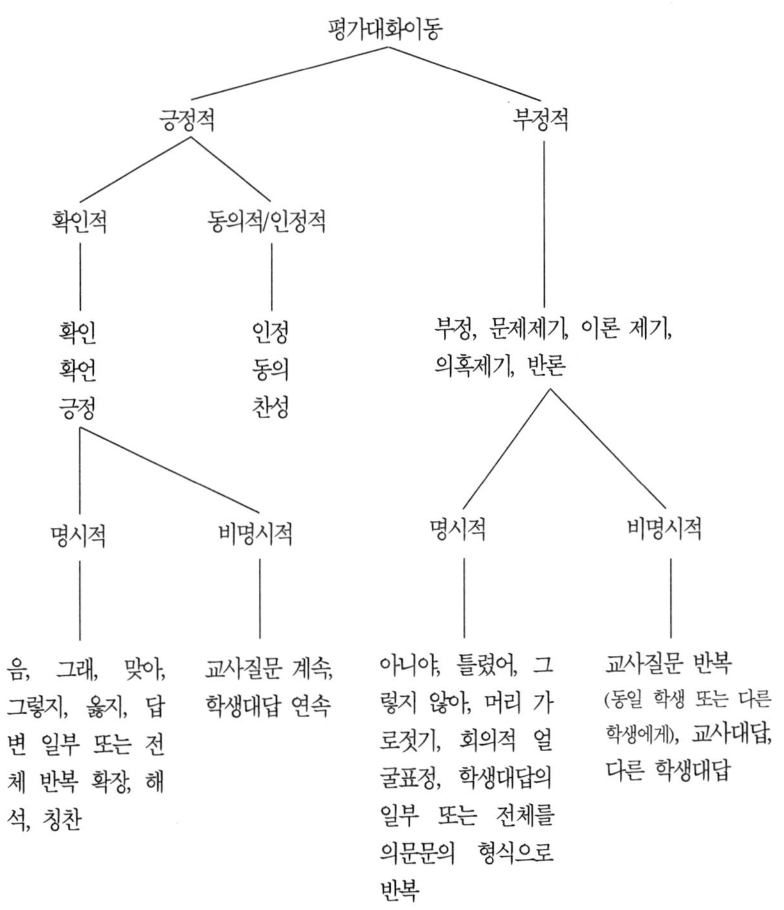

　다. 평가전달

　학생대답에 대해서 교사가 대응할 수 있는 행위 유형은 평가를 유보하고 다른 학생들에게 평가의 기회를 부여하는 것이다. 다시 말해서 긍정평가도 부정평가도 하지 않는 것이다. 평가 전달은 교사가 평가를 하지 못하기 때문에 나타날 수 있다. 특히 의견제시 학생대답의 경우와 같이 학생대답이 맞다/틀리다의 판정을 명확하게 할 수 없고, 관점과 견해가 문제가 될 때가 바로 그러한 상황이라고 할 수 있다. 그러나 대개의 경우 교사는 학생들의 대답을 직접 평가할 수 있지만, 평가를 직접하지 않고 학생들에게 평가를 하게 함으로써 학생들이 수업대화에 보다 더 적극적으로 참여하게 하고 학생들에게 동기를 부여하는 목적을 추구할 수 있다. 교사는 자신이 직접 평가를 내리는 대신에 "여러분들은 어떻게 생각하세요?" 또는 "대답이 맞나요?" 등의 발화를 통해서 학생들에게 평가를 할 수 있도록 한다.

> 교사 : 누가 한번 얘기해 볼래?
> 학생 : 흥부는요. 마음씨도 착하구요…(하하하)
> 교사 : 여러분, ㅇㅇ이가 말한 것은 몇 점이에요?
> 교사 : 자 그러면 이 글은 맞았을까요 틀렸을까요?
> 학생 : 다 틀렸어요 그거요
> 교사 : 틀렸다고 생각하는 사람, 그럼 틀렸다면 왜 틀렸는지 발표를 해보자.
> ㅇㅇ이가 한 번 발표해보자. (평가전달)

라. 평가거부

학생대답에 대해서 수행할 수 있는 교사의 네 번째 반응 유형으로 평가거부를 들 수 있다. 교사가 학생의 대답에 대해서 평가를 거부하는 이유는 학생이 자신에게 주어지지 않은 발화순서에서 대답을 하거나 또는 교실마다 규정되어 있는 대답을 하는 특정 형식을 지키지 않는 등 의사소통의 격률과 격식 또는 예절을 지키지 않았기 때문이다. 또는 학생의 대답 소리가 너무 작거나 불분명해서 평가를 하지 않고 동일한 학생에게 다시 질문을 하는 경우도 있다. 교사가 평가거부를 하는 것은 수업대화에서 교사 한 명이 다수의 학생들을 상대하기 때문에 불가피한 측면이 있다. 다시 말해서 교사질문에 대해서 다수의 학생이 동시적으로 대답을 하거나 또는 지명하지 않은 학생이 대답을 하는 경우 교사가 자신이 지명한 학생의 대답을 평가할 때 어쩔 수 없이 나타나는 현상이다. 교사의 평가거부도 역시 명시적으로 이행되는 경우도 있고 암묵적으로 수행되거나 아예 무시되는 경우도 많다. 명시적으로 이행되는 경우에는 학생이 지키지 못한 의사소통의 격률이나 규칙 또는 학생대답의 예절 등에 대해서 지적을 하는 경우가 많다. 교사가 평가를 명시적으로 거부하는 경우에 연속체는 새로운 연속체가 시작되고, 암묵적 또는 무시할 때에는 의사소통 연속체가 더 이상 진행되지 못하고 중단된다.

교사 : 자 선생님이, 선생님이 칠판에 적어 놓은 게 있는데 한번 보자. 이것은, 이것은 무엇을 나타낸 걸까요
학생들 : 쉼표!
교사 : 다같이 해야죠. 뭘 나타낸거죠? (발화순서의 문제)

교사 : 어…흥부를 쫓아냈어요..흥부가 놀부한테 식량을 얻으러 갔는데…놀부 어떻게 했더라?
학생 : 막…주걱으로 때렸어요.
교사 : oo가…손들고 얘기해야지. 손 든 친구들은 뭐야…그럼…손들구 누가 발표해볼까… (발화순서 획득에 대한 격식 또는 예절의 문제)

교사 : 어, 놀부 아내도 나와. 놀부 아내 어떻게 했더라…흥부가 갔더니? 어… oo이가 해보까?
학생들 : (작게 대답)
교사 : 어…다시 한번 발표해 볼까? 다시 해 봐…자신 있게…발표는. (작은 소리로 대답한 경우)

교사 : 어…oo가 했어…우리 친구들이 이렇게 열심히…oo야…어…잘해 줬는데요? 어디 너희들이 이야기를 잘…들었나 oo가 한번 물어 봐야겠어요.. 자 흥부와 놀부는 형제라 그랬는데…? 놀부가 흥부한테 어떻게 했어요?
학생 : 나쁘게
       (학생들 여기저기서 손을 든다.)
교사 : 응…oo이가 얘기해 보세요.. (무시)

교사 : 선생님은 여행을 언제 떠나는 게 좋을까?
학생 : 저요
교사 : 언제 언제 가는게 좋겠습니까? 자, 쓴 것 확인한다. 쓴 것 확인한다.
       (무시)

교사질문에 대한 대답이 수행되고 난 뒤 제 3 대화이동에서 나타날 수 있는 반응의 유형을 종합하면 아래와 같다.

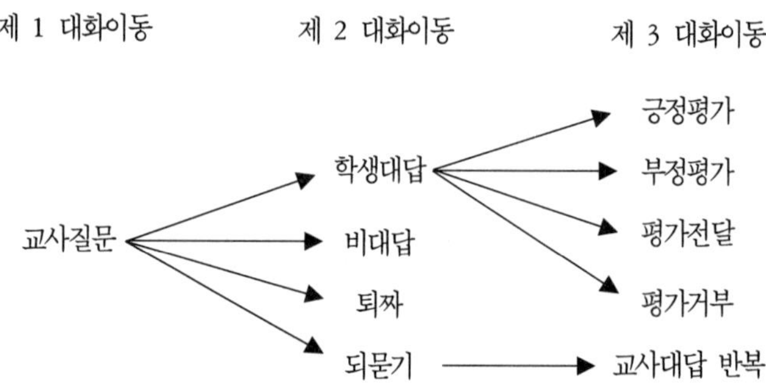

④ 제 3 대화이동 이후에서 대화의 전개 양상

학생대답에 대한 평가 그리고 학생의 비대답, 퇴짜 그리고 되묻기가 이루어지고 나면 새로운 대화이동 연속체가 시작 대화이동에 의해서 시작된다. 제 3 대화이동까지의 대화이동 연속체를 통해 교사의 의사소통 목적 달성이 명확하게 결정된다. 다시 말해서 말하는 사람 1이 추구하는 의사소통 목적 달성이 성공하였는지 또는 실패하였는지에 대한 결과가 명확해진 것이다. 이 때는 하나의 대화이동 연속체가 완결되는 것으로 보며, 그 다음 대화이동은 새로운 대화이동 연속체의 시작 대화이동이다. 교사가 학생대답을 평가하고 난 이후에는 학생질문-교사대답, 질문-대답, 통보-의사확인, 교사질문-학생대답 등의 다양한 유형의 행위 연속체가 뒤따라 수행될 수 있다. 새로운 대화 연속체는 선행하는 교사질문의 대화 연속체와 의미론적 그리고 화용론적으로 다양한 관계를 형성한다. 다양한 관계는 크게 긍정적인 것과 부정적인 것으로 구분할 수 있다. 긍정적이란 교사의 긍정평가를 학생들이 수용하는 것이고 부정적이란 학생들이 교사의 긍정평가를 수용하지 않는 경우를 의미한다.

가. 긍정평가 이후

학생들이 교사의 긍정평가를 수용하는 경우에는 연속하는 두 대화이동 연속체의 내용의 관련성에 따라 계속과 상세화 그리고 반복과 이의제기의 관계가 성립될 수 있다.

계속은 연속으로 수행되는 두 개의 대화이동 연속체의 주제가 서로 다르고 전체의 수업내용을 통해 간접적인 관련을 맺는 경우, 두 대화이동 연속체 사이의 관계를 말한다.

> (1) 교사 : 좋다?
> (2) 학생들 : 좋습니다. [교사도 동시에 말한다.]
> (3) 교사 : 많다?
> (4) 학생들 : 많습니다.
> (5) 교사 : 음!

위의 대화 예문에서 두 개의 대화이동 연속체 (1)~(2)와 (3)~(5)가 잇따라 수행되었다. 대화이동 연속체의 구조는 교사질문-학생대답-긍정평가인데, 이때 첫 번째 대화이동 연속체의 긍정평가는 교사가 학생과 동시에 답을 함으로써 수행된다. 두 연속체에서 다루어진 주제는 "좋다"와 "많다"로 각각 다른데, 동사의 원형을 존대어미를 사용하여 활용한다는 수업의 전체 주제를 통해서 서로 관련을 맺는다.

계속과는 반대로 상세화와 반복에서는 연속되는 대화이동 연속체의 주제가 동일한 경우이다. 상세화는 후행하는 대화이동 연속체의 대화 주제가 선행하는 연속체의 것과 동일하나 다른 관점이나 관련되는 점을 언급함으로써 동일한 대화 주제를 상세하게 다루는 것이다.

> (1) 교사 : 아이들과 똑같은 말이 어디 있어?
> (2) 학생 1 : 자식들!
> (3) 학생 2 : 자식은 그런데 나쁜 말이 아녜요
> (4) 교사 : 아냐, 나쁜말이 아냐.

위의 대화 예문은 대화이동 연속체 교사질문(1)-학생대답(2)와 학생2의 주장과 교사의 확인(3)~(4)로 이루어진 대화이동 연속체 두 개가 잇따른 경우이다. 여기서 다루어지는 주제는 동일하다. 두 번째의 연속체가 첫 번째의 연속체에 대해서 상세화의 기능을 갖는 것은 첫 번째 연속체의 주제 '자식들'이 두 번째 연속체에서도 다루어지고, 이때 첫 번째 연속체에서 거론되지 않은 그 낱말의 쓰임새가 거론됨으로써 그 낱말에 대해서 상세하게 다루어지는 것이다.

반복은 이전의 대화이동 연속체에서 다루어진 내용을 보다 더 확고하게 다지기 위해서 다룬 내용 전체를 되풀이하거나 내용의 요점을 간추려 전달할 때, 두 대화이동 연속체 사이의 관계를 말한다. 아래의 대화 예문에서 교사가 학생대답을 긍정평가 한 후에 곧바로 같은 내용을 다시 한 번 확인하면서 학생들이 이해했는지를 확인한다.

(1) 교사 : 아이들과 똑같은 말이 어디 있어?
(2) 학생 : 자식들!
(3) 교사 : 그렇지! 아이들과 자식은 같은 의미로 쓰일 수 있어. 모두 알겠니?
(4) 학생들 : 예!

반복의 연속체는 학생들에 의해서도 수행될 수 있는데, 특히 앞선 연속체에서 다루어진 내용을 학생 중의 일부가 이해하지 못해서 다시 한 번 설명을 요구하는 경우에 나타날 수 있다.

(1) 교사 : 우리 나라에서 가장 큰 섬이 어디지?
(2) 학생 : 제주도요!
(3) 학생 : 어디라구요?
(4) 교사 : 제주도

교사의 긍정평가를 학생들이 수용하지 않는 것은 학생들이 교사의 긍정평가에 동의하지 않거나 교사가 오류에 의해서 긍정평가를 한 경우 학생들이 그것을 부정하거나 반박 또는 반론을 펼침으로써 이루어진다. 연구한 실제 전사자료에서는 나타나지 않지만 아래의 가상적 대화 예문에서처럼 교사의 긍정평가에 대한 학생들의 이의제기가 수행될 수 있다.

교사 : 너희는 팥쥐를 어떻게 생각해요? 어…oo가 한 번 얘기해 볼까요?
학생 1 : 콩쥐는요 막 거짓말도 잘하구요 남한테 막 구박하고 그래요
교사 : 어, 그래요 참 잘했어요
학생 2 : 선생님, 학생 1이 팥쥐가 아닌 콩쥐라고 했는데요! (이의제기)

교사 : 어…다른 친구들 한 번…다른 거…자신있게 얘기해 보자. oo이가 발
　　　　표해 볼래요?
학생 1 : 흥부는요…형을요, 형을 사랑하는 거 같애요… 왜냐면요 형이 나가
　　　　라고 했을 때요…원망하지 않고요…나갔어요.
교사 : 어…그래요 .oo이는요…형을 사랑하는거 같대요 흥부가.
학생 2 : 흥부가 형을 사랑한다고 보는 것은 좀 문제가 있는 것 같아요.
　　　　　(이의제기)

교사 : 자, 그 다음은 어떻게 되죠?
학생들 1 : 우리 엄마 젖을 다오 우리 엄마 무덤가에…
교사 : 아주 잘했어요…1 조는 저렇게 잘했죠…지금…자…상표하나..
학생들 2 : 뭐요, 다 보고 하는 건데… (이의제기)

교사 : 또 한번만 더 해볼까? 한번만 더 해볼까? oo이
학생 1 : 영남 지방은 흐리다고 말해주어야 합니다.
교사: 영남 지방은 흐리다고 말해줍니다.
학생 2 : 똑같잖아. (이의제기)
교사 : 또 다르게 얘기할거야? oo이

교사 : 그러면 70쪽이 왜 더 자세할, 아 왜 더 알기가 쉬웠습니까?
　　　　왜 더 알기가 쉬웠습니까? 저기 저 oo이
학생 : (어눌한 어투로) 책 이름 때문입니다.
교사 : 아 책 이름 때문에 어 그래 그래 책이름 때문에 어 그래 그래. 글기도
　　　　하겠다. 다소
학생 : (한 아이가 손을 들며) 저는 다릅니다. (이의제기)
교사 : 달라요 음. oo 말해 봐요

> 학생 : 네 70쪽은 책이름과 위치와 까닭이 분명하게 드러나 있기 때문입니다.
> 학생 : (모두) 저도 같습니다!
> 교사 : 분명하게 드러나 있기 때문이다. (긍정한다는 듯이) 박수 한번 쳐주자 ○○
> 가…

교사의 긍정평가에 대한 학생들의 이의제기를 교사가 인정하고 수용하면 교사는 자신의 긍정평가를 취소하겠지만, 그 반대의 경우 자신의 긍정평가를 고수하는 행위를 하게 된다. 교사가 권위적 태도를 지향하고 자신의 긍정평가에 대해서 근거를 제시하거나 설명을 하고 그에 대해서 학생들이 다시 자신의 의견을 밝힌다면 토론의 대화로 전개될 수 있다.

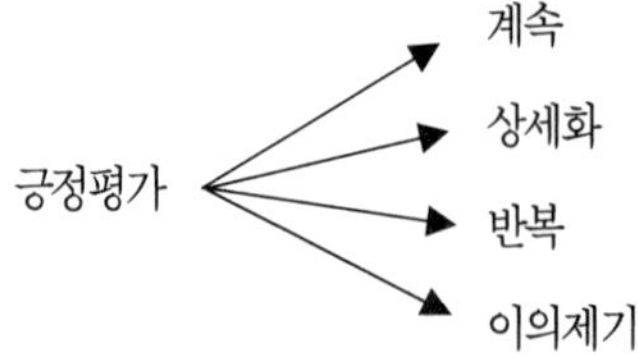

나. 부정평가 이후

제 3 대화이동에서 부정평가가 수행된 경우에도 일단은 교사질문-학생대답 대화이동 연속체는 완결된다. 그 이유는 교사질문에서 추구하는 의사소통 목적, 즉 학생들이 알아야 할 지식을 가지고 있는지 아닌지가 명확해졌기 때문이다. 그러나 수업대화의 측면에서는 목적이 완전하게 달성되었다고 볼 수 없다. 이런 경우 교사와 학생들은 그릇된 지식을 배제하고 올바른 지식을 습득하기 위하여 대화이동 연속체를 수행하는데, 선행 연속체와의 관계에서 본다면 교정이라고 할 수 있다. 교정의 연속체는 교사나 여타 학생들의 대답 혹은 교사가 질문을 되풀이함으로써 시작된다.

> 교사 : [⋯] 자, 지내다?
> 학생 : 지냈습니다.
> 교사 : 그거는 과거형이고 지냅니다. (교사대답)

교사 : 예, 17정도로 날씨가 어떻다 그랬어요? 따뜻하다 그랬어요?
학생들 : 춥다고
교사 : 약간 쌀쌀할 거라고 그랬어요. (교사대답)
교사 : 그렇다?
학생 1 : 그럽니다. 그럽니다.
학생 2 : 그렇습니다. (학생대답)
교사 : 여러분, 끝나면 선생님한테 인사할 때 어떻게 해요? 학생, 어떻게 해요?
학생 : 안녕히 하십니까?
교사 : 끝날 때? 다 공부 마치고 갈 때 어떻게 하죠? (교사질문 반복)
학생 : 안녕히 계세요.

교사 : 그 이유가? 뭐였던 거 같애요?
학생 : 온도가 낮아서
교사 : 아니, 아니야.
학생 : 흐려서
교사 : 들은 사람? (교사질문)
학생 : 아닌데, 아닌데
교사 : 영동 영서는 무슨 이유로 비가 내린다고 했습니까? (교사질문)
학생 : 바다라서
교사 : 아니에요. 지역적인 이유로 지형에 이유로 비가 내린다고 하였습니다.
　　　(교사대답)

교사가 대답을 수행한 이후에 올 수 있는 새로운 대화이동 연속체 유형
은 교사의 긍정평가 이후에 올 수 있는 대화이동 연속체의 유형, 즉 계속
및 상세화 그리고 반복과 같다. 여타의 학생이 대답을 한 경우의 후속 대
화이동 유형은 긍정평가와 부정평가이다.

교사 : 그렇다?
학생 1 : 그럽니다. 그럽니다.
학생 2 : 그렇습니다.
교사 : 그렇습니다. 맞습니다. 그렇습니다.

교사질문 반복 이후에 대화는 원점으로 돌아간다. 다시 말해서 교사질
문이 반복되면 학생들이 수행할 수 있는 반응의 유형은 대답, 비대답, 퇴

짜 그리고 되묻기이다.

한편 수정의 대화이동 연속체와는 반대로 대답을 한 학생이 교사의 부정평가에 대한 반응으로 자신의 대답이 올바르다고 재주장하면서 그에 대한 근거를 댈 수도 있을 것이다. 이런 경우의 대화이동 연속체는 학생대답 고수라고 할 수 있다.

> 교사 : 학생 1! 직업에는 또 뭐가 있을까요?
> 학생 1 : 교황!
> 학생 2 : 수녀!
> 학생 3 : 그건 직업이 아니야.
> 선생님 : 그게 직업이야?
> 학생 1 : 당연하죠. 다 직업이름입니다. (학생대답 고수)

직업에는 어떤 것이 있나를 묻는 질문에 학생 1과 학생 2는 각각 교황과 수녀라고 대답한다. 이에 대해서 학생 3은 "그건 직업이 아니야"라는 발화를 통해서 직접적으로 교사는 "그게 직업이야?" 라는 발화를 통해서 간접적으로 부정평가를 내린다. 이에 대해서 학생 1은 자신의 대답이 옳음을 주장한다.

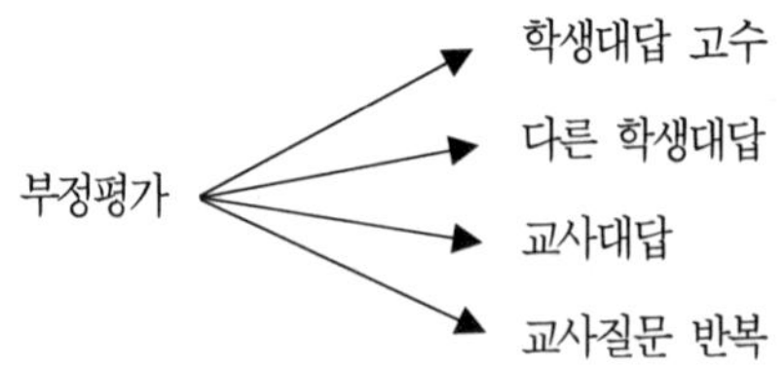

다. 평가전달 이후

긍정평가와 부정평가의 경우 앞서 말한 대로 교사가 추구하는 의사소통 목적이 달성되었고 교사질문에 의해서 도출된 연속체는 완결된 것과는 달리 평가전달과 평가거부의 경우는 연속체가 완성된 ·것이 아니다. 교사의 평가전달에 대해서 학생들이 평가를 하면 이에 대해서 교사가 평가를 함

으로써 연속체는 완성된다. 학생평가에 대한 교사의 평가도 역시 긍정적
일 수도 있고 부정적일 수도 있는데 그 유형은 원래의 교사평가와 같기
때문에 다시 논의하지 않기로 한다. 긍정평가와 부정평가의 경우 연속해
서 수행되는 두 연속체는 병렬적인 구조를 이루지만 교사가 평가전달의
대화이동을 수행한 경우 후속하는 연속체는 선행하는 연속체의 중간에 삽
입되는 형태를 이룬다.

    (1) 교사 : 2 + 3은 뭐에요?
    (2) 학생 1 : 5입니다.
    (3) 교사 : 맞나요?
    (4) 학생들 : 예!
    (5) 교사 : 예, 맞지요!

    위의 대화 예문에서는 원칙적으로 연속체 교사질문(1)-학생대답(2)-교사
평가(5)의 대화이동이 수행되었다고 볼 수 있는데 교사가 제 3 대화이동
에서 직접 평가를 하지 않고 다른 학생들에게 평가를 하도록 한다. 이에
대해서 학생들은 (4)에서 긍정평가를 내림으로써 또 하나의 연속체 (3)~
(4)가 수행한다. 이 연속체는 앞의 연속체 중간에 삽입된 형식을 취하게
된다.

    라. 평가거부 이후
    평가거부의 경우에는 연속체는 중간에서 단절되고 새로운 연속체가 시
작된다. 교사가 학생대답을 무시하고 진행되고 있는 연속체를 계속하는
경우도 아래의 두 번째 예에서 볼 수 있다.

    교사 : 어. 놀부 아내도 나와. 놀부 아내 어떻게 했더라…흥부가 갔더니?
           어… oo이가 해보까?
    학생들 : (작게 대답)
    교사 : **oo이 뭐 빼먹었죠?** (평가거부)
    학생 : 발표하겠습니다… oo이가 발표하겠습니다.
    교사 : 어…다시 한번 발표해 볼까? 다시 해봐…자신 있게…발표는.

(연속체 새로 시작)
학생 : 밥티가 묻은 주걱으로 막 빰을 때렸어요.
교사 : 어…밥풀이 묻은 주걱으로…얼굴을. 빰을 때렸다고 그랬어요…그래
　　　서…그렇게 이야기를 이제 다 들어봤어요…근데…너희들은 대충 아…
　　　홍부는 이런 사람…놀부는 이런 사람…또…누구? 누가 나오지?
교사 : 놀부가 홍부한테 어떻게 했어요..?
학생 : 나쁘게 (학생들 여기저기서 손을 든다.)
교사 : 응…ㅇㅇ이가 얘기해 보세요

⑤ 비대답, 퇴짜, 되묻기 질문 이후

　제 2 대화이동에서 학생들의 비대답이 상정된 때에는 학생대답 고수의 연속체를 제외하고는 부정평가 이후에 나타날 수 있는 대화이동 연속체와 동일하다. 새로운 연속체는 교사가 대답을 직접 수행하거나(교사대답) 다른 학생이 대답을 수행하는 경우도 있다.

교사 : 열대 과일에는 어떤 것들이 있지?
학생 : 몰라요
교사 : 파인애플, 바나나 등이 있지 않니?

교사 : 삼국을 통일한 나라는 어느 나라이죠?
학생 1 : 고려입니다.
학생 2 : 신라인데요

　비대답 이후에 교사는 같은 질문을 재차 수행하는(교사질문 반복) 수도 있다

교사 : 계십시오 항상 앞에 쓰는 말?
학생 : [대답이 없다.]
교사 : 계십시오?

　교사질문에 대해서 학생이 수행한 퇴짜 행위를 교사가 긍정적으로 수용하는 경우 교사는 자신의 교사질문을 취소하고 새로운 연속체를 시작할 것이다. 교사가 학생들의 퇴짜 행위에 대해서 부정적으로 받아들이고 교

사질문을 계속하는 경우도 있을 수 있다.

> 교사 : 노령산맥은 어디에 있지?
> 학생 : 그거 지난 시간에 벌써 했는데요 / 그 부분은 아직 배우지 않았어요 (퇴짜)
> 교사 : 어 그랬나? 그럼 다른 것을 해야 겠네.(긍정 반응) / 그래도 복습 삼아서 한 번 더 해 보자! (부정 반응)

> 교사 : 노령 산맥은 어디에 있지?
> 학생 : 제 차례가 아닌데요? / 영철이가 대답할 차례인데요!(퇴짜)
> 교사 : 그럼 철수가 한 번 해봐!(긍정 반응) / 한 번 더 하면 어디 덧나니? 한 번 더 해봐! (부정 반응)

제 2 대화이동에서 학생이 대답을 하기 위한 준비로 되묻기를 하는 경우 교사는 자신의 교사질문을 반복한다. 학생들의 되묻기 질문이 수행되는 경우 교사가 다시 한 번 질문을 함으로써 학생질문(4)-교사대답(5)의 연속체가 교사질문(3)-학생대답(6)의 연속체에 삽입된 형태로 수행된다.

> (1) 교사 : 학생이 일하러 가, 약국 약국으로, 약국에서 일해.
> (2) 학생 : 예.
> (3) 교사 : 무슨 일을 해?
> (4) 학생 : 예? (되묻기 질문)
> (5) 교사 : 무슨 일을 할까, 약국에서? (교사질문 반복)
> (6) 학생 : 약국하는 일.

지금까지 논의한 교사질문과 그에 대한 반응 그리고 학생의 반응에 대한 제 3 대화이동에서의 반응유형 및 연속체와 연속체 사이의 기능과 관련된 연속체의 조합 가능성에 대해서 요약하면 아래와 같이 같이 나타낼 수 있다.

> 1) 교사질문 - 학생대답 - 긍정평가 - {계속}

> 2) 교사질문 - 학생대답 - 긍정평가 - {상세화}

3) 교사질문 - 학생대답 - 긍정평가 - {반복}

4) 교사질문 - 학생대답 - 긍정평가 - {이의제기}

5) 교사질문 - 학생대답 - 부정평가 - {학생대답 고수}

6) 교사질문 - 학생대답 - 부정평가 - {다른 학생대답}

7) 교사질문 - 학생대답 - 부정평가 - {교사대답}

8) 교사질문 - 학생대답 - 부정평가 - {교사질문 반복}

9) 교사질문 - 학생대답 - 평가전달 - {다른 학생에게 평가유도}

10) 교사질문 - 학생대답 - 평가거부

11) 교사질문 - 비대답 - {교사질문 반복}

12) 교사질문 - 비대답 - {다른 학생대답}

13) 교사질문 - 비대답 - {교사대답}

14) 교사질문 - 퇴짜 - 철회

15) 교사질문 - 퇴짜 - {교사질문 고수}

16) 되묻기 질문 - {교사질문 반복}

교사질문에 의해서 시작되어서 전개될 수 있는 모든 유형의 대화이동의 연속체를 도표로 표시하면 아래와 같다.

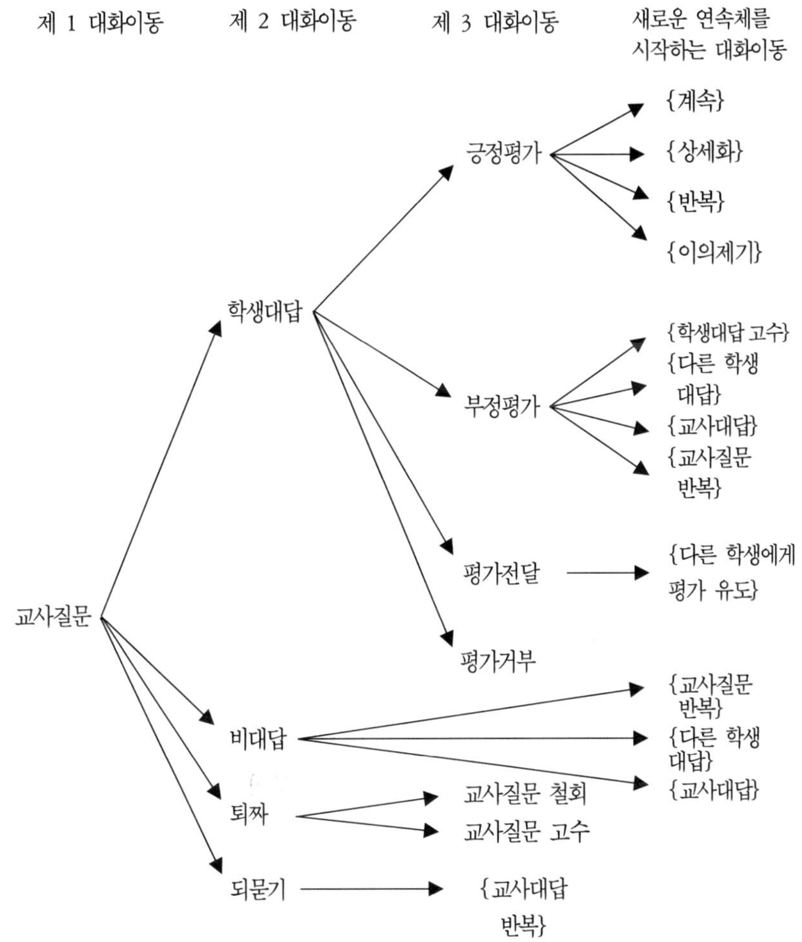

(3) 교사의 질문과 학생대답의 연속체

교사질문과 학생대답의 연속체의 경우 질문자가 이미 답변을 구체적 또
는 개연적으로 알고 있는 것이 특징인 데 비해서 교사의 질문과 학생대답
의 경우에는 질문자인 교사가 질문시에 답변을 모르고 있는 경우이다.[5]

---

5) '교사의 질문'이란 용어는 답을 미리 알고 있는 교사질문 행위와는 달리 답을 알고 있
   지 못한 교사가 수업 중에 수행하는 질문 행위를 표시한다.

다시 말해서 교실에서 사용하는 교사의 질문은 정보 질문이라고 할 수 있다. 교사의 질문은 질문을 통해서 얻은 정보가 누구에게 관여적인가에 따라서 크게 두 종류의 교사의 질문으로 나눌 수 있다. 첫 번째 유형으로 교사가 학생들로부터 원하는 정보가 수업과는 직접적으로 관련이 없는 것, 다시 말해서 정보가 교사에게만 주로 관여적인 것을 알고자 하는 교사의 질문이 있을 수 있다.

> 교사 : 분필이 어디에 있더라?
> 영희는 오늘 학교에 왜 못왔니?
> 오늘이 몇칠이더라?

두 번째 교사의 질문의 유형으로는 교사가 수행하는 정보 질문의 대상은 대개 수업의 진행 및 전개와 관련이 있는 것으로 교사의 질문에 대한 대답이 교사와 학생 모두에게 관여적인 것이다. 두 번째 유형의 교사의 질문은 다시 예비적인 것과 후속적인 것으로 나눌 수 있다. 예비적이란 본격적으로 주제 전개를 위한 대화행위를 하기에 앞서서 충족시켜야 할 조건들을 다루는 것으로 대개 앞으로 다룰 내용을 확인하거나 학생들이 본격적인 수업대화에 참여할 준비가 되어 있는지 그리고 발화권을 갖고자 하는지 등을 확인하는 것이 예비적 교사의 질문이 추구하는 의사소통 목적이다.

> 교사 : 오늘은 어디 할 차례이더라?
> 학생 : 27쪽이요

> 교사 : 자기 지역에 날씨를 지금부터 말하는 겁니다. 다 준비되었죠? 준비되었
> 죠? 영동영서 지방 준비됐어요?
> 학생들 : 예

> 교사 : 준비됐어요?
> 학생들 : 예

교사 : 발표 안한 조
학생 : 저요

교사 : 자, 방송으로 나갔던 날씨를 보여주겠습니다. 눈으로 읽어보세요. 방송
　　　에 나왔던 날씨입니다. 맞나 확인하세요. 자, 다음 쪽으로 넘겨도 되
　　　겠어요?
학생들 : 아니요

　후속적 교사의 질문은 학생들이 앞서 지시한 행위를 충실하게 수행했는
지 또는 지금까지 다룬 내용을 제대로 이해했는지를 확인하거나 강조하기
위한 기능을 갖는다.

교사 : 잘 들었죠? 잘 들었죠?
학생 : (모두) 네~

교사 : 한 번 읽었어요?
학생 : (모두) 네!
교사 : 그렇지. 동화책을 한 권 읽는다. 그거예요. 한 권을 읽어 가지고 오는
　　　거예요. 그러면은…자 인제 보세요. 선생님 보세요. 동화책 이름도 여
　　　러분들이 나는 무슨 책을 읽었는데… 그 이야기를 했어야 되겠죠잉?
　　　그 다음에 친구가 궁금한 점을 물어 볼꺼에요. 궁금한 점을… 그럼 그
　　　궁금한 점을 대답할 수 있도록 간단하게 여러분들이, 글 내용을 적어
　　　갖고 와야 되겠어요
학생 : 어~ 적어 가지고…
교사 : 어~ 그렇게 해 갖고 와야 돼요? 그죠? 어디 알겠는 친구 손 한번 들
　　　어봐요. 선생님 이제 금방 다음 시간에 공부할 내용을 이야기해 줬는데
　　　알 수 있는 친구? 손을 내려요. 그리고 어~ 동화책은 곤충이야기라든
　　　지, 또는 다른 동화책도 있으면은 한 권씩 준비해 오는게 좋겠어요. 그
　　　렇죠? 다음 시간에 뭣도 준비하라고요?
교사 : (모두) 동화책!

　드문 경우이기는 하지만 수업의 내용과 관련하여 교사가 실제로 모르기
때문에 교사의 질문을 하는 경우도 있다.

> 교사 : 전부 물어 봤지요 잉… 근데 어떻게 하라했는지 너무 한꺼번에 다 물
>   어 봤다. 그랬죠? 어, 센털이 뭐야? oo이가 다시 한번 얘기 해봐.
> 학생 : 네, 센털에 대해서 물어 봤습니다.
> 교사 : 센털에 대해서 물어 봤어요 선생님도 지금 지.. 몰라. 센털이 뭔지.
> 학생 : 나도 몰라요
> 교사 : 어. 나도 지금 모르겠어.
> 학생 : (모두) 파리 털인데.
> 교사 : 파리 털이여요?

　교사의 질문과 학생의 대답 연속체도 원칙적으로는 다양한 반응의 유형과 전개 과정을 보일 수 있지만 수업대화에서는 실제적으로 잘 나타나지 않는다. 위의 예들처럼 보통은 학생들이 교사의 질문에 긍정적으로 응답을 하고 교사가 의사확인을 하면 연속체가 종료되고 이어서 새로운 유형의 연속체가 수행된다. 간혹 학생들이 부정응답이나 비대답을 하는 경우도 있을 수 있겠지만 그 경우라고 하더라도 교사가 학생들로부터의 대답을 포기하거나 아니면 교사의 질문을 반복하는 것이 보통이다. 이러한 이유로 교사의 질문과 학생의 대답 연속체에 대해서는 더 자세하게 다루지 않도록 하겠다. 다만 중요한 것은 수업대화에서 교사의 질문과 학생의 대답이 발현하는 의사소통의 기능에 관한 것이다. 이 연속체의 의사소통 기능을 간략하게 말하자면 후속하는 연속체 또는 선행하는 연속체에 대해서 보조적인 기능을 갖는 것이다. 예를 들어 예비적 교사의 질문이 수행되는 이유는 수업의 내용을 다룰 연속체를 본격적으로 시작하기 위한 사전 정지 작업을 하는 것이고, 반대로 후속적 교사의 질문이 수행되는 경우에는 앞에서 다루었던 내용을 다지기 위한 것이거나 아니면 교사가 지시한 행위를 완수했는지에 대한 여부를 확인하기 위한 것이기 때문이다.

(4) 학생질문과 교사대답의 연속체

　교사질문과 교사의 질문에 의해서 시작되는 연속체는 교사가 정보를 미리 알고 있느냐 없느냐에 따라서 각각 그 의사소통의 기능과 전개 양상

등이 다르다. 교사의 질문이 주제 전개와 관련이 있고 교사의 질문이 수업대화의 진행과 전개와 관련이 있는데 비해, 학생질문은 교사질문과 교사의 질문이 각각 다르게 발현하는 기능을 포괄적으로 수행하고 있다. 다시 말해서 학생질문은 수업의 주제전개와 관련이 있을 수도 있고 수업의 진행과 전개와 관련이 있을 수도 있다. 수업의 진행 및 전개와 관련이 있는 학생의 질문은 주로 "선생님, 몇 쪽에 있어요?"나 또는 교사의 대답으로 어떤 지침을 기대하는 질문이 주를 이룬다(예:써도 돼요?). 이러한 질문은 보통의 경우, 즉 질문과 답변 그리고 학생의 의사확인이라는 매우 단조로운 구조를 보인다. 반면에 주제 전개와 관련이 있는 학생질문은 그 반응유형과 대화의 전개 과정이 보다 복합적이다. 학생질문도 교사질문과 마찬가지로 사실제시 질문과 의견제시 질문으로 구분되는데 참조한 전사자료의 경우 보통은 사실제시 질문이 주를 이루고 있고 의견제시 질문은 드물었다.

> 학생 : 지역이 뭐예요?
> 교사 : 충청도, 호남, 영남 이런 걸 다 지역이라고 하잖아.

> 학생 : 피라미가 뭐예요?
> 교사 : 피라미는 잉어과에 민물고기래요 자, 그리고 맑은 물에 산대요

> 학생들 : 선생님은 홍부에 대해서 어떻게 생각하세요?
> 교사 : 어…선생님은요… 홍부가요 음, 굉장히…착하다고 생각해요…왜냐하면…선생님이었다면…형이 선생님을 그렇게 내쫓으면…막 화라도 냈을 거 같아요…근데 내쫓았는데도 화도 못내고 그렇게 쫓겨나온 걸 보면 되게 착하다고 생각해요

학생이 질문을 하면 교사는 제 2 대화이동에서 대답, 비대답, 학생질문 전달(즉 교사질문) 그리고 되묻기 등의 대화이동을 수행할 수 있다. 교사 대답은 때로는 학생의 질문에 대해서 칭찬을 하면서 수행하는 경우도 많다(예:참 좋은 질문이다). 이는 학생질문에 대한 긍정적 평가이기도 하고 또한 학생들이 적극적으로 질문을 하도록 유도하는 유인책이기도 하다. 교사의 대답에 대해서 질문을 한 학생은 원칙적으로 이해표시, 비이해표시(예:잘

이해가 안가는데요?, 다시 한 번 말씀해 주세요!) 및 동의거부(전 다르게 생각하는데?, 아닌 것 같은데요!)를 할 수 있다. 제 2 대화이동에서 학생들이 교사의 대답에 이해표시를 한 경우에는 학생질문으로 시작된 대화이동 연속체는 완결된다. 이 경우에 하나의 새로운 연속체가 시작되는데, 이 때의 대화이동 연속체는 계속과 상세화 및 반복이다(교사질문-학생대답의 연속체 참고). 반면에 제 2 대화이동 연속체에서 비이해표시가 상정된 경우에는 설명의 연속체가 수행될 수 있다. 이 연속체에서 교사는 자신의 답변을 그대로 반복하거나 보다 쉬운 개념을 이용하여 설명할 수도 있고 때로는 구체적인 예를 통해서 학생의 이해를 도울 수 있다.

한편 학생들이 교사대답의 내용에 대해서 동의거부를 한 경우에는 수정과 우김의 대화이동 연속체가 수행될 수 있다. 교사는 또한 학생의 질문에 대해서 비대답을 수행할 수도 있다. 교사의 비대답은 대답을 못하는 경우도 있고 안하는 경우도 있는데 이에 대해서는 아래의 대화 예문에서 자세하게 설명하기로 한다. 교사가 비대답을 하는 경우에는 대화이동 연속체가 기능을 완전히 발휘하지 못하고 중간에서 중단되거나 새로운 학생질문의 연속체가 다시 시작될 수 있다. 제 2 대화이동에서 교사의 세 번째 대응 가능성은 학생질문의 전달이다. 이 경우에 학생질문으로 시작된 대화이동 연속체는 중단되고 교사질문으로 시작되는 하나의 새로운 대화이동이 시작된다. 제 2 대화이동에서 교사의 마지막 대응 대화이동은 되묻기인데, 이를 통해서 학생질문이 반복되며 그럼으로써 대화이동 연속체는 원점에서 다시 시작된다. 학생질문-교사대답의 연속체 원형을 전체적으로 도표로 나타내면 다음과 같다.

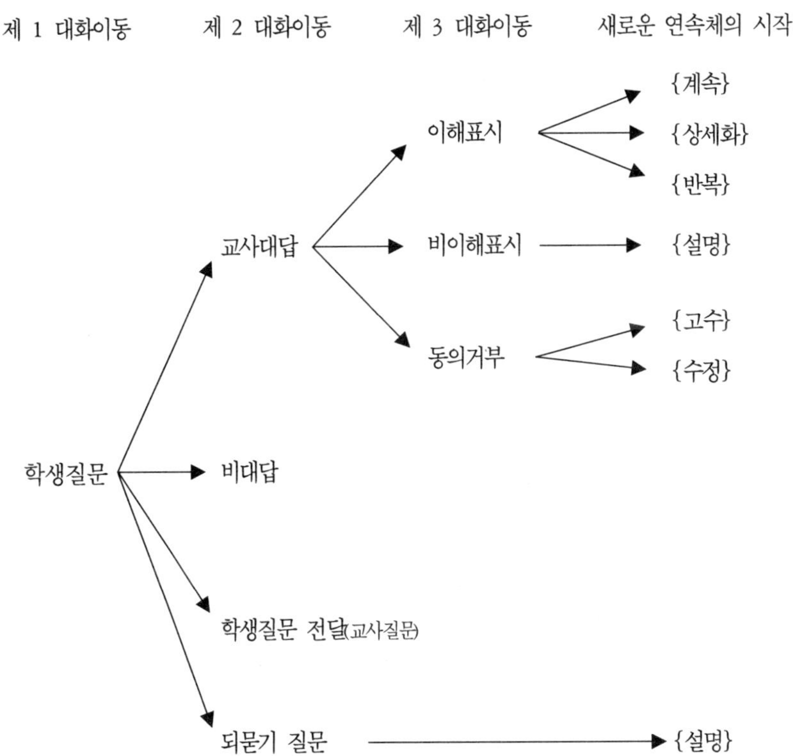

　학생대답-교사질문과 관련된 대화이동 연속체 및 연속체 사이의 결합은 모두 아홉 개로서 공자와 제자의 "수업대화"에서 그 예를 찾아보겠다.[6] 그 이유는 이 책에서 사용한 전사자료에서는 학생질문이 사용되는 경우가 매우 적었기 때문이다. 이는 굳이 이 책에서 사용하고 있는 전사자료뿐만 아니라 오늘날 학교 수업에서 나타나고 있는 보편적인 현상일 것이라고 추측한다. 그 이유는 앞에서도 밝힌 학교 교육의 여러 다양한 조건 때문이라고 볼 수 있다.

---

6) 여기의 예문들은 한상갑이 번역한 주희의 논어·중용 사서집주 I(1983)에서 인용한다.

1) 학생질문 - 교사대답 - 이해표시 - {계속}

    (1) 중궁 : 무엇이 仁입니까?[7]
    (2) 공자 : 문에 나가서는 큰손님을 뵙는 것같이 하며, 백성을 부리기를 큰제
              사를 잇는 것 같이 하고 자기가 하고자 아니하는 바를 남에게 베
              풀지 말 것이니, 그러면 나라에 있어도 원망이 없을 것이며, 집에
              있어도 원망이 없을 것이다.
    (3) 중궁 : 옹이 비록 민첩하지 못하나, 청컨대, 이 말씀을 일삼겠습니다. (217쪽)

    (1) 번지 : 인은 무엇을 뜻합니까?
    (2) 공자 : 사람을 사랑하는 것이다.
    (3) 번지 : 안다는 것은 무엇을 뜻합니까?
    (4) 공자 : 사람을 잘 아는 것이다. (232쪽)

중궁과 공자의 대화에서 중궁이 자신의 질문 (1)에 대한 공자의 대답
(2)를 잘 이해한다는 뜻을 분명히 밝힌다. 그러나 이 대화는 중궁의 이해
표시로 종결되기 때문에 그 이후에 이어지는 연속체의 성격에 대해서는
알 수가 없다. 한편 번지와 공자의 대화는 두 개의 학생질문과 교사대답,
즉 (1)-(2)와 (3)-(4)로 이루어진다. 두 번째 연속체의 주제는 '안다는
것'에 대한 것이고 첫 번째 연속체는 '인'에 대한 것으로서 서로 '직접적'
인 관련성을 갖지 않으므로 두 번째 연속체는 첫 번째 것에 대해서 계속
의 기능을 갖는다고 볼 수 있다. 그런데 이 두 연속체에는 학생의 이해표
시 대화이동이 텍스트에는 나타나 있지 않다. 다만 공자의 대답(2) 이후에
곧 바로 다음 질문을 했다는 것은 번지가 그 대답을 이해했거나 혹은 대
답의 내용에 대해서 동의를 했다는 것을 간접적으로 알 수 있다. 여기서
는 학생의 이해표시가 함축적으로 수행되었다고 할 수 있겠다. 이와 같은
학생의 함축적 이해표시 대화이동은 논어에 자주 나타난다.

---

7) 여기에서 예로 사용되는 대화는 원본에는 독화형, 즉 이야기 형식(예:중궁이 인을 물으니)
   으로 되어 있는 것도 있으나, 여기서는 대화형(예:무엇이 인입니까?)으로 재구성하였다.

2) 학생질문 - 교사대답 - 이해표시 - {상세화}

  (1) 안연 : 인은 무엇을 말합니까?
  (2) 공자 : 몸을 이기고 예에 돌아가는 것이 인을 하는 것이니, 하루 몸을 이
             겨서 예에 돌아가면 천하가 인에 돌아올 것이니, 인을 하는 것은
             자기에게 있는 것이니 어찌 남에게서 말미암을 것이냐?
  (3) 안연 : 청컨대, 그 조목을 묻고자 하나이다.
  (4) 공자 : 예가 아니거든 보지 말며, 예가 아니거든 듣지 말며, 예가 아니거
             든 말하지 말며, 예가 아니거든 움직이지 말라.
  (5) 안연 : 제가 비록 민첩하지 못하나 이 말씀을 일삼겠습니다. (215쪽)

 안연과 공자의 대화도 역시 두 개의 연속체로 이루어져 있다. 두 번째
의 연속체 (3)-(4)-(5)에서도 첫 번째의 연속체 (1)-(2)에서 다루어진
주제가 다루어지므로 두 연속체 사이의 관계를 상세화라고 볼 수 있다.

3) 학생질문 - 교사대답 - 이해표시 - {반복}

  (1) 맹의자 : 효란 무엇입니까?
  (2) 공자 : 어김이 없어야 할 것이다.
               (번지가 공자를 수레로 모셔간다)
  (3) 공자 : 맹손이 효를 나에게 묻거늘, 내가 대답하기를 "어기지 말라"고 하
             였다.
  (4) 번지 : 어떻게 이르신 것입니까?
  (5) 공자 : 살아서 섬기기를 예로써 하며, 죽어서 장사를 예로 하며, 제사를
             예로 하는 것이다. (53쪽)

 위의 대화텍스트는 맹의자와 공자 사이의 학생질문(1)과 교사대답(2)로
이루어진 연속체와 공자와 번지 사이의 교사통보(3)-되묻기 질문(4)-교
사설명(5) 등 두 개의 연속체로 이루어진다. 두 번째의 연속체가 첫 번째
연속체에 대해서 반복의 기능을 갖는다고 볼 수 있다. 그 해석의 근거는
"부자께서 의자가 달하지 못하면서 능히 묻지 못하니 그 뜻을 잃어서 어
버이의 명령을 좇는 것으로써 효도라고 할까 두려워하신 고로, 번지에게
말씀하시어 밝히신 것이다"(53쪽)라고 주석한 주희의 말에 잘 나타나 있다.

즉 맹의자가 명확하게 이해하지 못했음에도 불구하고 이해표시나 비이해 표시를 하지 않아서 자신의 뜻을 보다 명확히 밝히기 위해서 동일한 내용을 두 번째 연속체에서 반복하는 것이다.

4) 학생질문 - 교사대답 - 비이해표시 - {설명}

(1) 번지 : 인은 무엇을 뜻합니까?
(2) 공자 : 사람을 사랑하는 것이다.
(3) 번지 : 안다는 것은 무엇을 뜻합니까?
(4) 공자 : 사람을 잘 아는 것이다.
(5) 번지 : 무슨 뜻인지 잘 모르겠습니다.
(6) 공자 : 곧은 이를 들어내고 굽은 이를 물리치면, 능히 굽은 이로 하여금 곧게 할 것이다.
　　　　　(번지가 물러가서 자하를 보고 말하기를)
(7) 번지 : 지난번 내가 부자를 뵙고 앎을 물으니, 공자께서 말씀하시기를 "곧은 이를 들어내고 굽은 이를 물리치면, 능히 굽은 이로 하여금 곧게 할 것이다"고 하시니 어찌 이르신 것인가?
(8) 자하 : 풍부하다 말씀이시여! 순이 천하를 다스릴 때 무리에서 선택하여 고요를 천거하시니, 어질지 아니한 자가 멀어지고, 탕이 천하를 다스릴 때 무리에서 선택하여 이윤을 천거하시니, 어질지 아니한 자가 멀어졌다. (232~234쪽)

위의 대화 텍스트는 (1)-(2), (3)-(4), (5)-(6), (7)-(8) 등 모두 네 개의 대화이동 연속체로 이루어졌다. 첫 번째와 두 번째의 연속체의 학생질문과 교사대답 내용의 관련성을 (5)를 통해서 번지가 이해하지 못한다는 것을 표시하자 공자는 자신이 한 대답의 내용을 설명해 준다. 그러나 번지가 여전히 그 뜻을 이해하지 못하기 때문에 질문과 대답의 연속체가 완료되지 못하고 중단된다. 번지는 (7)에서 스승의 뜻하는 바를 제대로 이해하지 못하여 동료인 자하에게 질문하고, 자하는 (8)에서 그에 대해서 대답을 한다. 이러한 현상은 오늘날의 학교에서도 자주 볼 수 있는 현상으로 교사의 발화내용을 잘 이해하지 못하고 있고 특히 발표력이 부족한 학생들이 동료 학생들에게 교사의 발화내용을 묻는 경우가 자주 있다. 이러한

현상은 이해표시와 관련해서만 있는 것이 아니라 학생질문과 관련해서도
자주 나타난다. 학생질문을 하고자 하나 용기가 없기 때문에 주변 동료들
에게 묻거나 아니면 동료에게 질문을 부탁하는 경우도 자주 나타난다. 이
와 비슷한 예가 논어에도 나타난다.

> (1) 염유 : 부자께서 위나라 임금을 위하시겠느냐?
> (2) 자공 : 글쎄, 내가 장차 여쭈어 볼 것이다.
> (3) 자공 : 백이와 숙제는 어진 사람입니까?
> (4) 공자 : 옛적 어진 사람이었다.
> (5) 자공 : 후회하였습니까?
> (6) 공자 : 어진 것을 구하여 어진 것을 얻었으니 또 무엇을 후회하겠느냐?
> (7) 자공 : (나와서 염유에게) 부자께서 돕지 아니할 것이다.

5) 학생질문 - 교사대답 - 동의거부 - {수정}

위의 연속체는 논어에서 발견되지 않는다. 그 이유는 아마도 논어라는
텍스트 자체가 공자와 제자 그리고 여타의 사람들 사이에서 수행되었던
많은 교육적 대화 중에서 가장 좋은 것을 가려서 뽑은 것이기 때문에 공
자가 범했을 수도 있는 '오류'를 논어에 굳이 실을 만한 이유가 없었던
데에 있는 듯하다. 학생이 교사대답에 대해서 동의거부를 하고 교사가 이
를 인정하거나 자신의 대답을 취소하는 형식으로 수정의 연속체가 이루어
질 수 있다. 대략 아래의 대화 예문이 이 연속체에 대한 한 예라고 할 있
겠다.

> 학생 : 선생님, 질문이요 영서지방 우산으로 해도 돼요?
> 교사 : 네, 영서지방 우산으로 표시해도 돼요
> 학생 : 구름하고 비하고 다른데
> 교사 : 아, 그렇네!

6) 학생질문 - 교사대답 - 동의거부 - {고수}

> (1) 자로 : 위 나라의 임금이 선생님을 기다려서 정사를 하시려 하는데, 선생

님께서 장차 어느 것을 먼저 하시겠습니까?
(2) 공자 : 반드시 이름을 바르게 할 것이다.
(3) 자로 : 이에 있음이라! 선생님의 우원하심이여, 어찌 그 바르게 하시겠습니까?
(4) 공자 : 비속하다 유여. 군자는 그 알지 못하는 바에는 대개 비는 것같이 하는 것이다. 이름이 바르지 아니하면 말이 순하지 않고, 말이 순하지 아니하면 일을 이룸이 없고 일을 이루지 못하면 예와 악이 흥하지 못하고, 예와 악이 흥하지 못하면 형벌이 맞지 아니 하고, 형벌이 맞지 아니 하면 백성이 손과 발을 둘 바가 없게 된다. 고로 군자는 이름을 한다면 반드시 말할 것이며, 말을 한다면 반드시 행할 것이니, 군자는 그 말에 구차한 바가 없을 따름이다. (237~239쪽)

자로의 질문 (1)에 대해서 공자가 대답을 하지만, 자로는 그 대답에 동의하지 않음(3)을 분명히 한다. 이에 대해서 공자는 (4)에서 우선 자로의 배우는 자의 태도가 온당치 않음을 꾸중하고 이어서 자신의 (3)에 대한 대답이 옳음을 논증적으로 재주장을 한다.

7) 학생질문 - 비대답

(1) 계로 : 귀신은 어떤 형태로 섬기는 것이 좋습니까?
(2) 공자 : 능히 사람을 섬기지 못하면서 어찌 능히 귀신을 섬기겠느냐?
(3) 계로 : 감히 죽음을 묻나이다.
(4) 공자 : 삶을 알지 못하면서 어찌 죽음을 알겠느냐?

교사가 학생의 질문에 대해서 비대답의 반응을 보이는 경우는 특히 수업대화의 외적 환경과 관련이 있다. 즉 교사 한 명이 보통 40명 내외의 학생들을 상대하여 하기 때문에 교사가 학생 개개인의 질문에 답변을 못하는 경우가 많다. 가령 위의 대화 예문은 교사가 대답을 하지 못하는 하나의 예로 볼 수 있을 것이다. 또한 한 학생과 대화를 하는 중에 다른 학생이 질문을 하였는데 교사가 그것을 듣지 못한 경우에도 질문을 하지 못하는 한 예라고 할 수 있다. 교사가 학생의 질문에 대해서 대답을 하지 않는 경우는 학생이 주제와 동떨어진 질문을 한다거나 아니면 발화순서를 어겼거나(예:지금은 ㅇㅇ이가 질문할 차례이다!) 질문을 하는 태도나 격식이 올바르지 않았을 때이다(예: 손을 들고 질문을 해야지!).

　8) 학생질문 - 학생질문 전달 (교사질문)

　이 연속체도 논어 전체에서 발견되지 않는다. 이와 같은 현상은 아마도 교사질문의 원래적 성격과 깊은 관련이 있다. 소크라테스의 문답법이라든가 공자와 제자 사이의 대화 그리고 성경이나 불경과 같은 곳에도 잘 기록되어 있는 바와 같이 가장 이상적인 수업의 형태에서는 학생이 특정사항에 대해서 관심을 갖고 그에 대한 의문을 풀지 못할 때 스승에게 그 문제에 대한 질문을 던짐으로써 시작되는 것이다. 그러나 오늘날의 교육현장에서는 학생들이 스스로 알고자 하는 것을 배우는 것이 아니라 사회화라는 구호 하에서 사회생활에서 요구되는 다양하고 과중한 지식습득을 강요당하고 있는 지경이다. 다시 말해서 학생들은 본인들이 스스로 무엇인가를 알고자 하는 배움의 자율성을 원천적으로 박탈 당한 채 배움에 임하고 이로 인해서 자발적인 관심과 흥미 그리고 의문을 갖기란 어려운 것이다. 이러한 상황을 극복할 수 있는 여러 교육 전략 가운데 하나가 바로 교사질문인 것이다. 즉 교사질문을 통해서 교사는 원래는 학생들이 가져야 할 의문점을 대신 표명하고 학생들의 동기를 유발하고자 하는 것이다. 그러므로 배움에 대한 진지한 자세와 자율성 및 자발성을 가졌던 공자의 제자들에게는 아마도 그러한 전략적인 교수법이 필요 없었을 것으로 해석된다. 그러나 그러한 상황을 오늘날의 수업대화에서는 대략 다음과 같이 재구성할 수 있을 것이다.

　　학생 : 피라미가 뭐예요?
　　교사 : 피라미가 뭘까? 아는 사람? / 피라미가 뭔지 아는 사람 있어요?

　9) 학생질문 - 되묻기 질문 - {설명}

　　(1) 자장 : 선비는 어떻게 해야 이에 감히 달한다고 이르는 것입니까?
　　(2) 공자 : 어떤 것이냐? 너의 이른바 달이라 하는 것은?
　　(3) 자장 : 나라에 있어도 반드시 들리며, 집에 있어도 반드시 들리는 것입니다.

> (4) 공자 : 그것은 들림이요, 달함이 아닌 것이다. 달이라는 것은 질박하고, 곧
>   고 의를 좋아하며, 말을 살피고 얼굴빛을 보아서, 생각하여 사람에
>   게 낮추는 것이니, 그래야 나라에 있어서도 반드시 통달하며, 집에
>   있어서도 통달하는 것이다. 들림이라는 것은 안색으로 인을 취하여,
>   행실이 어긋나고, 자신을 옳다고 하여 의심하지 아니함이니, 나라에
>   있어도 반드시 들리며, 집에 있어도 반드시 들리는 것이다.
>   (230~231쪽)

위의 대화텍스트는 학생질문(1)과 교사대답(4)의 연속체와 그리고 되묻기 질문(2)과 대답(3)으로 이루어진 연속체로 이루어진다. 두 번째의 연속체는 첫 번째의 연속체 사이에 삽입되어서 교사대답을 보다 효과적으로 하기 위한 준비적 성격을 갖는 설명의 연속체이다.

3) 통보와 확인

통보와 확인의 의사소통 연속체도 질문과 대답의 연속체와 비슷하다. 비슷한 점을 말하자면 먼저 이 두 연속체 모두 교사와 학생에 의해서 주도될 수 있다는 점이고 다른 하나는 교사질문-학생대답의 연속체의 사용빈도와 비교할 때 그 사용 빈도가 훨씬 낮다는 점이다. 특히 교사에 의해서 시작되는 통보와 확인의 연속체는 주제전개단계에서도 사용되는 경우가 많기는 하지만 주로 교사질문 대화이동 안에서 교사질문이나 교사지시의 효과적인 수행을 위해서 사전 정보제공의 목적으로 사용되는 경우가 많다. 이러한 경우 교사의 통보 행위는 질문이나 지시를 위한 보조적인 기능을 갖는다.

> 교사 : ㅇㅇ이가 여기서 ㅇㅇ이…그러면은 파리. 파리는 다시 말해 곤충이라고도
>   해요 곤충이라고 합니다. 자 센틸은 그러면요 어…차례로 지금 2번이
>   라 할꺼 같애요 잉…(손가락으로 넷 표시를 하며)그림 4에서 철수가 친구
>   들에게 무엇이라고 말하였나요?

학생 : (앞 아이 가리키며)아니! 뿌리고~ 선생님이 이렇게 하라 갈쳐줬잖아(선생
님을 따라서 동작을 한다). 이렇게 뿌리고~ 뿌리고~ 또 뿌리고~ 뿌리
고~ 가위 바위 보를 짧게 하는 거예요! 알았어요? 준비~ 됐나요?

교사통보가 가장 많이 사용되는 경우는 안내단계와 예고단계이다.

교사 : 자…돌아서야지…자…오늘은…98…

교사 : 자. 잘했어요. 다음시간에는…교과서 보세요…72쪽 되돌아보기 (책을
보며) 하면 떠올려지는 (학생도 책을 본다.) (소란스러움, 비디오 상태 불량) 이
상, 수업을 마치겠습니다.

교사 : 그러면은 어제 여러분도 내가 이제 다음 시간에는 정말로 여러분들이
자기가 읽었던 책을 가지고, 오늘은 이렇게 말하는 방법에 대해서 공
부했지이~ 첫 시간이기 때문에 여러분들이 약간 좀 힘들었을 거라고
저는 생각을 하는데 아주 잘해줬어요. 다음 시간에는 인자 더 재미있
을 것 같애 왜. 왜냐? 여러분들이 정말로 읽었던 책을 가지고 이렇
게…책이름도 말하고 거기서 궁금한 점, 친구들이 물어보면은 그 궁금
한 점에 대해서, 어 또 여러분들이 대답도 해주고 더 재미있을 것 같
죠~ 잉. 그러면은 과제를 선생님이 내줄꺼예요. 과제가 뭐냐면은…뭘
꺼 같애(아주 궁금해 한다는 듯이)? 다음 공부를 인제 금방 선생님이 뭐라
고 얘길 해줬는데…
학생 : (모두) 동화책!
교사 : 그렇지. 동화책을 한권 읽는다. 그거예요. 한 권을 읽어 가지고 오는
거예요. 그러면은…자 인제 보세요…선생님 보세요…동화책 이름도
여러분들이 나는 무슨 책을 읽었는데… 그이야기를 했어야 되겠죠잉?
그 다음에 친구가 궁금한 점을 물어 볼꺼예요. 궁금한 점을…그럼 그
궁금한 점을 대답할 수 있도록 간단하게 여러분들이, 글 내용을 적어
갖고 와야 돼겠어요.
학생 : 어~ 적어가지고…
교사 : 그렇게 해갖고 와야 돼요? 그죠? 그럼 어디 알겠는 친구 손 한번 들어
봐요. 선생님 이제 금방 다음 시간에 공부할 내용을 이야기해 줬는데
알 수 있는 친구? (애들 손을 든다.) 손을 내려요. 그리고 어~ 동화책은
곤충이야기라든지, 또는 다른 동화책도 있으면은 한 권씩 준비해 오는

　　　　　게 좋겠어요 그러죠 이~? 다음 시간에 뭣도 준비하라고요?
학생 : (모두) 동화책~!
교사 : 동화책. 그 다음에 또 여러분들 집에 가서 다시 연습을 해 봐봐. 이렇
　　　게 간단하게 내용을 요약해서 해오고 어~ 같이 부모님들과 함께
　　　어~ 이야기 하는 걸 해보세요 알게 된 사실을 분명하게 말할 수 있
　　　도록요이잉~ 그러면은 어디 다시 한번 우리 그 파리 모기 잡는 것
　　　하고 가위바위보 해가지고 이기는 사람 선생님이 분명히 상을 주도록
　　　해야되겠네! 글고 이 시간을 마치도록 허자! 자 준비~ 모기 저 파리
　　　가 먼저다 파리 자 시작 파리 모기~ 에프킬라 뿌리고 뿌리고 여기
　　　칙칙칙 뿌리고 칙뿌리고 자기야 칙뿌리고 자기야 그냥 칙뿌려 칙칙~
　　　가위바위보

　　교사통보는 드물기는 하지만 주제전개단계 안에서 수업대화의 진행과
관련해서 사용되는 경우가 있기도 하다.

　　교사 : 자, 자, 이번에는 일기예보가 아니라 생물에 대한 글을 읽고 필요한 내
　　　　용을 여러분들이 가려서 말해보는 겁니다.

　　교사 : 자 그 다음에 세 번째 넘어갑니다

　　교사의 통보는 수업에 필요한 자료에 대해서 설명을 하거나 아니면 텍
스트를 읽어주는 형태로 나타날 수도 있다.

　　교사 : 선생님이 언제 여행을 떠나면 좋을지 잘 들어보세요 일기예보 금주에
　　　　는 대체적으로 구름이 많이 끼고 소나기와 비가 많이 내리겠습니다 월
　　　　요일에는 전국에 구름이 많이 끼겠으며 화요일에는 소나기 내리는 곳
　　　　이 많겠습니다 수요일에는 간간이 비가 뿌리겠으며 목요일과 금요일
　　　　구름은 많이 끼겠으나 비는 오지 않겠고,

　　수업대화에서 통보와 확인의 연속체는 대화적 차원에서 몇가지 특징을
보인다. 앞에서도 말한 대로 통보와 확인의 연속체가 자주 사용되지 않는
점을 꼽을 수 있다. 이에 대한 이유는 교사가 주장이나 설명 등의 내용을
담고 있는 통보행위를 가급적 지향하기 때문인 것으로 보인다. 아마도 교

사가 단독으로 긴 시간 동안 발화권을 가지고 있게 되면 아이들이 수업대화에서 소외되고 그렇게 되면 산만해지고 동기를 상실할 가능성이 그 원인인 듯하다. 두 번째 특징으로는 대화의 구조와 관련한 것인데, 앞서 기술한 교사질문-학생대답의 경우와는 달리 최소한 여기에서 사용하고 있는 전사자료에 나타난 예를 바탕으로 말하자면 구조적으로 매우 불완전해 보인다. 그 이유는 무엇보다도 학생들의 반응이 비명시적 또는 비언어적으로, 특히 고개를 끄떡이는 형태로 수행되기 때문에 교사통보에 대한 학생들의 반응이 전사자료에는 잘 나타나지 않기 때문이다. 세 번째로는 교사가 수업대화의 전개와 진행에 대해서 거의 절대적인 권한을 가지고 있기 때문에 특히 수업의 진행 및 조직과 관련이 있는 안내단계나 예고단계에서 수행한 교사의 통보 행위에 대해서 학생들이 거부하거나 이의를 제기하는 것은 비교적 어렵고 드물기 때문이다. 예를 들면 자신의 의견을 제시하거나 입장을 주장하는 토론의 의견제시나 주장에 대해서 상대방은 매우 다양한 반응을 보일 수 있고 또 그에 따라서 처음 말한 사람의 반응유형도 매우 다양할 수 있는 것과 크게 비교가 된다. 이와 비슷한 사정으로 인해서 그리고 전체적으로 수업대화에서 학생이 주도하는 연속체의 수가 많지 않은 이유로 학생의 통보도 매우 드물게 수행된다. 그러나 교사의 통보에 의해서 시작된 연속체가 구조적으로 불완전하거나 매우 단순한 것과는 달리 학생의 통보에 의해서 시작된 연속체는 비교적 활발하고 완성도가 높은 구조를 보인다. 다시 말해서 학생의 통보가 주제 전개나 대화의 전개와 관계가 있고 수업대화에 적절한 내용을 담고 있다면 교사는 학생의 통보에 대해서 긍정적 또는 부정적 반응을 보인다. 그러나 교사질문이 구조의 복합성이나 이어지는 연속체와 다양한 의미론적 화용론적 관계를 맺는 것과 달리 통보와 확인의 연속체는 대개 연속체 하나로 종료되는 경우가 대부분이다. 학생의 통보는 대개 학생들이 자신이 수업의 진행과 관련하여 제대로 보조를 맞추어가고 있는지 아니면 발화순서가 공평하고 원칙적으로 배분되고 있는지에 대한 내용을 담고 있는 경우가 많다.

학생 : 선생님, 저 너무 빨라서 못썼어요
교사 : 어, 못들은 것 못들은 거야…00는 아무 때나 여행을 떠났다가 비를

　　　　쫄딱 맞으면 되 겠다. 할 수 없지, 뭐 못들은 사람은
학생들 : 뭐래

학생 : 영남인데 얘네가 했어요
교사 : 어.
학생 : 쟤들도 우리랑 같이…
교사 : 같이였어요? 자, 그러면 친구들이 발표한 것 들었으니까. 지도에 지방
　　　　날씨를 표시해 보세요 다 표시했어요?
학생들 : 예
학생 : 그림으로 그렸어요

　　자주 나타나는 내용은 교사가 어떤 행동(가령 읽기, 쓰기, 그리기 등)을 지
시한 후 그 경과를 보고하는 형태로도 자주 나타난다.

교사 : 더 자세하게 말한 부분. 그걸 찾아봅시다~!
학생 : (활동-밑줄긋기)
교사 : 선생님이 지금 여러분들에게 상당히 어… 잘 찾나 볼려고 좀 어려운
　　　　말을 해줬어요
학생 : 다 했어요, 여기!
교사 : (아이들은 활동 중인 상태) oo이는 잘하고 있고 또 지금 선생님이 세 가지
　　　　정도를 말해줬어요 (한참쉰 후) 얼른 생각이 잘 못하는 친구는 1번, 2번,
　　　　3번 문제를 한 번 봐 보세요 고 밑에 있는 문제. 그러면은 금방 찾을
　　　　거예요
학생 : 선생님 다 찾았어요!
학생 : 선생님 저 썼어요!
교사 : 찾았어요?
학생 : (모두) 네!

교사 : 어~oo이는 찾았구나!
학생 : 썼어요
교사 : 썼어요? 네~
학생 : 다 찾았다.
학생 : 나도 찾았다.

수업과 관여적인 학생의 통보는 교사에 의해서 적극적이고 긍정적으로 수용되는 데 비해서 그렇지 않은 경우 무시되거나 퇴짜를 놓는다.

> 학생 : (한 아이가 수업 도중 통장을 들며) 선생님 이거 엄마가 갖다 주랬어요
> 교사 : 그건 넣어노세요 아직 그거는
>
> 학생들 : 선생님. 뒤에 이상한 거 붙었어요···웅성웅성···각자 말하는 소리···

교사 1인과 학생 다수가 참여하는 수업대화에서 모든 유형의 대화 연속체에서 나타날 수 있듯이 학생통보의 경우에도 자신에게 주어지지 않은 발화순서에서 통보를 하는 경우 무시되는 경우가 대부분이다.

> 교사 : 선생님 일기예보를 듣고, 선생님이 들려주는 일기예보를 듣고 써보세요
>   준비됐어요?
> 학생들 : 예
> 학생 : 새로운 사실을 알게 되었어요 (학생통보)
> 교사 : 둘, 넷, 다섯

4) 지시와 이행

(1) 지시 행위의 특징과 유형

앞서 기술하였던 질문과 교사질문 그리고 통보에 의해서 시작된 연속체가 지식과 정보, 즉 인지적인 것을 대상으로 하는 것이라면 지시와 이행의 연속체는 기본적으로 학생의 행동이나 행위를 통해서 지식과 기능의 습득과 증진을 목표로 한다. 수업대화에서 사용되는 지시의 행위는 교사와 학생 중에 누구에 의해서 사용되느냐에 따라서 행위의 특성과 대화 연속체의 전개과정이 매우 달라진다. 수업대화에서 사용되는 지시 행위에 대해서 알아보기 전에 먼저 지시 행위에 대해서 먼저 살펴보기로 하겠다.

지시 행위는 앞에서도 이미 언급한 대로 말하는 사람이 상대방이 어떤 행동을 하도록 유도하는 행위를 말하는데 썰은 지시의 구성적 규칙을 다음과 같이 제시하고 있다.

명제내용 규칙 : 듣는 사람이 수행할 미래의 행동 A
도입규칙 :
  1) 듣는 사람은 미래의 행동 A를 수행할 능력이 있다. 말하는 사람은 듣는 사람이 미래의 행동 A를 수행할 수 있다고 믿는다.
  2) 말하는 사람과 듣는 사람 모두 말하는 사람이 미래의 행동 A를 스스로 할 것이라는 사실이 분명하지 않다.
  성실성 규칙 : 말하는 사람은 듣는 사람이 미래의 행동 A를 수행하길 원한다.
  본질적 규칙 : 말하는 사람이 미래의 행동 A를 수행하도록 시도한다.

힌델랑(Hindelang 1983)은 지시화행을 구속적 지시화행과 비구속적 지시화행으로 구분한다. 구속적 지시 화행이란 계약이나 법률 또는 외부의 물리적 힘에 의해서 말하는 사람 2가 말하는 사람 1의 지시를 수행할 의무가 있고, 지시사항을 이행하지 않았을 때에 제재를 당하게 되는 행위를 일컫는다. 반면에 말하는 사람 1의 지시를 말하는 사람 2가 반드시 이행해야 할 의무 또는 강제성이 없는 경우는 비구속적 지시이다.

구속적 지시화행은 말하는 사람 1이 말하는 사람 2에게 지시를 할 수 있는 권한이 있고 말하는 사람 2가 지시한 행동을 이행하지 않을 경우에 합법적으로 제재를 할 수 있는 경우의 정당한 구속적 지시 화행이 있다. 반면에 말하는 사람 1이 말하는 사람 2에게 특정 행동을 지시할 권한은 없지만 그 행동을 강요할 수 있는 직접적 제재 수단이 있는 경우에는 부당한 구속적 지시 화행이라고 부른다. 정당한 구속적 지시 화행 가운데 말하는 사람 1이 말하는 사람 2에게 지시할 권한이 사적 계약에 의해서 나오는 것이 있다. 이 경우 말하는 사람 2의 지시이행에 대한 의무는 자유의지에 따른 것이고 말하는 사람 1과의 계약 기간에만 유효하다. 여기에 속하는 화행으로는 위임(예:점원에 대한 손님의 지시)과 지시(예:비서에 대한 사장의 지시)가 있다. 말하는 사람 1이 말하는 사람 2에 대해서 특정 행동을 강제할 수 있는 권한은 직·간접적으로 국가 법률로부터 나오기도 하는데, 이를 바탕으로 하는 화행으로는 명령(예:군대에서 상관이 부하에게 특정 행위의 수행을 지시), 지령(예:경찰이 시민에게 운전면허증 제시를 요구), 요청(예:한 시민이 다른 시민에게 불법으로 투기한 쓰레기를 치우라고 요청하거나, 꾼 돈을 갚으라고 하는 요구), 엄명(예:아버지가 자식에게 하는 지시) 등이 있다. 부당한 구속적 지시화행에 속하는 것으로는 협박과 강제 그리고 전제군주적 명령이 있다. 협박은 말하는 사람 2가 말하는 사람 1이 지시한 행동을 이행하지 않았을 때 말하는 사람 1이 행사하려고 하는 제재수단과 제재방법이 합법적이지 않은 경우이다. 반면에 강제의 경우는 말하는 사람 2가 말하는 사람 1에게 의존되어 있고, 말하는 사람 1이 이를 빌미 삼아서 부당하게 지시를 하는 경우인데, 이때 말하는 사람 1이 행사하려는 제재수단은 (경우에 따라서는 치사하고 비열하기는 하겠지만) 합법적이다. 한 예로 경제적 능력이 없는 말하는 사람 2가 말하는 사람 1에게 늘 점심을 얻어먹을 수밖에 없는 처지인데, 말하는 사람 1이 말하는 사람 2가 자신이 지시한 행동을 이행하려고 하지 않을 때 말하는 사람 2에게 더 이상 점심을 사줄 수 없다고 통보할 때의 상황을 들 수 있다. 전제군주적 명령에 대한 예로는 조직폭력배의 두목이 아무런 법적 구속력 없이 부하들에게 내리는 명령을 들 수 있다.

구속적 지시화행이 지시의 강제성이 어디서 연유하는지, 강제성이 어떻게 다른지 그리고 지시를 이행하지 않을 때의 제재 수단이 어떤 특성이 있는지에 따라 하위 유형으로 세분화될 수 있다. 반면에 말하는 사람 1이 말하는 사람 2에게 지시한 행동을 강제할 수도 없고 말하는 사람 2도 그 지시된 행동을 반드시 이행해야 할 의무가 없는 비구속적 지시 화행은 지시한 행동이 누구에게 유리한가에 따라서 말하는 사람 2 선호적, 말하는 사람 1 선호적 그리고 말하는 사람 1과 말하는 사람 2 모두에게 유리한 쌍방 선호적인 비구속적 지시 화행으로 구분된다. 말하는 사람 1이 요구한 행동의 결과가 말하는 사람 2에게 유리한 말하는 사람 2 선호적 지시

화행으로는 지도와 충고가 있다. 지도는 주로 교육과 관련한 대화에서 자주 사용되는 행위로서, 가령 운전면허 교육기관에서 교육자가 교습자에게 운전교습을 할 때 내리는 지시(예:핸들을 오른쪽으로! 또는 3단으로 기아를 변속하세요!)를 예로 들 수 있다. 충고는 말하는 사람 2가 실제적인 문제8)를 해결할 수 없을 때 말하는 사람 1이 그 문제를 해결할 수 있는 수단으로 내리는 지시를 들 수 있다. 충고는 실제적인 문제가 어떤 유형의 것인가에 따라 다시 힌트와 조언 그리고 권고로 구분된다. 말하는 사람 2가 문제해결을 위한 방안을 찾지 못할 때 말하는 사람 1은 자신의 경험에서 얻은 지식을 바탕으로 특정한 행동을 지시할 때에는 힌트라고 할 수 있다. 힌트는 대략 "나라면 x게 하겠는데"라는 발화형태로 수행된다. 그렇기 때문에 말하는 사람 1은 자신이 내린 지시의 행동이 말하는 사람 2의 문제를 반드시 해결할 수 있다는 것을 보장하지는 않는다. 조언은 말하는 사람 2가 인간관계 또는 도덕적인 문제를 해결하는 데 어려움을 겪을 때 수행되는 지시행위로서 주로 상담대화에서 자주 사용된다. 권고는 말하는 사람 2가 여러 가지 선택 가능한 대안들을 평가하고 선택하는 데 어려움을 겪을 때 수행되는 지시화행으로서, 말하는 사람 1은 자신이 지시한 행동이 말하는 사람 2에게 유용할 것이라는 판단을 한다.

쌍방 선호적 지시 화행은 말하는 사람 1과 말하는 사람 2가 동등한 협력자로서 대개 같은 목적 또는 상호보완적 목적을 추구할 때 수행되는 행위이다. 쌍방 선호적 지시 화행은 요망과 제안으로 구분되는데, 요망은 대화 참가자가 실제적 목적을 지닌 공동의 활동을 할 때 (예:내가 올라갈 테니 너는 사다리를 꼭 잡아!), 또는 공동의 목적을 추구할 때 말하는 사람 2가 말하는 사람 1에게 주도권을 위임했을 때(예: [두 사람이 모르는 길을 찾아갈 때 말하는 사람 1은 길 안내를, 말하는 사람 2는 운전을 하는 상황에서] 저기 앞쪽에서 오른쪽으로 돌아) 사용된다. 제안은 문제해결 제안과 의견제시로 다시 구분된다. 문제해결 제안은 요망과 비슷한데 서로 차이가 나는 점은 요망은 말하는 사람 1이 문제해결 방안을 가지고 있는 상황이지만, 문제해결 제

---

8) 실제적인 문제란 어떤 행위를 해야만 해결될 수 있는 문제를 일컫는다

안은 말하는 사람 1과 2 모두 문제해결을 위한 방안을 알고 있지 못하다는 상황이다. 문제해결 제안의 예로는 모르는 길을 찾아가는 사람이 도중에 길을 잃어버린 상황에서 “오던 길로 돌아가도록 하지!” 또는 “다음 주유소에서 물어 보는 게 어때?” 등의 발화를 예로 들 수 있겠다. 문제해결 제안의 경우 문제해결이 반드시 필요하지만, 의견제시의 경우에는 문제해결이 그렇게 중요하지 않은 상황에서 상용된다(예:맥주나 한 잔 하러 가지?).

비구속적 지시 화행의 마지막 하위 유형인 말하는 사람 1 선호적 화행인 부탁은 말하는 사람 1이 요망하는 행위가 전적으로 말하는 사람 1에게 유리하다는 점이 특징이고 평등적 부탁과 불평등적 부탁으로 구분된다. 평등적 부탁은 요망되는 미래의 행위를 말하는 사람 1과 2 모두가 수행할 수 있는 경우이다. 평등적 부탁의 한 예로는 직장의 상사와 부하 직원이 식당에 가서 식사를 할 때 부하직원이 상사에게 자신의 건너편에 놓인 소금을 보고 “소금 좀 주시겠습니까?” 라고 부탁을 하는 경우를 들 수 있다. 반면에 불평등적 부탁은 요망되는 미래의 행위를 수행할 수 있는 자격을 말하는 사람 2만이 가지고 있는 경우이다. 불평등적 부탁은 부하 직원이 상사에게 연말 인사인동이 있을 때 “부서 좀 옮겨주십시오”라고 부탁하는 경우를 예로 들 수 있다.

【도표 : 지시 화행의 유형】

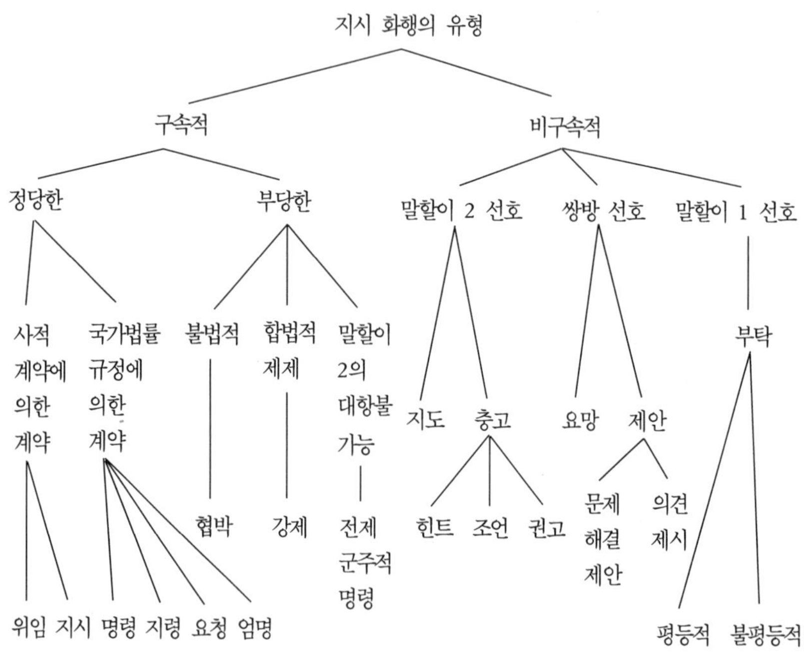

힌델랑의 지시 화행 유형 가운데에서 교사가 수행하는 지시의 유형은 지도로 볼 수 있지만 교육적인 환경을 충분히 배려하지 않은 유형 분류이기 때문에 약간의 검토가 필요하다. 이에 대해서는 나중에 자세하게 논의하기로 하고 먼저 지시 화행이 상정되면 그 이후에는 어떤 방식으로 대화가 진행될 수 있는지에 대해서 살펴보기로 하겠다.

예를 들어 대화 참여자 1이 "물 한 잔만 가져와!"라고 지시를 했을 때 대화 참여자는 그에 대해서 역으로 지시(방 청소나 해! 또는 네가 가져와!)를 함으로써 반응을 할 수 있다. 또 다른 반응의 유형으로 지시에 대한 거절이나 지시이행과 같은 명확한 의사표시를 함으로써 구체적인 반응을 할 수도 있다. 대화 참여자 2가 지시를 이행하는 경우 대화 참여자 1은 지시의 이행을 확인하는 것으로 연속체가 일단락 되는 것으로 볼 수 있다. 이 경우 보통은 지시를 한 사람이 이행한 사람에게 고마움을 표시하는 경우가 많다. 반대로 거부를 한 경우 대화 참여자 1의 반응 유형은 다양하다. 대화 참여자 2가 대화 참여자 1의 지시를 이행한 경우와 비슷하게 지시의 이행거부를 대화 참여자 1이 수용할 경우, 즉 지시를 철회할 경우에도 대화 연속체는 종료된다. 대화 참여자 1이 상대방의 거부를 수용하지 않고 재차 자신의 목적을 추구할 경우 그 방식에 따라서 강제적 재지시와 설득적 재지시로 나누어 볼 수 있다. 강제적 재지시는 협박(예:너 혼 좀 날래?, 한 대 맞는다, 너 다음에 나한테 부탁할 생각도 하지마!)과 강요(예:가져오라면 가지고 와!, 당장 가져와!)의 형태로 수행될 수 있다. 반면에 설득적 재지시는 사정 설명(예:내가 직접 가져올 수가 없어서 그래, 내가 지금 바빠서 그래), 호소(예:제발 좀 부탁해, 오죽하면 네게 부탁하겠니?, 사정 좀 봐줘라, 내가 너 아니면 또 누구에게 부탁하겠니?), 조건제시(예:다음에 네가 하는 부탁 잘 들어줄게, 이번에 딱 한 번만 부탁할게), 당위성 설명(예:지난번에 내가 물을 떠다 준 적이 있지?, 내가 방청소를 대신 해 주었는데 그럴 수가 있니?) 등의 형태로 실현될 수 있다. 대화 참여자 2의 거절에 대해서 반응할 수 있는 대화 참여자 1의 두 번째 행위 유형은 자신의 목적을 단념하고 지시를 철회하는 것이다(예:할 수 없지 뭐!, 내가 직접 떠다 먹을게, 바쁜 데 부탁해서 미안해!). 이 경우도 대화 참여자 2의 지시 이행과 마찬가지로 대화 행위는 종료된다. 상대방의 지시 거절에 대한 세 번째 대응 유형으로 제재가하기가 있는데, 이것은 경우에 따라서 재지시를 목적으로 수행될 수도 있고 지시 단념에 따른 목적으로 수행될 수도 있다. 제재 가하기는 (비)합법적 물리적 방식으로 이루어질 수(체벌 또는 때리기)도 있고, 선언적 방식(예:앞으로 네 부탁은 안들어 줄 거야! 너와는 절교야!)으로 수행될 수도 있다. 또 경우에 따라서 상대방을 비난하고 모욕을 주는 방식이 있을 수도 있다. 이 경우 비난과 맞비난으로 이루어진 다툼의 대화 또는 규범에 관한 논쟁의 대화로 대화가 진행될 수도 있다. 대화 참여자 1의 지시에 대해서 반응할 수 있는 대화 참여자 2의 네 번째 반응 유형인 비구체적 대응 행위로 되묻기와 이의제기를 들 수 있다. 이의제기는 대화 참여자 1이 자신에게 지시를 수행할 정당성 또는 필요성이 있는지를 문제화하는 것이다(예:물은 목마른 사람이 직접 갖다 마시는 것 아냐?, 왜 내가 물을 갖다줘야 하니?, 너 그런 부탁할 염치나 있니?, 지금 꼭 물을 마셔야 하니?).
이의제기의 또 다른 형태는 기본적으로 상대방의 지시에 응할 수는 있지
만 그러한 조건이 갖추어져 있는지가 명확하지 않을 경우에 수행된다(예:지
금 물이 있을 지 모르겠다.). 되묻기는 지시에 응할 수 있는지 또는 없는지를
명확하게 표명하기 위해서 필요한 정보를 위해서 수행된다(예:뜨거운 물, 차
가운 물?).

지시의 시작화행이 상정되고 난 뒤 대화 참여자 2가 행할 수 있는 반
응의 유형과 그에 따른 대화 참여자 1의 반응 유형 등을 도표로 나타내면
아래와 같다.

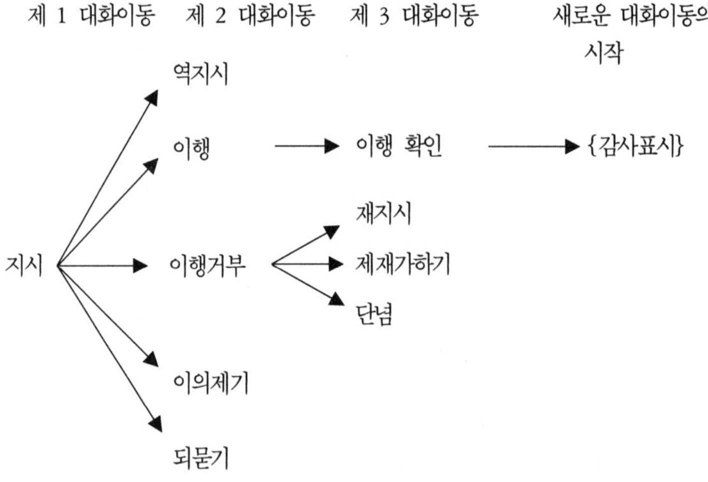

앞에서도 지시의 행위를 누가 수행하느냐에 따라서 그 행위의 특징과
연속체의 진행과정이 차이가 난다는 사실을 이미 암시한 바 있다. 교사가
지시를 수행하는 경우에는 힌델랑의 용어를 빌려서 말하자면 구속적 지시
이고 학생이 지시적 행위를 수행하면 이는 비구속적 지시라고 할 수 있
다. 교사의 지시가 합법적인 구속적 특성을 갖는 이유는 힌델랑이 제시한
사적 계약이나 국가 법률 규정에 의한 것이 아니라 제도적이고 윤리적인

조건에 의한 것이다. 다시 말해서 학교에서 교사는 지식과 기능을 학생들이 습득하도록 하기 위해서 정보를 제공하고 질문할 수 있으며 또한 특정 행위를 지시할 수 있는 제도적 권한과 의무를 가지고 있다. 반면에 학생들은 그러한 교사의 제도적 교육의 권한과 의무를 인정하고 교사의 가르침을 받아야 할 의무가 있다. 뿐만 아니라 교사는 학생이 가지고 있지 못한 지식과 능력을 압도적으로 많이 가지고 있고 이를 전달하는 방법에 대해서도 주도적인 역할을 가지고 있는 것, 즉 교사의 전문지식도 하나의 이유라고 할 수 있다. 더 나아가서 보통의 경우 학교에서는 교사가 학생들보다도 연령이 더 높기 때문에 정도의 차이는 있겠지만 어느 사회에서든지 연령이 높은 사람에게 예의를 표하는 것이 사회 윤리적으로 합당하기 때문이기도 하다. 반면에 학생들이 수행하는 지시적 행위의 특성은 비구속적 요구 행위의 하나인 부탁이라고 할 수 있으며, 교사의 지시가 주로 학생들에게 필요한 행동을 하게 하는 것과는 달리 학생들 자신에게 필요한 일을 교사에게 요구하는 것이다.

(2) 수업대화에서 지시와 이행의 연속체

교사의 지시도 질문과 대답의 연속체나 통보와 확인의 연속체와 마찬가지로 수업의 내용과 관련이 있는 경우와 수업의 내용과 직접적으로 관련이 없는 것으로 구분해서 볼 필요가 있다. 그 이유는 지시 행위의 대상과 관련하여 지시 행위의 구조와 전개가 다르기 때문이다. 먼저 수업의 내용과 직접적으로 관련이 없는 것으로는 본격적으로 수업이 시작되기 전의 의사소통의 틀이나 의사소통의 틀에서 특히 학생들의 자리배치나 수업을 위해서 필요한 조건을 창출하기 등을 위한 교사의 지시가 수행되는 경우가 많다.

    교사 : 바른 자세
    학생들 : 바른 자세
    교사 : 바른자세

교사 : (자유스러운 분위기) 자, 차렷 수업하자. 자..

교사 : 자, 너희들 왜 또 그렇게 앉았어? 또, 또, 응?, 또, 까먹었어? [학생들
　　　　서로 이야기한다.] 또 까먹었어?, 빨리 자리 바꿔, 빨리!, 빨리 자리 바꿔!

　수업대화에서 수업과 직접 관련이 없는 교사의 지시가 사용되는 위치는
바로 규율단계이다. 규율단계는 정상적으로 수업을 진행하기 위한 조건이
깨어졌을 때 이를 회복하기 위해서 교사가 주도하는 대화의 한 부분으로
서 교사는 어떤 행동을 하거나 주의를 주는 방식으로 규율단계의 행위가
이루어진다.

교사 : 자리로 가…자리로(데리고 제자리로 가도록 한다…돌아다니면서 질문하는 학생
　　　　들에게 대답…소리가 작아서 들리지는 않는다)

교사 : 어. 그런데…이거 너희들이 하면서 막 떠들면 되요…안되요…
학생들 : 안돼요

교사 : 다같이 따라서 읽어야죠? 안 읽는 사람은 지금 장난을 하고 있는 사
　　　　람이 있는데. 그럼 안 돼죠! 원두막에서 수박을 먹고

교사 : 선생님을 안쳐다보는 사람이 너무 많네

학생들 : (아이들 떠듦) (선생님 판서)
교사 : 자 이제~(종소리) 땅~ 선생님~!
학생들 : (모두) 봅시다!
교사 : 선생님~!!
학생들 : 봅시다!

　교사의 지시에 대해서 학생들이 지시의 이행을 함으로써 연속체가 비교
적 단순한 구조로 완결되는 것이 보통이지만, 드문 경우 학생들이 교사의
지시를 곧바로 이행하지 않음으로써 여러 차례 교사의 지시와 학생의 이
행거부가 반복되는 경우도 있을 수 있다. 이 경우 교사는 더욱 강한 행위
방식인 경고나 금지 등을 이용하여 지시의 이행 관철을 시도한다.

(1) 교사 : 자,
　　　　너희들 왜 또 그렇게 앉았어?
　　　　또, 또, 응?,
　　　　또, 까먹었어?
　　　　[학생들 서로 이야기한다.]
　　　　또 까먹었어?
　　　　빨리 자리 바꿔, 빨리!
　　　　빨리 자리 바꿔! (교사의 지시)

(2) 학생들 : 응?
　　　　싫어요! (지시이행 거부)
　　　　[학생들 서로 이야기한다.]

(3) 교사 : 빨리 이쪽으로 가! (교사의 지시)
　　　　SH, SH는 이리와!

(4) SH : 아이 싫어요! (지시이행 거부)
　　　　싫어요!

(5) 교사 : 이리와! (교사의 지시)

(6) SH : 그러면 나 여기 앉아요. (지시이행 거부)
　　　　저 그리로 가기 싫어요

(7) (?) : 선생님 어디가요?

(8) SH : （　?　）

(9) (?) : 친절하시네요!

(10) 교사 : NS이! 여기! (교사의 지시)

(11) (?) : NS!

(12) AN : 저는요?

(13) JN : 전 여기 앉을 거예요 (학생요청)
　　　　[짧은 공백] [학생들 떠든다.]

(14) 교사 : JN,
　　　　JN 이리와! (교사의 지시)

(15) SH : 선생님,
　　　　이렇게 같이 앉을래요, 네? (학생요청)

(16) 교사 : JN 이리와! (교사의 지시)
　　　　MI 이리 오고!

(17) MI : 너 했니 (?)
　　　　나도 하려고 했어.

(18) 교사 : NS이 어디 갔어?

(19) AN : MI, MI!
난 했다.

(20) 교사 : 빨리와! (교사의 지시)
NS이 이리와!

(21) SY :　하려고 했는데, 끝까지는 못했다.

(22) MI :　아니, 나는

(23) AN :　MI!,
부탁해!

(24) 교사 : NS!

(25) (?) :　너 아프니?

(26) MI :　사람들이 그렇게 얘기했어.
[짧은 공백]

(27) SH :　선생님!
저 여기 앉아도 되요? (학생요청)

(28) 교사 : 안돼! (요청 거부)
이리와! (교사의 지시)
[짧은 공백]

(29) 교사 : 수줍어?

(30) SH :　선생님!
이거 고장났어요

(31) (?) :　내가 안했어요

(32) MI :　그거 진짜 거지 같아.

(33) SY :　정말이야?

(34) MI :　그래, 정말이야

(35) 교사 : 자, CH이!
CH이 이리와! (교사의 지시)

(36) YJ :　싫어요,
여기, JN 여기로
싫어요!

(37) 교사 : CH이 와! (교사의 지시)
JN 일로!
[학생들 떠든다.]

(38) 교사 : 한번만 더 이야기하면 저쪽으로 보낸다. (교사의 지시 : 경고)
자,
이제부터 독일어 하지마! (교사의 지시 : 금지)

(39) 학생들 : 예.
(40) 교사 : 인제부터 벌칙 적용되. [한숨] (교사의 지시 : 경고)
       MI!
       뒤돌아 보고 [웃음] SY하고 떠들려고 그러자?
(41) **MI** : 안떠들었어요
(42) 교사 : 지금 떠들고 있잖아.
       유…꼬마!
(43) 학생들 : 흠.
(44) 교사 : 자,

위의 대화텍스트는 수업대화를 본격적으로 시작하기 위한 의사소통의 틀을 짜기 위해서 교사가 학생들의 자리배치를 위한 지시가 이루어지지만 학생들이 지시를 곧바로 이행하지 않기 때문에 교사가 지시를 반복하는데, 이 과정에서 학생들이 계속 소란스러운 이유로 의사소통의 틀이 형성되지 않는다. 이러한 이유로 교사는 (38)과 (40)에서 보다 지시의 관철의지를 보다 강하게 보이는 지시의 행위를 하게 된다.

수업의 주제와 직접적 관련이 없는 교사의 지시는 수업의 주제를 다루기 위한 조건을 창출하거나 회복시키려는 목적이 있고, 그렇기 때문에 전체적으로 수업의 주제를 다루기 위한 행위의 목적달성을 위한 보조적인 기능을 가지고 있다고 볼 수 있다. 이와는 반대로 수업의 주제와 직접적으로 관련이 있는 교사의 질문은 주로 주제전개단계와 예고단계에서 자주 사용된다. 예고단계의 의사소통 목적이 주로 다음 시간에 다룰 내용에 대한 정보를 제공하고 학생들이 다음 시간을 위해 준비해야 할 것이나 혹은 학생들이 집에서 해야할 행위에 대한 지침을 주는 것이므로 지시 행위가 자주 사용된다.

교사 : 그렇지. 동화책을 한권 읽는다. 그거예요. 한 권을 읽어 가지고 오는
       거예요. 그러면은…자 인제 보세요…선생님 보세요…동화책 이름도
       여러분들이 나는 무슨 책을 읽었는데…그이야기를 했어야 되겠죠잉?
       그 다음에 친구가 궁금한 점을 물어 볼꺼에요. 궁금한 점을…그럼 그
       궁금한 점을 대답 할 수 있도록 간단하게 여러분들이, 글 내용을 적어

갖고 와야 돼겠어요
학생들 : 어~ 적어가지고…
교사 : 그렇게 해갖고 와야돼요? 그죠? 그럼 어디 알겠는 친구 손 한번 들어
봐요 선생님 이제 금방 다음 시간에 공부할 내용을 이야기해 줬는데
알 수 있는 친구? (애들 손을 든다.) 손을 내려요 그리고 어~ 동화책은
곤충이야기라든지, 또는 다른 동화책도 있으면은 한 권씩 준비해 오
는게 좋겠어요. 그러죠 이~? 다음 시간에 뭣도 준비하라고요?
학생들 : (모두) 동화책~!
교사 : 동화책. 그 다음에 또 여러분들 집에 가서 다시 연습을 해 봐봐. 이
렇게 간단하게 내용을 요약해서 해오고 어~ 같이 부모님들과 함께
어~ 이야기 하는 걸 해보세요 알게 된 사실을 분명하게 말 할 수 있
도록요이잉~

주제전개단계에서 수업대화의 주제와 관련이 있는 교사의 지시는 두 종
류의 부류로 나눌 수 있는데, 그 하나는 학생들이 배운 지식을 실제로 활
용할 수 있는 기능의 습득과 증진을 목표로 한다. 이러한 지시의 수행 방
법은 교사가 학생들이 이행할 행위를 먼저 해 보이고 학생들이 따라서 해
보는 것도 있을 수 있다.

교사 : 자, 어느 것이 더, 어느 것이 더, 어느 것이 더 듣기가 좋아요?…이거
한번 따라 읽어 볼까요? 지난 여름 방학때
학생들 : 지난 여름 방학때
교사 : 다시, 지난 여름 방학때
학생들 : 지난 여름방학때
교사 : 이거 한번 따라해보세요 지난 여름 방학 동안~, 따라 읽으랬잖아.
임마!
학생들 : 지난 여름 방학 동안
교사 : 다시 읽어 보세요 지난 여름 방학 동안
학생들 : 지난 여름 방학 동안
교사 : 좋아요 이렇게 띄어 읽을 수 있기 때문에 이것도 뭐라고 하느냐면 마
디라고 해요 자 여기가 한 마디 여기가 한 마디 한마디, 한 마디. 그
래서 우리 글도 뭘로 이루어졌다?

또한 교사가 학생들에게 특정 기능의 습득을 지시하고 학생들이 지시의
이행을 할 때까지 기다리는 방법으로 지시 행위를 수행할 수도 있다.

> 교사 : 자, 이 글에서 선생님이 이렇게 표시를 해 줬죠? 요렇게 마침표가 있는
> 곳은 끊어 읽는 표시를 하고, 요렇게 쉼표가 있는 곳은 쉬어 읽는 표
> 시를 해라, 그런 얘기죠? 자, 지금부터 한 번 해 보세요. 거기다가.
> 학생 : 뭐요?
> 학생 : 뭐요?
> 교사 : 1번 거기다가 쉬어 읽기, 끊어 읽기를 표시를 해 보세요. 쉬어 읽기,
> 끊어 읽기표시를 해보세요. 1번에다가. 쉬어 읽기, 끊어 읽기표시를
> 하라는 이야기죠? 어! oo이는 읽기 책이 어디로 갔지?
> 학생 : 다 했다.
> 학생 : 다 했다.
> 교사 : 끊어읽기, 쉬어 읽기 표시를 해 보자.

학생들이 교사의 지시 내용을 일정한 역할로 나누어서 이행하고 교사는
이 과정에서 마치 교향악단의 지휘자처럼 학생들의 역할에 따른 행동을
지휘하고 안내하는 방식으로도 교사의 지시가 수행될 수도 있다.

> 교사 : 자 지금 너희들 말구 이 이야기를 들은 사람이 또 있거든? 누가 들었
> 는지 어디 한번 보자…어…자. 콩순이하고 콩돌이가 들었어요…자…
> 여자 친구들 콩순이를 한 번 읽어 보자. 시작!
> 여학생들 : 팥쥐는 어떤 아이라고 생각하나?
> 교사: 남자 친구들 콩돌이가 되어서 시작.
> 학생들 : 심술궂고 욕심많은 아이야.
> 교사 : 그래요

주제전개단계에서 수행되는 다른 종류의 교사지시는 학생들이 수업의
주제와 관련된 지식이나 기능의 습득을 위해서 필요한 정보를 획득하거나
행위를 하기 위한 것도 있을 수 있다. 지시의 내용은 주로 읽기, 듣기, 보
기, 쓰기 또는 수업자료를 꺼내거나 펴고 닫는 등의 행위와 관련이 많다.

교사 : 그러면은, 아직 책을 안 봐도 돼요

교사 : (CD을 틀어 화면을 보여주면서) 여기를 볼까요? 오우~

교사 : 책보지 말고 여기 봐봐

교사 : 다시 한 번 들어볼까요?

교사 : (판서하면서) 저 70쪽을 한번 봐보자. 70쪽

교사 : 앉아서 말하지 마라했어요. 무엇무엇이 나왔을까요, 무엇무엇이 나왔을
       까? 여러분이 거기서 어디 중요하게 본다고 생각한 거에 대해서 밑줄
       한 번 그어봐.

일상 생활에서 지시 연속체의 전개 과정은 지시한 사항을 상대방이 이
행한 경우 지시한 사람이 지시 이행을 확인한 후 그에 대해서 감사의 표
시를 하는 것이 보통이다. 그러나 그러한 일반적인 지시 연속체의 전개
과정은 교사질문과 학생대답의 연속체와 마찬가지로 수업대화에서 변화를
보인다. 자세하게 말하자면 교사는 학생이 지시를 훌륭하게 이행한 경우
감사 대신에 칭찬을 한다. 이것 또한 교사의 지시가 실제로 자신에게 득
이 되기보다는 학생이 교사가 원하는 기능을 할 수 있는지 없는지를 판단
하기 위한 의사소통 목적을 추구하기 때문에 나타나는 연속체 원형의 제
도적 변형이다.

교사 : 그래 읽어 읽어.(같이 읽어…같이 읽어…) 자 시작…?
학생들 : (읽는다)
교사 : 음…아주 잘 읽었지?(긍정평가+칭찬) 자…다음. ㅇㅇ랑 ㅇㅇ이랑 읽어봐…
학생들 : (읽는다.)
교사 : 어… 잘했지…? (긍정평가+칭찬)

교사의 지시가 수업의 진행과 학생들의 기능의 습득을 위해서 자주 사
용되는 것과는 달리 학생의 주도로 이루어지는 지시 행위는 발화권의 요

구와 지식과 기능의 습득 과정에서 발생하는 문제를 해결하기 위해서 주로 사용되고 교사의 지시 행위 수행의 빈도수와 비교하면 매우 드문 편이다. 발화권의 요구는 주로 손을 드는 방법도 있을 것이고 또 자신이 발화를 하겠다는 말을 함으로써 이루어진다. 학생의 발화권 요구에 의해서 시작된 연속체는 주로 주연속체에 대해서 예비적인 보조적 기능을 갖는다.

> 학생 : (창가를 쳐다보며) 제가 말해보겠습니다.
> 교사 : 퉁퉁~. 어디, oo이가 한번 해봐.

학생들의 요구 행위가 지식과 기능의 습득 과정에서 나타나는 장애에 주로 사용된다는 것의 의미는 칠판에 적혀 있는 것이 교사에 의해서 가려져 볼 수가 없을 때, 교사의 발화가 너무 빠르게 발화될 때 등과 같이 특정한 목적 달성에 장애가 되는 요소의 제거를 위해서 교사의 협조를 얻기 위한 부탁의 형태로 이루어진다.

> 교사 : 일기예보 금주에는 대체적으로 구름이 많이 끼고 소나기와 비가 많이 내리겠습니다. 월요일에는 전국에 구름이 많이 끼겠으며 화요일에는 소나기 내리는 곳이 많겠습니다. 수요일에는 간간히 비가 뿌리겠으며 목요일과 금요일 구름은 많이 끼겠으나 비는 오지 않겠고,
> 학생 : 선생님
> 교사 : 토요일은 비가 내릴 것으로 예상됩니다. 아침 기온은 18에서 23도 낮 기온은 28도에서
> 학생들 : 어 왜 이렇게 빨라요
> 교사 : 33도로
> 학생 : 느리게 (부탁)
> 학생 : 빨라요 (부탁)
> 교사 : 무더위가
> 학생 : 느리게, 느리게 (부탁)
> 교사 : 계속 되겠습니다.
> 교사 : 여러분은
> 학생 : 재방송, 재방송 (부탁)
> 학생 : 재방송 필요없어요

5) 실제 수업대화의 예시적 분석

지금까지는 수업대화의 구조 및 전개와 관련하여 수업대화의 의사소통 목적을 수행하는 연속체와 이들의 관계 그리고 연속체를 구성하는 단위들에 대해서 살펴보았다. 이를 바탕으로 실제의 수업대화는 어떤 구조로 진행되는가를 살펴보도록 하겠다. 이를 위해서 실제로 수행된 수업대화의 일부를 예로 수업대화의 분석을 예시적으로 보이도록 하겠다. 아래에 소개될 대화는 초등학교 3학년 교실에서 교사가 음성자료를 이용하여 학생들에게 일기예보를 들려준 후에 날씨에 관해서 교사와 학생들 사이에 이루어지는 대화의 내용을 담고 있다.

(1) 교사 : 한번 더 들어보세요 한 번 더 그리고 이번에는 57쪽. 이거 있죠
　　　　　날씨…태양을 그리면 맑은 거구요, 구름을 그리면 흐린거구 또
　　　　　구름과 태양을 같이 그리면 날씨가 맑지 않은 거예요 하늘이 맑지
　　　　　않은 거야. 일기도에 기록해보세요
　　　　　[녹음자료들려주기]
(2) 학생 : 못 들었어요
(3) 교사 : 자, 거기 00와00는 서울 경기지방, 영서 영동지방은 00와 00, 충
　　　　　청지방 어린왕자 영남지방 아이큐 호남지방 라이츄
(4) 학생 : 제주
(5) 교사 : 제주도 나왔어요? 제주 00 어 여기 안했어? 선생님이 빼먹었구나.
　　　　　자기 지역에 날씨를 지금부터 말하는 겁니다. 다 준비되었죠? 준비
　　　　　되었죠? 영동영서 지방 준비됐어요?
(6) 학생들 : 예
(7) 교사 : 제주지방 준비
(8) 학생들 : 예

(1)에서 교사는 학생들에게 음성자료를 들을 것을 지시하고 그리고 그에 상응하는 텍스트를 안내해 준다. 그리고 학생들이 해야 할 과제를 제시하고 있다. (1)은 전체적으로 교사의 지시라고 할 수 있다. (2)에서 학생이 잘 못들었기 때문에 그에 상응한 조치를 취해주길 바라는 요청을 교사에게 하였으나 교사에 의해서 무시된다. (3)에서 교사는 다시 학생들에게

과제를 분담하는 지시의 행위를 하고 있다. 이때 한 학생이 (4)에서 교사
에게 필요한 정보를 제공하는 통보행위를 하고 교사는 학생의 통보행위를
수용한다 (5). 동시에 교사는 (5)에서 학생들에게 질문을 하고 학생들은 (6)
에서 그에 대한 대답을 하고 있다. (7)과 (8)은 교사의 지시와 학생들의 지
시이행으로 구성되어 있다. (5)-(6)과 (7)-(8)의 두 연속체는 계속의 관
계를 맺고 있다.

(9) 교사 : 호남, 호남은 날씨 모르네, 충청, 충청, 자 지금부터 선생님이
(10) 학생들 : 재방송을
(11) 교사 : 재방송 안해요 자, 서울 경기지방 내일 날씨 얘기해주세요 내일
(12) 학생 : 내일 날씨요?
(13) 교사 : 한명만 얘기해주세요 일어나서 00가 얘기해 보세요
(14) 학생 : 흐린다가 차차 갠다고 하였습니다.
(15) 교사 : 네, 아주 잘했습니다. 이번엔 호남지방 얘기해 주세요, 호남지방
　　　　 내일 날씨 얘기해 주세요 내일 어떻다고 합니까?

교사질문을 하려고 하나 (10)에서 학생이 그에 응하지 않고 새로운 연
속체의 시작행위인 요청을 한다. 그러나 교사는 (11)에서 학생의 요청을
거절한다. 같은 발화순서에서 교사는 교사질문을 한다. 이에 대해서 학생
이 (12)에서 되묻기 질문을 하고 (13)에서 교사질문을 반복한다. 이에 대
해서 학생이 대답을 하고 (14), 교사는 그에 대해서 긍정평가를 한다.

교사질문(9)-도중에 중단
학생 요청(10)-교사의 거부(11)
교사질문(11)-{되묻기(12)-교사질문 반복(13)}-학생대답(14)-긍정평가(15)

(16) 학생 : 흐리다가 차차 갠다고…
(17) 교사 : 일어나서 얘기하세요
(18) 학생 : 흐리다가 차차 갠다고 하였습니다.
(19) 교사 : 예, 호남지방도 흐리다가 차차 갠다고 하였습니다. 다음, 영남 지
　　　　 방 내일 날씨 얘기 해 주세요 영남 지방 내일 날씨 얘기해 주세요

(15)에서 교사는 긍정평가에 이어서 계속해서 교사질문을 하고 있고 이에 대해서 학생이 (16)에서 대답을 하지만 대답을 하는 방식에 문제가 있기 때문에 교사는 (17)에서 비명시적으로 평가거부를 한 후에 학생에게 대답하는 방식에 대해서 지시를 한다. (18)에서 학생이 교사의 지시를 이행하고 교사는 (19)에서 긍정평가를 한다. (15)에서 (19)에 이르는 연속체는 앞의 연속체 (11)-(15)와 계속의 관계를 가지고 있다.

교사질문(15)-학생대답(16)-{평가거부(17)-교사지시(17)-지시이행(18)}-
긍정평가(19)

(20) 학생들 : 영남영남
(21) 학생 : 흐릴거라고 하였습니다.
(22) 교사 : 예?
(23) 학생 : 흐릴거라고 하였습니다.
(24) 교사 : 예. 흐릴 거라고 하였습니다. 꼬부기조 잘 했어요 또

(19)에서 교사는 앞의 연속체에 대해서 계속의 관계를 가지는 연속체의 시작 대화이동인 교사질문을 하고 (21)에서 학생이 대답을 한다. 교사는 (22)에서 대답을 확인하기 위한 되묻기 질문을 하고 학생이 그에 대해서 대답을 한 뒤 (23) 교사가 (24)에서 긍정평가를 수행한다. (20)에서 학생들은 교사에게 통보 또는 요청의 행위를 하지만 무시된다.

교사질문(19)-학생대답(21)-{되묻기(22)-대답(23)}-긍정평가(24)
요청/통보(20)-무시됨

(25) 학생 : 영서 영동지방이 꼬부기…
(26) 교사 : 충청지방, 충청지방
(27) 학생 : 선생님, 슈베르트와 영동영서…
(28) 교사 : 예? 흐리다고 한 것 같은데.

(25)와 (27)에서 한 학생이 (20)에서와 마찬가지로 요청 또는 통보의 행위를 시도하지만 무시된다. (26)에서 교사질문이 다시 이루어지고 (28)에서

부정평가가 이루어지는 것으로 미루어 보아 한 학생이 대답을 하였지만
전사자료에는 표시가 되어 있지 않은 듯하다.

    (29) 학생들 : 선생님 저기 질문 있어요 슈베르트와 꼬부기가요 영서와 영동
              인데요
    (30) 교사 : 슈베르트와 꼬부기, 아직 안시켰어요
    (31) 학생 : 예.
    (32) 교사 : 아직 안시켰다구요
    (33) 학생 : 꼬부기는 시켰는데…
    (34) 교사 : 꼬부기는 저기예요 영남 아니였어요

    (29)에서 학생들이 교사에게 통보행위를 하지만 교사는 (30)과 (32)에서
반론을 제기한다. (31)은 대화이동이라기보다는 대화이동 연속체와는 관련
이 없는 청자반응으로 간주하는 것이 타당할 듯하다(박용익 2001). (32)에서
한 학생은 교사의 반론에 대해서 다시 반론을 제기으로써 앞선 연속체에
대해서 고수하는 대화연속체를 시작하지만 교사에 의해서 다시 반박을 당
한다.

    학생통보(29)-교사 반론(30/31)-{고수 연속체 : 학생통보(33)-교사 반론(34)}

    (35) 교사 : 자, 영동 영서, 영동 영서,
    (36) 학생 : 빨리 말해
    (37) 교사 : 영동 영서
    (38) 학생 : 너 빨리 말해
    (39) 학생 : 비가 조금씩 내릴 것이라고 하였습니다
    (40) 교사 : 비, 어떤 영향으로? 왜 내린다고 했지요? 들은 사람?
    (41) 학생 : 네?
    (42) 교사 : 영동 영서는 비가 내린다고 했는데, 그 이유가?
    (43) 학생 : 흐리면서 비가 온다고
    (44) 교사 : 그 이유가? 뭐였던 거 같애요?
    (45) 학생 : 온도가 낮아서
    (46) 교사 : 아니, 아니야.
    (47) 학생 : 흐려서

(48) 교사 : 들은 사람?
(49) 학생 : 아닌데, 아닌데
(50) 교사 : 영동 영서는 무슨 이유로 비가 내린다고 했습니까
(51) 학생 : 바다라서
(52) 교사 : 아니에요 지역적인 이유로 지형에 이유로 비가 내린다고 하였습
　　　　　　니다.

　(35)에서 같은 주제를 다루는 계속의 연속체가 교사질문에 의해서 시작
된다. (36)와 (38)에서 학생들이 특정 학생에게 대답을 빨리 하라는 요구
를 하고 (37)에서 교사질문이 되풀이되는 것으로 보아 (39)에서 대답을 한
학생이 대답을 곧바로 하지 못하고 있는 것으로 보인다. 교사는 (40)에서
(39)의 대답에 대해서 긍정평가를 한다. 같은 대화이동에서 또 다시 교사
질문을 하는데 이것에 의해서 시작되는 대화연속체는 앞의 연속체에서 다
루어졌던 동일한 주제의 다른 측면에 대해서 논의하는 것이므로 상세화의
기능을 갖는다. (41)의 되묻기에 이어서 교사질문이 되풀이 된다(42). 학생
이 (43)에서 대답을 시도하지만 (44)에서 교사가 교사질문을 되풀이하는
것으로 보아서 비명시적인 부정평가가 이루어진 것으로 볼 수 있다. 교사
질문과 학생대답 그리고 교사의 부정평가가 이어지고 난 이후에 교사는
(52)에서 교사질문에 대한 대답을 직접 수행한다.

교사질문(35)-비대답
교사질문(37)-학생대답(39)-긍정평가(40)
교사질문(40)-{되묻기(41)-대답(42)}-학생대답(43)-부정평가(44)
교사질문(44)-학생대답(45)-부정평가{46}
교사질문(46)-학생대답(47)-부정평가(48)
교사질문(48/50)-학생대답(51)-부정평가(52)-교사대답(52)

(53) 교사 : 발표 안한 조
(54) 학생 : 저요
(55) 교사 : 제주도
(56) 학생 : 맑다고 하였습니다.
(57) 교사 : 예, 제주도는 맑다고 하였습니다 또 발표 안한 조

(58) 학생 : 저요

(59) 교사 : 00는 어디 쪽이예요?

(60) 학생 : 영남인데 얘네가 했어요

(61) 교사 : 어.

(62) 학생 : 쟤들도 우리랑 같이 ..

(63) 교사 : 같이였어요? 자, 그러면 친구들이 발표한 것 들었으니까. 지도에
　　　　　 지방 날씨를 표시해 보세요. 다 표시했어요?

(64) 학생들 : 예

(65) 학생 : 그림으로 그렸어요

(53)-(54)는 교사의 질문과 학생의 대답으로 이루어진 연속체로 교사질
문(55)-학생대답(56)-긍정평가(57)의 수행에 앞서 수행되는 예비 연속체이
다. (57)에서 (63)까지는 교사의 질문과 학생의 대답 연속체 두 개가 수행
되어 있는데 뒤의 연속체는 앞의 연속체에 대해서 상세화의 기능이 있다.
(60)과 (62)는 한 학생이 수행하는 하나의 대화이동으로 교사의 질문(59)에
대한 대답으로 보는 것이 타당하고 (61)은 교사의 청자반응으로 보는 것
이 적절하다. (63)에서 교사는 학생의 발화를 대신 완결해주는 형식으로
의사확인을 하는 동시에 교사의 질문을 하고 (64/65)에서 학생들의 순차적
이고 동시적인 대답이 이루어진다.

교사의 질문(53)-학생의 대답(54)
교사질문(55)-학생대답(56)-긍정평가(57)
교사의 질문(57)-학생의 대답(58)
교사질문(59)-학생대답(60/62)-긍정평가(63)
교사질문(63)-학생대답(64/65)

(66) 교사 : 자, 방송으로 나갔던 날씨를 보여주겠습니다. 눈으로 읽어보세요
　　　　　 방송에 나왔던 날씨입니다. 맞나 확인하세요. 자, 다음 쪽으로 넘
　　　　　 겨도 되겠어요?

(67) 학생들 : 아니요

(68) 교사 : 맞나 확인해보세요 여러분들…

(66)에서 교사는 두 개의 대화이동, 즉 교사의 지시와 질문을 수행한다. 교사의 지시를 이행하는 학생들의 반응은 전사자료에서 빠진 듯하다. 교사는 다음의 교습행위를 위한 준비로 교사의 질문을 하고 학생들은 대답을 한다(67). (68)에서 교사는 또 다른 지시 행위를 하려고 하나 학생들이 (69)에서 질문을 함으로써 도중에 중단된다.

교사지시(66)-지시이행(66')[9]
교사의 질문(66)-학생대답(67)
교사지시(68)

(69) 학생 : 지역적인
(70) 교사 : 지역적인 요인
(71) 학생 : 지역이 뭐예요?
(72) 교사 : 충청도, 호남, 영남 이런걸 다 지역이라고 하잖아.
(73) 학생 : 어, 우
(74) 학생 : 제주도는 뭐예요?
(75) 학생 : 맑다. 제주는 맑고

(69/70)에서 학생이 질문을 하는데 중간에 교사가 청자반응의 발화(70)를 한다. 교사의 대답(72)과 학생의 의사확인(73)에 이어서 학생질문(74)과 교사대답(75)의 연속체가 이어진다. 앞선 대화이동 연속체와는 계속의 관계가 있다.

학생질문(69/70)-교사대답(72)-의사확인(73)
학생질문(74)-교사대답(75)

(76) 교사 : 자, 표시해 보자.
(77) 학생 : 어, 어 영서는 빈데.
(78) 학생 : 빈데…
(79) 교사 : 어 여기 비가 표시돼야 돼. 그죠? 잘못됐습니다. 비가 표시돼야 돼.

---

9) ' 표시는 실제로는 수행되었을 것으로 추측되지만 전사자료에는 표기가 되지 않은 대화이동을 나타내는 기호이다.

(76)에서 교사가 지시를 하고 (77/78)에서 학생들이 통보행위를 하기 이전에 교사의 지시를 이행하는 것으로 보인다. (79)에서 교사는 학생들의 통보를 수용한다.

교사지시(76)-지시이행(76')
학생통보(77/78)-교사의 수용(79)

(80) 학생 : 선생님, 질문이요. 영서활동 우산으로 해도 돼요?
(81) 교사 : 네, 영서활동 우산으로 표시해도 돼요
(82) 학생 : 구름하고 비하고 다른데.

(80)에서 학생질문이 수행되고 (81)에서 교사의 대답이 이루어지는데 교사의 대답에 대해서 한 학생이 이의를 제기한다(82). 그러나 이의제기는 교사에 의해서 수용되거나 거부되는 행위 없이 다른 주제를 다루기 시작하면서 무시된다.

학생질문(80)-교사대답(82)-이의제기(82)

(83) 교사 : 자, 그러면
(84) 학생 : 제주도
(85) 교사 : 여행하기 가장 좋은 지금 지역은 어디입니까?
(86) 학생 : 아아 시원
(87) 학생 : 제주지방
(88) 교사 : 제주도?
(89) 학생 : 아아 저요
(90) 학생 : 아아
(91) 교사 : oo!
(92) 학생 : 제주 지방입니다.
(93) 교사 : 제주 지방입니다. 또요? 제주도가 구름이 없고 굉장히 맑아요 그죠? 잘했습니다. 외출할 때 우산을 준비해야 될 지방은 어딘가요? 우산을 준비하세요 어디 지방입니까?
(94) 학생 : 우산을 준비하세요

(83/85)에서 교사는 교사질문을 하면서 새로운 하위 주제를 다루기 시작한다. (87)에서 학생이 올바른 대답을 하지만 교사는 학생의 대답에 대해서 이의를 제기하는 듯한 반응, 즉 부정평가를 하는 듯 한다(88). (89/90)에서 학생이 발화권을 요청하는 행위를 하고 교사가 이를 수락하면서 다음에 수행될 연속체에 대한 예비적 연속체를 수행한다. (91)은 학생의 요청에 대한 수락이기도 하지만 동시에 교사의 질문이기도 하다. (92)에서 학생대답과 (93)에서 교사의 긍정평가가 이루어지면서 연속체는 완결된다. 교사질문에 대해서 학생이 비록 올바른 대답을 하였다고 하더라도 발화순서를 제대로 지키지 않았거나 옳지 않은 방법으로 획득한 경우, 또는 대답을 하는 올바른 태도나 격식을 갖추지 않았을 때에 교사는 학생의 대답에 대해서 평가를 거부하는 경우가 있지만 위의 경우에는 그러한 것이 문제가 되지 않은 듯하다. 그리고 (88)에서 교사가 수행한 행위가 평가거부가 아니라 마치 부정평가를 하는 듯한 인상을 주지만 곧 바로 다음 연속체에서 앞선 학생의 대답이 옳았음이 증명된다. (84)와 (86)은 연속체와는 관련이 없는 '비정규적' 발화로 보인다. (93)에서는 긍정평가와 더불어 또 다른 교사질문이 수행되고 학생의 답변이 곧바로 이루어진다(94). 그러나 (94)의 학생답변은 교사에 의해서 무시된다. 두 번째 교사질문의 연속체는 앞선 교사질문의 연속체에 대한 교정의 의미를 갖고 세 번째 교사질문의 연속체는 앞선 두 연속체에 대해서 계속의 관계를 갖는다.

교사질문(83/85)-학생대답(87)-부정평가(88)
학생요구(89/90)-교사의 수락(91)
교사질문(91)-학생대답(92)-긍정평가(93)
교사질문(93)-학생대답(94)

(95) 교사 : ㅇㅇ이
(96) 학생 : 영서 영동지방입니다.
(97) 교사 : 네, 비가 올지 모른다고 했어요. 잘했습니다.
(98) 학생 : 마지막
(99) 학생 : 마지막이다.

교사질문(95)-학생대답(96)-긍정평가(97)가 이루어지는 것으로 역시 앞선 연속체에 대해서 계속의 의미를 갖는다. (98)과 (99)도 연속체와는 직접적인 관련이 없는 학생들의 '비정규적인' 발화로 보인다.

> (100) 교사 : 주의해야 될 사람들은 누구일까요? 내일 날씨를 듣고 주의를 해
>   야 될 사람은 누구입니까? 000
> (101) 학생 : 항해하는 사람들입니다
> (102) 교사 : 왜요?
> (103) 학생 : 바다에 바다에 물결이..
> (104) 교사 : 높게
> (105) 학생 : 높게 인다고
> (106) 교사 : 인다고? 예 파도가 높게 인다고 하였기 때문입니다. 아니지. 잘
>   했습니다. 항해하시는 분들 자, 여기 보세요 이모는 내일 부산
>   에 계시는 할머니댁에 가실려고 합니다.

위에는 교사질문에 의한 두 개의 연속체가 잇따라 수행되었는데 두 연 속체 사이에는 상세화의 관계가 형성된다. 두 번째 연속체에서 학생이 대 답을 원활하게 하지 못하자(103/105), 교사는 일종의 청자반응으로 학생의 대답을 돕는다(104).

교사질문(100)-학생대답(101)-긍정평가(102)
교사질문(102)-학생대답(103/105)-긍정평가(106)

> (107) 학생 : 충청
> (108) 교사 : 부산은 어디께 있어요?
> (109) 학생들 : 충청
> (110) 교사 : 예? 부산이 충청도에 있어요?
> (111) 학생들 : 서울 경기
> (112) 교사 : 서울 경기?
> (113) 학생들 : 전남, 전남
> (114) 교사 : 아이고 어디께에 있냐면요
> (115) 학생 : 제주
> (116) 교사 : 우리 지도 꼬리부분에 있어요

(117) 학생 : 제주
(118) 학생들 : 영남
(119) 교사 : 영남이예요, 영남
(120) 학생 : 영남이 꼬리야. 영남이 꼬리야.

(106/108)에서 교사질문이 수행되기 시작하지만 한 학생이 교사질문이 끝나기도 전에 이미 (107)에서 학생대답을 수행한다. 교사질문에 이어서 학생이 (109)에서 대답을 하지만 교사가 반문을 하면서 부정평가(110)를 수행한다. 교사의 부정평가와 교사질문 반복에 대해서 학생들이 계속해서 대답을 시도한다(111/113/115). (114/116)의 교사는 학생들에게 대답을 할 수 있도록 추가적인 정보를 제공하는 형식으로, 즉 힌트를 주는 형식으로 교사질문을 반복한다. (117)과 (118)에서 학생의 대답이 동시에 이루어진다. 올바른 대답(118)에 대해서 교사는 긍정평가를 내린다(119). (120)은 학생이 교사의 대답을 확인하고 강조하는 반복의 연속체라고 볼 수 있다.

교사질문(106/108)-학생대답(109)을-부정평가(110)
교사질문(110)-학생대답(111)-부정평가(112)
교사질문(112)-학생대답(113)-부정평가(114/116)
교사질문(114/116)-학생대답(117/118)-긍정평가(119)
학생통보(120)

(121) 교사 : 자, 그러면 이모에게 어떤 내용을 전해주어야 할까요?
(122) 학생들 : 저요
(123) 교사 : 이모에게 그럼 어떤 내용을 전해줘야 할까요? oo야.
(124) 교사 : 잘 모르겠어요? 부산은 영남지역이에요
(125) 학생 : 영남이지요?
(126) 교사 : 꼬리, 지도에 꼬리부분, 어떤 내용을 전해줘야…
(127) 학생 : 호랑이, 호랑이 꼬리부분
(128) 교사 : oo이
(129) 학생 : 영남에요…
(130) 교사 : 예?
(131) 학생 : 구름이 낀다
(132) 교사 : 구름이 낀다고 말해줍니다.
(133) 학생들 : 우산

두 번째 교사질문(123)에 대해서 한 학생이 대답을 하지 못하는 것으로 보인다. 이에 대해서 교사는 (124/126)에서 힌트를 주면서 교사질문을 반복한다. 학생이 요청한 발화권(122)은 무시되어서 연속체로 발전하지 못하고 있다. (124)에서 교사는 힌트를 주면서 교사질문을 반복하는데, 이에 대해서 한 학생이 확인을 위한 되묻기 질문(125)과 의사확인(127)을 한다. 한 학생이 (129/131)에서 대답을 시도한다. (130)에서 교사는 청자발화, 즉 학생의 대답을 듣고 있으며 계속 대답을 하라는 의미의 청자발화를 한다. (132)에서 교사는 학생의 대답을 긍정적으로 평가한다. (133)의 발화는 연속체와는 무관한 단편적인 것으로 볼 수 있다.

교사질문(121/123)-비대답(123´)
교사질문(124)-되묻기(125)-대답(126)
교사질문(126/128)-학생대답(129/131)-긍정평가(132)

(134) 교사 : 또 한번만 더 해볼까? 한번만 더 해볼까? ㅇㅇ이
(135) 학생 : 영남지방은 흐리다고 말해주어야 합니다.
(136) 교사 : 영남 지방은 흐리다고 말해줍니다.
(137) 학생 : 똑같잖아.
(138) 교사 : 또 다르게 얘기할거야? ㅇㅇ이
(139) 학생 : 영남지방은…
(140) 교사 : 영남지방은 흐리고 비 올지 모른다고 했나요?
(141) 학생들 : 아니요
(142) 교사 : 어 그 얘긴.. ㅇㅇ!
(143) 학생 : 할머니가 계시는 영남지방은 흐리다고 했으니까 추울 것입니다. 그러니까 옷을 두껍게 입고 가시라고…
(144) 교사 : 예, 날씨가 흐리고 온도도 낮어요 햇빛도 없어. 그러니까 이모 내일 가실 때, 부산 가실 때 옷 두껍게 입고 나가세요 내일 날씨가 흐리대요
(145) 학생 : 내일 날씨가 추워요
(146) 교사 : 예. 혹시 만약에 부산가서 배를 탄다면 배를 타도 될까요? 안될까요?
(147) 학생들 : 안돼요
(148) 학생 : 비행기 타고 가요

(149) 학생 : 비행기 타면 더 안돼.

교사질문(134)-학생대답(135)-긍정평가(136)에　의해서　하나의　연속체가 완결되는 것으로 보이지만 한 학생이 교사의 긍정평가에 대해서 이의를 제기(137)함으로써 이 연속체에서 다루어졌던 주제가 다음 연속체에서도 계속해서 다루어지게 된다. (139)에서 학생이 대답을 시도하지만 대답을 하지 못하자 교사는 (142)에서 일단 부정평가를 하고 이어서 교사질문을 반복한다. (141)에서 다수의 학생들이 대답을 하지만 교사에 의해서 평가를　거부당한다(142).　이어지는　교사질문(142)-학생대답(143)-긍정평가(144) 연속체에서 교사가 기대하는 대답이 이루어진다. 학생통보(145)-교사수용(146) 연속체는 앞의 교사질문-학생대답의 연속체에 대한 일종의 반복이라고 볼 수 있다. (146)의 교사질문과 학생대답(147)의 연속체에 의해서 한 학생이 학생통보(148)를 하는데 그에 대한 부정평가(149)를 교사가 아닌 다른 학생이 하고 있다.

교사질문(134)-학생대답(135)-긍정평가(136)-이의제기(137)
교사질문(138)-학생대답(139)-부정평가(140)
교사질문(140)-학생대답(141)-평가거부(142)
교사질문(142)-학생대답(143)-긍정평가(144)
학생통보(145)-교사수용(146)
교사질문(146)-학생대답(147)
학생통보(148)-학생의 부정평가(149)

(150) 교사 : 58쪽
(151) 학생들 : (계속 소란스러움)
(152) 교사 : 자, 자, 이번에는 일기예보가 아니라 생물에 대한 글을 읽고 필
　　　　　　요한 내용을 여러분들이 가려서 말해보는 겁니다.

(150/152)에서 교사는 새로운 대주제를 다루기 위한 사전 정보를 통보 행위의 형식으로 제공하고 있다. 이로써 (1)-(149)의 부분대화가 완결되고 새로운 부분대화가 시작되는 경계지점으로 볼 수 있다.

대화분석과 말하기 교육

1. 말하기 교육을 위한 대화분석의 활용 가능성

이 책에서 지향하는 목표는 무엇보다도 수업대화를 대화적 측면에서 전체적으로 이해하는 것이다. 두 번째 목표는 수업대화를 보다 원활하게 수행할 수 있도록 교사가 수업대화에 대한 지식을 활용할 수 있도록 하는 것이다. 그리고 더 나아가서 대화분석의 이론과 방법론을 학생들을 위한 말하기 수업에 응용할 수 있도록 하는 것이다. 이러한 목적을 위해서 먼저 수업대화가 이루어지는 제도적 환경에 대해서 살펴보았다. 그리고 학교 안에서 이루어지는 다양한 의사소통 유형에 대해서 논의하였으며 그러한 여러 의사소통의 유형 가운데에서 수업대화가 가지는 유형학적 위상에 대해서도 살펴보았다. 이어서 수업대화의 환경적 조건과 특징과 대화 유형학 안에서의 수업대화 및 수업대화의 기능단계 등에 대해서도 살펴보았다. 그리고 수업대화의 의사소통 목적을 실현하는 데 가장 중요한 역할을 하는 질문-대답, 통보-수용, 지시-이행의 연속체를 분석하고 재구성해 보았다. 이러한 다양한 논의 과정에서 수업에 참여하는 학생의 연령이나 과목 그리고 학교의 유형(즉 초·중·고) 등과 관련된 개별적 특성은 고려하지 않고 '보편적'이고 '일반적'이라고 여겨지는 수업대화를 논의의 대상으로 삼았다. 그렇기 때문에 여기서 수업대화의 수행을 위해서 교사들에게 학생들의 연령이나 수업의 과목에 따른 구체적이고 개별적인 안내를 하는 것은 불가능하다. 교사를 위한 그러한 개별적이고 구체적인 안내는 다양한 수업대화를 실증적으로 분석한 후에야 비로소 가능할 것이다. 그럼에도 불구하고 수업대화의 분석을 바탕으로 보다 나은 수업대화의 수행을 위해서 몇 가지 지침에 대해서 소개할 수 있다. 먼저 대화분석이 말하기 교육에 대해서 기여할 수 있는 근본적이고 원칙론적인 가능성에 대해서 논의하기로 하겠다.

대화분석의 과제는 사회 구성원들이 일상 생활에서 실제적으로 수행하고 있는 대화를 연구하는 데 있다. 대화를 연구한다는 것은 다시 말해서 사회생활에서 해결해야 할 일들을 처리하기 위해서 나누는 발화의 교환이 어떻게 해서 의미가 있는 하나의 의사소통으로 진행되는가를 밝히는 것이라고 할 수 있다. 그런데 이러한 의사소통의 행위는 다양한 단위로 이루어지고 또 매우 다양한 양상을 보이고 있다. 그렇기 때문에 대화분석도 어떤 특정한 하나의 학문적 작업을 의미하는 것이 아니라 다양한 관점에서 다양한 층위에 있는 대화의 여러 다른 현상에 대해서 자세하게 살펴보는 것을 의미하는 것일 수 밖에 없다. 이러한 다양한 대화분석의 활동에 대해서 보다 자세히 논의해 보면, 먼저 분석하고자 할 대화가 어떤 목적으로 수행되었는지, 어떤 의사소통 기능을 발현하는지를 탐구하는 것이 대화분석의 한 활동이라고 할 수 있겠다. 이를 바탕으로 수행된 대화를 한 유형으로 분류할 수 있는데, 분류된 대화의 유형과 여타 유사한 대화의 유형들 사이의 공통점과 차이점에 대해서 자세하게 연구하는 것도 역시 대화분석의 한 활동이다. 대화분석의 또 다른 활동으로 대화의 구조를 밝히는 것도 있다. 구체적으로 말하자면 특정한 대화가 어떤 행위들로 구성되어 있는지, 이들 구성 요소들 사이에는 어떤 의미적 기능적 관계가 있는지 등에 대해서 살펴보는 것이다. 지금까지 언급한 대화분석의 활동들은 대화의 체계와 정태적 양상에 관한 것인데 반해서, 대화가 어떤 양상으로 진행되는지, 즉 대화의 동태적 양상에 관해서도 연구할 수 있다. 하나의 연속체가 완료되면 어떤 연속체가 어떤 관계를 가지고 후속할 수 있는지, 그리고 연속체가 종료되지 않은 경우 어떤 행위들이 이어질 수 있는가에 대해서 연구하는 것이 대화의 동태적 양상에 관한 것이라고 할 수 있다. 마지막으로 대화분석의 중요한 영역 가운데 하나를 들자면 의사소통 전략과 관계가 있는 것이다. 이 경우에는 대화를 하는 가운데 자신의 의사소통 목적을 효율적으로 달성하기 위한 방법을 확인하는 것이 대화분석의 과제라고 할 수 있다.

　말하기 능력(또는 의사소통 능력)을 향상시키고자 한다면 대화의 여러 양상에 관한 지식을 전제로 한다. 그런데 대화 분석자 또는 대화/의사소통의 교육자가 학생들의 대화 능력을 향상시키고자 할 때 학생들이 대화를 올바로 하지 못하고 있다고 전제하는 것이 보통일 수 있다. 그러나 보통의 한 언어를 사용하고 있는 의사소통 공동체의 구성원들이 일상 생활에서 대화에 관한 지식을 결여하고 있기 때문에 원활하게 대화를 하지 못하는 경우는 보기가 어렵다. 남녀노소를 막론하고 또 지식의 차이와 관계없이 사람들은 거의 문제없이 대화 생활을 하고 있다. 일반 언중들이 대화를 문제없이 수행한다는 것은 대화의 능력에 별 문제가 없음을 의미하는 것이기도 하고, 비록 명시적으로는 인식하고 있지 못하지만 의사소통의 규칙 체계를 가지고 있음을 의미하고 있는 것이기도 하다. 다시 말해서 일반 언중들도 그러한 의사소통 규칙에 대한 지식을 바탕으로 자신의 발화를 미리 계산하여 수행하고 또 상대방 발화의 의미를 분석하는 학문 이전의 일상적 대화분석을 늘 하고 있는 것이다. 대화 분석자들은 그러한 그들의 의사소통 행위를 메타 언어를 이용하여 명명하고 그들 사이의 의미적 기능적 관계를 정연하게 체계화하는 것에 불과하다. 이를 통하여 평소에 문제없이 활용하기는 하지만 거의 의식하고 있지 못한 대화의 규칙 체계를 언중들이 인식하게 하는 것이 대화 분석자의 과제라고 볼 수 있다.

이렇게 본다면 대화 분석자가 대화 능력의 향상을 위해서 개입할 수 있는 여지가 그리 많지는 않다. 그렇다면 대화 분석자는 무엇을 어떻게 하여서 교사와 학생의 의사소통 능력을 향상시킬 수 있을 것인가에 관한 의문을 제기할 수 있다. 그러나 보통의 말하는 사람들은 말할 것도 없고 교사나 정치인 등과 같이 말하기가 곧 직업생활이라고 할 만큼 말하기의 중요성이 큰 사람들 중에서도 평소 자신이 어떻게 말을 하는지에 대해서 반추해보는 경우는 그렇게 많지 않을 것이다. 또 반추한다고 하더라도 그것을 체계적으로 의식할 수 있는 능력은 거의 없다고 말할 수도 있을 것이다. 그렇기 때문에 자신의 말하기에서 어떤 점이 좋고 무엇이 좋지 않은 것인지에 대해서 체계적이고 총괄적으로 이야기한다는 것은 근본적으로 불가능하다. 다시 말해서 모든 언중들은 대화를 수행할 능력이 있지만 그에 대해서 의식하고 말할 수 있는 능력은 거의 없다는 점에서 대화분석 연구가 기여할 바가 있다. 대화분석 연구를 통해서 대화를 전체적으로 개괄할 수 있다는 것은 마치 장기나 바둑에 능통한 사람과 비교할 수 있다. 다시 말해서 장기나 바둑에 능력이 뛰어난 사람은 상대방이 놓은 수에 자신이 어떻게 하면 가장 좋은 대응일지를 잘 아는 사람인데, 이는 단지 상대방의 의도를 잘 파악하는 것에 있는 것뿐만 아니라 자신의 수에 대해서 상대방이 어떤 수로 대응할 것인지 또 그에 대해서 자신이 어떻게 대응할 것인지를 전체적으로 조망할 수 있는 능력이 있는 것이다. 의사소통 능력과 관련하여 말하자면 의사소통 능력이 뛰어난 사람은 먼저 상대방의 발화에서 상대방이 추구하는 궁극적인 의사소통 목적이 무엇인지를 명확하게 파악하고 그에 대해서 가장 적절한 형식으로 반응하는데, 이때 상대방은 자신의 반응에 대해서 어떻게 대응할 것이고 자신은 그에 대해서 다시 어떻게 반응하는 것이 가장 좋은 것인지를 아는 것이다. 그에 대한 한 예를 들자면 우리가 일상 생활에서 큰 장애 없이 의사소통 생활을 영위하고 있다손 치더라도, 누구라도 한 번은 어떤 의사소통 상황에서 적절하게 대응을 하지 못하고 그 상황이 지나고 나서 이렇게 말했으면 좋았을 것이라고 탄식해 본 경험을 가지고 있을 것이다. 또한 어떤 의사소통 과정에서 특정 발화를 수행하고 시간이 지나서 그 발화를 한 것에 대해서 곱씹게 되고 얼굴이 달아오르며 후회를 해 본 경험도 있을 것이다. 그 때는 왜 그랬을까?, 좀 더 적절한 발화를 할 수는 없었을까? 하는 아쉬움이 생기는 이유는 무엇보다도 자신이 가지고 있는 의사소통 능력, 즉 대화의 규칙체계와 상황에 알맞는 발화를 개괄적으로 의식고 못하고 있기 때문일 것이다.

바로 그러한 이유로 대화 분석자의 학문적 연구가 필요한 것이고 그 연구 결과를 대화능력의 향상에 활용할 수 있을 것이다. 다시 말해서 특정 의사소통 상황에서 대화 참여자가 선택 가능한 행위의 모든 가능성과 선택한 행위를 상황에 적절하게 수행할 수 있는 다양한 발화 형태의 목록을 체계적으로 제시함으로써 올바른 행위와 발화 형태를 선택할 수 있도록 해 줄 수 있을 것이다. 뿐만 아니라 일상의 의사소통 생활이 아닌 제도적 의사소통 상황에서는 처음부터 이해를 달리 하는 의사소통의 상대자 사이에서 의사소통의 문제와 갈등이 일어나는 경우가 종종 있다. 이러한 경우에 대화 분석자는 그들이 실행한 대화를 녹취하고 그들에게 자신이 수행한 대화를 대면하게 함으로써 자신의 의사소통 문제를 확인하게 할 수 있고 해결의 방안을 모색하게 할 수 있다. 이 경우 대화 분석의 결과는 의사소통 당사자들에게 그들의 실제 의사소통 행위를 보여줄 수 있는 '거울'의 역할과 문제의 원인과 해결 방안을 모색하게 할 수 있는 '도구'의 역할을 할 수 있는 것이기도 하다. 종합적으로 말하자면 대화분석은 대화의 구조와 대화를 구성하는 단위들의 관련성을 보다 잘 이해할 수 있게 하는 것이다. 또한 대화의 구성과 진행을 위한 규칙을 기술하고 명시함으로써 우리의 행위에 대해서 보다 더 명확하게 의식할 수 있다.

연역적 방법에서 출발하든 아니면 귀납적 방법을 취하든 대화분석론은 실제로 수행된 대화를 녹취하고 전사한 대화 텍스트를 분석하는 것을 원칙으로 한다. 대화분석론의 중요한 목적 가운데 하나는 대화 참가자들이 무의식적으로 사용하는 대화의 수행 규칙과 조건 그리고 대화의 이상적 구조와 이상적 진행 과정 등을 밝히는 데 있다(박용익 2001, 116). 이렇게 볼 때 특히 말하기 교육의 진행자인 교사에게서 대화분석론의 활용 가치를 다양한 관점에서 발견할 수 있다. 교사는 수업 시간에 보통의 경우 무의식적으로 그리고 반복적으로 의사소통 행위를 수행한다. 이는 다시 말하면 교사가 일상적으로 수행하는 의사소통 행위가 긍정적으로 평가될 측면도 있을 것이고 또한 경우에 따라서는 부정적으로 평가될 측면도 있을 것인데, 교사는 그에 대해서 보통의 경우 의식하고 있지 못함을 의미한다. 이러한 문제는 교사가 자신의 수업을 비디오나 녹음기를 이용하여 녹취하고 전사하여 분석한다면 비교적 쉽게 해소될 수 있다. 마치 거울이 사람의 모습을 비추어주는 기능을 하는 것처럼 대화분석은 자신의 의사소통 행위를 비추어주는 거울과 같은 역할을 할 수 있다. 대화분석은 수업대화 분석의 과정에서 나타나는 교사 자신과 학생들의 의사소통에 문제가 있다면 그것이 어떤 종류의 것이고 어떠한 현상을 나타내는지 그리고 그것의 원인이 무엇인지를 진단할 수 있는 기제를 제공할 수 있기도 하다. 이는 마치 의사가 처방을 하기에 앞서 먼저 환자의 증상을 명확하게 진단하기 위해서 사용하는 청진기의 역할과 비교할 수 있을 것이다.

교사의 측면에서 학생들에게 말하기 교육을 위한 대화분석 연구의 또 다른 활용 가치는 대화분석을 통해서 교사 스스로가 의사소통에 대해서 더 깊이 의식하게 되고 또 의사소통 능력을 향상시킬 수 있는 기회를 갖게 된다는 점이다. 이는 마치 피아노 연주를 가르치고자 할 때 가르치려고 하는 사람 스스로가 피아노를 연주할 수 있는 능력이 있어야 하는 것처럼, 의사소통에 관해서 가르치고자 하는 교사 스스로도 높은 수준의 의사소통 능력을 가지고 있어야 하기 때문에 매우 중요한 의미를 갖는다. 말하기 교육에서 가질 수 있는 대화분석의 중요한 역할 가운데 하나는 대화분석에서 사용되는 용어, 즉 대화의 구조나 대화의 구성 단위들 등을 지칭하는 메타언어들과 관련이 있다. 의사소통에 관한 용어 체계가 없다면 학생들에게 의사소통에 관해서 의식하게 할 수도 없고 전달할 방법도 없다. 이는 마치 집을 짓고자 하는 목수에게 적절한 연장이 있어야 하는 것과 같은 이치이다. 학생들이 사회생활에서 자주 수행하게 될 대화 유형들의 원형과 그것들을 구성하는 행위 및 행위를 수행할 수 있는 다양한 발화 형태들을 수집해 놓으면, 이러한 것들은 말하기 교육을 위한 자료로 그리고 교재 개발을 위한 기초 자료로 유용하게 사용할 수 있을 것이다.

이렇게 본다면 대화분석의 연구 결과를 의사소통 능력의 향상에 활용할 수 있을 것이라는 전제조건은 형성된다고 할 수 있다. 이를 구체적으로 제시하기 전에 먼저 이 연구의 대상인 의사소통과 의사소통 능력의 개념에 대해서 살펴보기로 하겠다.

2. 의사소통과 의사소통 능력의 개념 정의

커뮤니케이션이란 용어가 한국 사회에서 언제부터 사용되었는지에 관해서 이 책에서는 자세하게 밝힐 수 없지만, 그 역사는 길지 않을 것이라고 추측된다. 이는 이 낱말이 원어로 사용되는 서양 사회에서도 크게 다르지 않다. 안토스(Antos 1992b, 93)에 의하면 서양에서도 커뮤니케이션이란 용어가 사용된 역사가 불과 50여 년에 불과한 것으로 추정된다. 이 용어가 본격적으로 사용되게 된 결정적인 계기를 마련한 것은 셰넌/위버 (Shannon/Weaver 1949)가 정보통신 기술과 관련하여 제시한 의사소통 모델이었다. 오랜 기간동안 커뮤니케이션 모델의 표준으로 여겨졌던 이 모델은 송신자가 자신의 의사를 특정 코드 또는 채널에 기호화하여 송신하고, 이를 전달받은 수신자는 기호화된 송신자의 의사를 풀어내는 과정으로 그려져 있다. 이 모델에 의하면 커뮤니케이션은 정보/내용/의미를 기호에 담아서 전달하는 과정으로 이해된다. 커뮤니케이션은 그렇기 때문에 정보/내용/의미를 담고있는 그릇이자 채널이기도 하다.

처음에는 정보통신 기술과 관련하여 사용되던 커뮤니케이션 개념의 의미영역이 점차 확대되기 시작하였다. 특히 바츨라빅/비빈/잭슨(Watzlawick/ Beavin/Jackson 1990)의 세계적인 베스트셀러인 『Pragmatics of human communication』을 통해서 커뮤니케이션은 정보기술과 관련된 영역에서만이 아니라, 인간대 인간의 언어적 면대면 의사소통을 지칭하는 개념으로 사용되는 데 기여를 하였다. 이와 관련하여 커뮤니케이션은 아래와 같이 다양하게 이해되기 시작하였다.

> 1) 내용과 사회적 사실의 공동 구성과 그에 관한 협상
> 2) 사회적 관계의 구성과 조절을 위한 수단
> 3) 언어적 행위
> 4) 순수한 언어적 수단을 이용한 상호 이해
> 5) 성공적으로 이루어진 상호 이해 (Fiehler 1990, 71f.)

이러한 여러 개념 정의와 관련하여 커뮤니케이션과 밀접한 관련이 있는 일련의 용어들이 나타난다. 즉 (언어적) 행위와 상호작용 그리고 대화 등이 그러한 것인데, 이들과의 관련성 또는 경계를 보다 명확히 함으로써 커뮤니케이션에 대해서 보다 명확하게 이해할 수 있을 것이다. 일반적으로 인간의 행위는 특정한 의도와 목적을 가지고 수행된 행동으로 이해된다. 행위는 다시 단독 행위(예:풀 뽑기, 혼자 산책하기 등)와 공동(또는 사회적) 행위로 구분된다. 이러한 공동/사회적 행위는 상호작용이란 용어로 통칭된다. 상대자를 전제로 하는 공동 행위, 즉 상호작용은 상징적 기호체계를 가지고 하는 것과 비상징적 수단(시선, 부딪히지 않게 서로 피해가기, 주먹질을 이용한 싸움 등)을 이용한 상호작용으로 구분된다. 상징적 수단을 이용하여 수행되는 상호작용이 바로 커뮤니케이션인데, 이는 다시 언어적 수단을 이용하느냐 아니면 비언어적 수단을 이용하느냐에 따라서 언어적 커뮤니케이션과 비언어적 커뮤니케이션으로 구분된다. 이렇게 볼 때 커뮤니케이션은 한국어에서 일상적으로 사용되는 대화와 같은 의미로 사용되는 것으로 보는 것이 적절하다. 그러나 일단의 사람들은 더 나아가 기호나 상징체계를 이용하지 않는 정보의 교환도 커뮤니케이션이란 용어로 지칭하기도 한다. 화학작용을 통한 세포간의 정보전달이나 향기나 색깔을 통한 곤충들의 정보교환 등도 커뮤니케이션이란 용어로 지칭되기에 이르렀다.

한국의 현대 사회에서 '의사소통(또는 커뮤니케이션 communication)'의 개념이 서양에서와 마찬가지로 역사가 비교적 짧음에도 불구하고 다양한 영역에서 광범위하게 사용되고 있다. 커뮤니케이션의 번역어인 '의사소통'은 대체적으로 2인 이상이 말하는 사람을 교체하면서 진행하는 '대화' 또는 '상호적 의사교환 행위'라는 의미로 사용되고, 일상 언어생활에서 앞에서 말한 의미의 '대화'를 상당 부분 대체하는 것으로 보인다. 이에 비해서 영어를 한국어 음성으로 변환한 '커뮤니케이션'의 쓰임새는 더욱 광범위하고 다양하다. 인터넷에서 '커뮤니케이션'을 검색어로 탐색하여 정리해 본 결과 대략 네 개의 분야에서 매우 활발하게 사용되는 것으로 나타났다. 이 네 분야는 정보통신 기술과 관련된 회사명이나 홍보와 광고기획과 관련된 회사명 그리고 출판사의 회사명으로 사용되는 경우가 대부분이다. 커뮤니케이션이란 용어는 언론정보학과와도 밀접한 관계 속에서 사용되는데, 일부 대학교의 언론정보학과는 커뮤니케이션 학과로 개명한 사례도 있다. '의사소통'은 일상 언어생활에서도 비교적 자주 사용되지만, '커뮤니케이션'은 일상 언어생활에서 사용되는 경우가 드물고 특정 전문 영역에서 의사 전달과 정보 전달을 위한 기술과 광고와 홍보라는 측면에서 사용되는 것으로 보인다. 이 용어의 사용 용례를 살펴볼 때 '커뮤니케이션'에는 다음과 같은 요소들이 들어 있음을 확인할 수 있다.

    1) 의사전달을 위한 기술과 기계적 장치
    2) 의사전달을 위한 중간 매개적 역할
    3) 대중매체와 대중매체를 대상으로 하는 학문

본래 의사소통 능력이란 개념이 언어학에서 중요한 개념으로 자리잡게 된 계기는 하임스(Hymes 1972)가 제공하였다. 촘스키의 언어능력 개념이 이상화된 청자와 말하는 사람의 언어 지식에 국한되어 있고 언어의 사회적 기능을 배제한 것을 비판하면서, 그는 의사소통 능력의 개념을 실제의 의사소통 상황에서 다양한 상황적·규범적 조건에 따라서 적절하게 의사소통을 할 수 있는 개인의 언어·의사소통 능력이라고 정의하였다.

국어교육, 특히 말하기 교육에 관한 기존의 논의를 살펴보면 말하기 교육의 대상인 의사소통 능력에 대한 개념은 명확하게 설정되어 있지 않다.10) 노은희(1999, 284)는 대화 지도의 목적을 사회적 유대감을 형성하고 인간 관계를 원만하게 이끌 수 있는 상호작용의 방식을 길러주는 데 있는 것이라고 의사소통 능력의 개념을 정의하고 있다. 그는 다른 곳(노은희 1999, 269f.)에서 대화의 '진행 단계마다 화제를 설정하고 종결하는 것이 주요한 대화의 능력'이라고 언급할 뿐, 더 이상 구체적으로 의사소통 능력의 개념에 대해서 언급하고 있지 않다. 전은주(1999, 168)는 의사소통 능력을 말하기·듣기의 능력으로 표현한 바 있다. 말하기 능력을 말하는 사람과 청자가 말을 주고받을 때 '이상적인 말하는 사람에게 필요한 총체적인 능력'이고, 듣기 능력도 마찬가지로 '이상적 청자가 가진 듣기 활동에 관련된 모든 능력'이라고 거의 동어 반복적인 정의를 하고 있다. 그는 다른 곳(전은주 1999, 182)에서 말하기·듣기 능력을 설득력, 자기 표현력, 상호작용력, 적극적 듣기 능력이라고 기술하고 있다. 말하기와 듣기의 교육 목표를 아래와 같이 설정함으로써, 궁극적으로 지향해야 할 말하기·듣기 능력이 무엇인지를 간접적으로 암시하고 있다(전은주 1999, 182f.).

1) 말하기 교육의 목표
   1-1) 담화 상황과 목적에 맞게 적절하고 효과적으로 말할 수 있다.
   1-2) 담화 과정을 통해 의사소통의 언행적 목적과 관계적 목적을 이룰 수 있다.
   1-3) 자신감 있게 말할 수 있다.
   1-4) 말하기 과정에서 자신의 사고 과정을 조절할 수 있다

2) 듣기 교육의 목표
   2-1) 담화 상황과 목적에 맞게 효과적으로 들을 수 있다.
   2-2) 경청의 방법에 대해 이해하고 이를 적용하여 적극적 듣기를 할 수 있다

---

10) 의사소통 능력을 지칭하는 또 다른 용어로는 말하기·듣기 능력(전은주, 1999), 대화 능력(노은희, 1999), 화법 능력(교육부, 1977), 의사소통 능력 등이 있으나, 이 용어들은 대체로 거의 동의어로 간주될 수 있는 것으로 보인다. 이 글에서는 '의사소통 능력'으로 통일하여 사용하기로 하겠다.

2-3) 듣는 동안 자신의 사고 과정을 조절할 수 있다
2-4) 담화의 관계적 목적을 이루기 위해 잠재적 말하는 사람로서의 역할을 수
   행할 수 있다.

이창덕 외(2000, 14)에서는 의사소통 능력을 다음과 같이 정의하고 있다.

"의사소통 능력이란 정도의 문제이긴 하지만 구체적인 의사소통 상황에 적절
하게 행동하면서 음성 언어 사용 과정을 통해서 언어 활동의 화행 목적과 관계
목적을 동시에 효율적으로 달성할 수 있는 능력을 의미한다. 이러한 능력을 갖춘
사람은 상대방의 기대나 요구를 고려하여 적절하고 효과적인 메시지를 선택하여
말하고 다른 사람이 말하는 것에 민감하게 반응할 줄 알 뿐만 아니라 이러한 의
사소통 능력의 중요성과 의미를 아는 사람이다"

언어학이 말 잘하는 것 그리고 일상적인 대화에 실제적으로 도움이 될
수 있을까라는 의문에서 출발하여 저술한 구현정(2001)의 목차와 색인란에
는 아예 의사소통 능력이란 개념이 빠져 있다.

이 책에서 이해하는 의사소통 능력이란 특정 의사소통 상황에서 자신의
의도, 즉 의사소통 목적을 최상의 방식으로 실현하는 것이고, 이때 의사소
통 상대자와의 관계를 최소한 손상시키지 않는(긍정적으로 표현할 경우: 관계
를 향상시킬 수 있는) 의사소통에 관한 지식과 이를 적절하게 사용할 수 있
는 능력을 의미한다. 의사소통 상황을 정확하게 인식하고 상대방의 의도
를 정확하게 분석할 수 있는 것도 의사소통 능력의 핵심 영역이라고 할
수 있다.

의사소통 상황은 의사소통 참여자들의 이해 관계에 따라서 상보적 상황
과 협력적 상황 그리고 경쟁적 상황으로 구분할 수 있다(박용익 2001). 상
보적 상황이란 대화에 참여하는 상대자들이 처음부터 서로 이해가 합치하
거나, 합치하지 않는다 하더라도 자유 의지로 상대방의 이해에 부응하는
것을 의미한다. 협력적 상황과 경쟁적 상황은 대화 상대자들이 서로 목적
이 다른 경우인데, 협력적 상황은 두 상대자들이 서로 조금씩 양보해 가

면서 서로의 상호 이해관계를 일치시키는 것이다. 반면에 경쟁적 상황은 상대방의 이해나 목적을 무시하고 한쪽이 일방적으로 자신의 목적을 관철시키고자 하는 상황을 의미한다. 상보적 의사소통 상황에서 의사소통 능력은 적절한 언어 행위와 언어 수단을 선택하여 이미 일치되어 있는 이해와 목적을 저해하지 않도록 하며, 대화 상대자가 자유 의지로 자신의 입장에 동참시킬 수 있도록 배려할 줄 아는 능력이라고 할 수 있겠다. 이 경우 상대자의 측면에서 본다면 어차피 의사소통 목적은 서로 일치된 것으로 전제되어 있거나 자신의 자유 의지로 상대방의 이해에 부응하는 것이므로 상대방과의 관계를 더욱 개선시킬 수 있는 언어 행위와 수단을 선별하여 사용할 줄 아는 것을 의사소통 능력이라고 할 수 있겠다. 협력적 의사소통 상황에서는 기존에 존재하는 이해와 목적의 불일치를 상호 조정하여 이해와 목적의 상호 일치를 이룰 수 있도록 하는 조정의 능력이 의사소통 능력의 핵심이라고 할 수 있다. 이 경우 의사소통 과정에서 양 상대자 가운데 한쪽 또는 모두가 손해 또는 패배의 느낌을 갖지 않도록 세련되고 균형잡힌 언어 행위와 수단을 사용할 줄 아는 지식과 능력이 중요하다고 하겠다. 경쟁적 의사소통 상황에서는 한쪽이 자신의 목적을 관철시키는 상황을 피할 수 없는 상황이므로 그에 알맞는 행위와 수단을 선택하여 사용하는 능력이 관건이다. 비록 자신의 목적을 관철시킨다고 할지라도 가능한 한 설득적인 방식을 추구하는 것이 중요하다. 이 경우 두 상대자의 관계가 크게 손상되지 않을 수도 있고, 손상되었다고 하더라도 회복시킬 수 있는 여지는 남아 있을 가능성이 크다. 그 반대로 상대방이 자신의 목적이 철저히 묵살되고 일방적으로 관철되었다는 느낌을 가지게 되는 경우 두 상대자 사이의 관계는 크게 훼손되고 쉽게 회복되지 않을 가능성이 크다. 그러므로 경쟁적 상황에서 의사소통 능력은 자신의 목적을 관철시키기는 하지만 상대방이 상실감이나 패배감이 들지 않도록 설득적이고 유연한 언어사용의 능력이라고 할 수 있겠다.

종합적으로 말하자면 의사소통 능력이란 타인과의 사회적 관계에서 자신이 추구하는 목적을 원활하게 달성시킬 수 있는 말하기 능력일 뿐만 아니라, 그러한 과정에서 상대방과의 사회적 관계를 유지하고 향상시킬 수 있는 능력을 동시에 의미하기도 한다. 의사소통 능력의 발휘는 말을 잘하는 데 있는 것뿐만 아니라 또한 상대방의 의사소통적 의도를 명확하게 파악할 수 있는 능력이 전제되기도 한다. 그러한 의사소통 능력은 다양한 지식과 그것의 사용 능력으로 이루어져 있다. 그러한 것들을 크게 두 개의 부류로 구분할 수 있다. 하나는 대략적으로 표현하자면 언어적 지식이고, 다른 하나는 언어외적 지식이라고 지칭할 수 있을 것이다. 먼저 언어외적 지식에 속하는 대표적인 것으로 공손의 원칙과 협력의 원칙 그리고 거리 유지의 원리를 꼽을 수 있다.[11]

언어지식에 속하는 것으로는 특정 의사소통 상황에서 보다 적절한 낱말의 선택과 문법적 형식(가령 직설적으로 표현하는 것을 피하고 간접적 그리고 우회적으로 표현하기, 정중하고 공손한 양식으로 표현하기)의 선택에 관한 지식일 수도 있고, 수사학적인 표현의 능력일 수도 있으며, 대화의 구조와 이것의 구성 단위 그리고 진행 과정 등에 관한 지식 등도 될 수 있다. 이 책의 주제인 대화분석과 말하기 교육의 대상인 대화의 구조와 구성 단위 그리고 대화의 진행 과정과 관련하여 의사소통 능력을 보다 구체적으로 정의해 보면, 먼저 대화 상대자의 대화 행위를 적절하게 이해하고 그에 대하여 적절하게 대응할 수 있는 능력이 의사소통 능력의 한 측면이 될 수 있다. 특정 행위가 어떤 상황에서 어떤 규칙과 조건하에서 수행될 수 있는지에 대한 지식도 의사소통 능력의 한 양상이기도 하다. 또한 특정 대화가 시작된 경우 대화 참가자 1의 의사소통 행위에 대한 대화 참가자 2의 잠재적 대응의 다양한 유형과, 이에 대한 말하는 사람 1의 여러 잠재적 대응 유형 등에 대한 지식도 역시 의사소통 능력의 한 측면이다. 뿐만 아니라 다양한 대화 행위를 수행할 수 있는 여러 발화 양식에 대해서 잘 알고 있고, 같은 유형의 대화 행위라고 할지라도 이를 상황에 따라 적절하게 선택하여 사용할 줄 아는 것도 의사소통 능력의 한 부분이라고 할 수 있을 것이다. 다음 절에서는 이러한 의사소통 능력의 측면을 바탕으로 말

---

11) 여기에 관한 내용은 이창덕 외 (2000, 95f.)를 참조

하기 교육과 관련하여 무엇을 어떻게 가르쳐야 하는지, 그리고 그러한 과
정에서 대화분석 연구가 어떤 기여를 할 수 있는지에 대해서 논의해보기
로 하겠다.

3. 교사의 수업대화에서 말하기의 개선을 위한 제언

　　교사가 교단에 서기까지는 초·중·고와 대학교육까지 합쳐서 최소한
16년 동안 지속되는 교육과정을 거쳐야 한다. 교사들은 결코 짧지 않다고
말할 수 있는 긴 교육과정에서 수업 중에 교사로서 어떻게 말해야 하는지
에 대해서는 명시적이고 체계적인 교육을 받은 경험이 거의 없을 것이다.
그럼에도 불구하고 교사들에 따라서 다소간의 수준의 차이는 보일 수 있
겠지만 모든 교사는 수업대화를 통상적으로 수행하는 데 큰 어려움은 없
는 것으로 보인다. 이는 비록 교육 과정에서 교사 또는 교수가 수업대화
에 대해서 명시적이고 체계적으로 가르친 일은 없지만 수업시간에 교습자
가 하는 말하기를 보고 학생들이 적극적으로 보고 배운 결과일 것이다.
이를 보면 교사나 이들이 수업에서 말하기의 전범이 되는 교습자 모두 수
업에서 말하기의 능력이 있지만, 이에 대해서 가르친 일이 없는 이유는
무엇보다도 수업에서 말하기의 능력은 있지만 수업에서의 말하기에 관한
말을 할 수 있는 능력이 없기 때문이다. 이와 관련하여 묵켄하웁트
(Muckenhaupt 1976, 42)는 가르침과 배움의 세 가지 전제조건을 구분하고 있다.

　　1) 교사는 어떤 것을 할 수는 있지만 그에 대해서 말할 수는 없다.
　　2) 교사는 어떤 것을 할 수는 없지만 그에 대해서 말할 수는 있다.
　　3) 교사는 어떤 것을 할 수도 있고 그에 대해서 말할 수도 있다.

　　1)은 모든 교사가 수업대화를 수행할 수 있지만 수업대화가 어떻게 이
루어지는지, 어떤 조건 하에서 어떤 행위를 수행하는지에 대해서는 전체
적이고 체계적으로 의식하지도 말하지도 못함을 한 예로 들 수 있다. 이

경우 교사는 학생들이 배워야 할 어떤 것을 스스로 행하고 보여줌으로써 학생들에게 가르침을 줄 수 있다. 2)는 교사 스스로가 어떤 것을 직접 수행하지는 못하지만 그에 대한 이론과 방법론에 대해서 잘 알고 있고 그것을 설명함으로써 학생들에게 가르침을 주는 것이다. 한 예를 들자면 남자 교사가 한 번도 발레를 직접 해보지 못하였고 그것을 할 능력도 없지만 발레에 관한 책을 보고 어떤 동작을 어떻게 취해야 하는지에 대한 방법과 규칙에 대해서 가르치는 것이다. 3)의 경우는 한 마디로 이론과 실제에 정통한 경우로 모든 교사가 모든 교습 상황에서 지향해야 할 이상적인 전제조건이다. 이 책의 주제와 관련하여 말하자면 수업대화와 다른 유형의 대화를 모범적으로 그리고 능숙하게 수행할 수 있고 그 모든 것에 대해서 상세하게 말할 수 있는 상태를 의미한다. 그러나 그러한 이상적인 능력을 가지고 있는 교사는 많지 않을 것이다. 그 이유는 아직까지 수업대화와 그 외의 대화 유형에 대한 상세한 분석과 기술이 되어 있지 않기 때문이다. 수업대화와 기타 일상생활에서 자주 사용되는 대화의 유형에 대해서 말하고자 한다면 먼저 그러한 것에 대하여 개괄적으로 인식하고 있어야 하며 인식한 것을 적절한 용어로 설명할 수 있어야 한다. 이 책에서 다룬 수업대화의 구조와 전개 그리고 그러한 것을 구성하는 단위들에 대한 분석과 기술은 바로 수업대화를 개괄적으로 인식할 수 있고 말할 수 있는 근거를 제공한 것이며 또한 학생들의 의사소통 능력 향상을 위한 이론과 방법론을 제시한 것이라고 할 수 있다.

이 책에서 논의의 뒷받침을 위해서 사용한 전사자료는 주로 초등학교의 저학년 학급 또는 재독교포의 교육 내용, 즉 한국어 교육과 관련하여 수준이 그리 높지 학생들의 수업에서 채취한 것이다. 그렇기 때문에 교사들이 보다 효과적으로 수업대화를 수행하기 위한 안내와 지침의 보편성은 이 곳에서 추구하지 않는다. 더 많은 다양한 실제 대화를 분석함으로써 검증하고 개선해 나가야 할 것을 전제로 하면서 수업대화의 수행과 관련하여 교사들을 위한 몇 가지 제안을 하고자 한다.

1) 말하는 습관들이기

말하기 교육과 관련하여 그러한 개략적인 대화분석 연구의 활용 가능성을 전제한다면 구체적으로 어떤 것을 대상으로 하여 의사소통 능력을 향상시킬 것인가에 대한 과제 설정이 필요하다. 그러나 말하기 교육에서 무엇보다도 가장 중요한 것을 꼽으라면 먼저 학생들에게 말하는 습관을 길러주는 것이다. 아무리 좋은 말하기 교육에 관한 이론이 있고 또 그것을 이용하여 교사가 말하기를 아무리 훌륭하게 가르친다고 하더라도 학생들이 말을 하지 않으면 학생들은 결코 말하기를 훌륭하게 수행할 수 없을 것이다. 이와 관련하여 헤링어(Heringer 1974, 196)는 "말하기는 말을 함으로써 배운다"라고 이미 매우 적절하게 말한 바 있다. 그렇기 때문에 교사는 구체적으로 특정 대상과 관련하여 말하기를 가르치기에 앞서 먼저 학생들이 자신의 의견을 주저함 없이 말할 수 있도록 용기와 동기를 부여해야 하고 그러한 습관을 가질 수 있도록 배려하는 것이 무엇보다도 중요하다고 하겠다. 말하기는 오직 말하기 교육을 위해서만 필요한 것이 아니라 학생들을 사회에 적극 참여하는 민주시민으로써 양성하는 데에서도 매우 중요하다. 자라나는 후속 세대들이 문제를 발견하고 이를 말(고발)함으로써 그러한 것을 사회적 문제로 공론화 할 수 있는 것이고, 이것이 전제가 되어야 그러한 문제의 해결을 위한 시도가 이루어질 수 있을 것이다. 청소년들이 말하는 사람으로 양성되어야 하는 또 하나의 중요한 이유는 청소년들이 가지고 있는 다양한 문제들은 보통 기성세대에서 발견하고 그 문제의 해법을 제공하는 것이 보통인데, 학생들이 자신들의 문제들을 말함으로써 그것을 문제화하고 공론화하며 자신들의 눈높이에서 그 해법을 토론을 통해서 찾을 수 있는 계기가 될 수도 있기 때문이다.

한국인들은 기성 세대이든 아니면 학생들과 같은 후속 세대이든 자신의 의견을 말하는 데 익숙해 있지 않다. 그러한 현상에는 사회 정치적 그리고 심리적으로 다양한 원인이 있을 수 있는데, 그러한 원인을 찾아내어 밝혀내는 것이 무엇보다도 중요하다. 이 문제는 아마도 다양한 학문의 학제적 연구의 대상일 것이므로 이 곳에서는 논의를 하지 않기로 하겠다.

2) 긍정평가와 부정평가

이 책에서 연구 자료로 사용된 수업대화는 모두 교사와 학생들 사이의 원활한 질문과 대답의 연속체로 이루어져 있다. 다루는 수업의 주제가 비교적 평이하기 때문인지 학생들도 적극적으로 교사의 질문에 응대하였고 대부분 교사질문이 기대하는 정확한 대답으로 교사의 긍정평가를 이끌어 내는 결과가 있었다. 교사들은 학생들의 대답에 대해서 수용과 확인 등의 긍정적인 평가와 더불어 다양한 형태로 칭찬을 함으로써 학생들에게 계속 대답을 할 수 있도록 용기와 격려를 아끼지 않는 점도 눈에 띄었다. 또한 학생들이 틀린 대답을 하였더라도 교사는 대답에 대해서 직접적이고 단언적으로 부정평가를 하기보다는 이의제기 등과 같은 비교적 유화적인 방식으로 부정평가를 함으로써 학생들의 대답하기에 대한 두려움을 미리 예방하는 행위를 한다고 볼 수 있다. 이렇게 교사가 적극적으로 긍정평가를 하고 칭찬을 아끼지 않으며 단언적이고 직접적인 부정평가를 피하는 것은 매우 바람직한 현상으로 앞으로도 모든 교사에게 권장될 수 있다. 한편 학생의 대답이 바르지 않았을 때 비록 대답에 대한 부정평가는 어떤 형식으로 피할 수 없을지라도, 부정평가와는 별도로 학생이 대답을 시도한 데 대한 긍정평가를 통해서 학생이 다음 기회에도 대답을 할 수 있도록 용기와 격려를 하는 모습이 연구된 실제의 수업대화에서도 종종 있기는 하지만 보다 적극적이고 활발한 빈도는 보이지 않는다. 틀린 대답이지만 대답을 시도한 노력에 대해서 긍정평가를 하고 용기를 잃지 않도록 할 수 있는 발화로는 다음과 같은 것을 예로 들 수 있다.

> 교사 : 대답 좀 틀리면 어때? 잘 했어! 괜찮아!
> 답은 틀렸지만 네가 대답을 시도한 것은 참 잘한 것이야. 대답해 줘서
> 고마워! 다음에는 옳게 대답할 수 있겠지?
> 씩씩하게 대답한 ○○이에게 박수 한 번 쳐주자!

좀 틀리기는 했지만 또박또박 대답하는 모습이 멋이죠

긍정평가와 부정평가를 적절하게 함으로써 학생들에게 말하기에 대한 두려움과 주저함을 없애고 적극적으로 말하기를 할 수 있는 용기를 줄 수 있는 하나의 방법이 될 것이다.

3) 교사질문의 유형

연구된 자료에 의하면 교사질문의 대부분이 사실을 제시하는 답변을 요구하는 것으로 나타났다. 또한 요구되는 답변도 대부분 학생들이 비교적 쉽게 대답할 수 있는 것으로 학생들이 무엇인가를 알고 있는지 또는 모르고 있는지를 확인하는 수준에 불과한 것으로 판단된다. 이는 학교 교육이 학생들에게 어떤 현상과 사물 그리고 사실에 대해서 인식하고 지식의 일부로 머리 속에 저장되어야 한다는 일종의 주입식 교육의 한 일면을 보여주는 현상이라고 할 수 있다. 교사의 입장에서는 사전에 제도적으로 규정된 과목과 일정 시간에 다루어야 할 수업 내용과 그 양을 지켜야 하기 때문에 그러한 현상을 어쩌면 교사 개인의 차원에서 바꾸기는 어려울 것이다. 하지만 진정한 의미의 교육은 무엇을 얼마만큼 아느냐도 중요하겠지만, 보다 근본적이고 중요한 것은 어떤 현상과 사실에 대해서 한 개인이 어떤 입장을 취하는지, 어떻게 활용할 것인지, 그리고 알고 있는 사실을 바탕으로 새로운 사실을 창출할 수 있는 창의적인 사고력일 것이다. 창의력이란 두뇌가 뛰어난 사람이 어떤 새로운 사실을 발견해내는 것이 아니라 같은 하나의 현상 또는 사실이라고 할지라도 그에 대해서 흥미를 갖고 바로 그러한 관심과 흥미 때문에 그것의 다양한 측면을 다양한 관점에서 봄으로써, 다른 사람이 미처 보지 못하는 것을 발견하는 것이라고 할 수 있다.

90년대 초반까지만 하더라도 한국 사회에서 이른바 속셈과 암산이라는 과외 교육이 매우 왕성하게 이루어진 바 있다. 그러나 오늘날과 같이 기술이 고도로 발달된 문명화된 사회에서 속셈과 암산의 역할은 기술문명이 대신하고 그 존재가 교육 현장에서 거의 사라져 버렸다. 마찬가지로 오늘날과 같이 다양한 학습자료와 인터넷 등에서 필요한 지식을 쉽게 얻을 수 있는 시대에 굳이 다량의 지식을 한 개인의 머리에 넣기 위한 수고를 하기보다는 지식을 재창조할 수 있는 지적 자극을 위한 교사의 활동이 보다 중요하고 필요하다. 지적 자극에 적합한 것은 사실제시 질문이 아니라 바로 의견제시 교사질문이다. 다시 말해서 의견제시 교사질문을 통해서 학생들은 어떤 사실에 대한 자신의 입장과 그것을 바로 보는 관점에 대해서 생각해 볼 수 있고 말할 수 있는 것이다. 사실제시 질문에 대한 답변이 기껏해야 '이다/아니다'라는 단순한 반응을 유발할 수 있는 것과는 달리 의견제시 질문은 답변에 대해서 다른 학생이 어떤 입장을 취하는지, 그것을 바라보는 관점이 어떤지, 그러한 입장과 관점에 대한 근거가 무엇인지를 제시함으로써 비로소 진정한 의미의 토론식 수업이 이루어진다고 할 수 있다. 그러므로 교사는 가능한 범위 안에서 의견제시의 교사질문을 보다 적극적으로 활용하는 것이 타당하다.

4) 연속체와 연속체 사이의 관계

교사질문에 의해서 요구되는 답변이 대부분 사실제시인 것과 깊은 관련이 있는 것으로 교사질문-학생대답-긍정평가 연속체와 이후의 연속체가 많은 경우 계속의 관계를 맺고 있다. 이는 하나의 사실을 학생들이 알면 된다는 주입식 교육의 또 다른 한 면을 보여준다고 할 수 있다. 하나의 연속체와 그 이후의 연속체가 상세화의 기능을 갖는다면 하나의 사실을 인식하고 숙지하는 것을 넘어서 인식하고 숙지한 사실의 다양한 측면을 다양한 관점에서 논의하는 기회가 될 것이므로 이에 대해서도 깊히 고려할 일이라고 생각된다. 한 연속체에 대해서 후속하는 연속체가 상세화의 기능을 갖는다면 그 연속체의 교사질문은 자연스럽게 의견제시의 형식을 취할 수 밖에 없는 점도 하나의 장점이라고 할 수 있다.

5) 수업대화의 과도한 교사의 주도

수업대화에서 교사는 질문과 교사질문을 지속적으로 사용하고 그에 대해서 학생들이 다양한 형태로 반응을 하면서 수업대화에서 이루어지는 발화순서를 거의 절반 또는 그 이상 차지하기 때문에 학생들이 차지하는 발화순서의 수만 본다면 마치 학생들이 수업대화에서 교사와 동등한 위치에서 대화를 하는 것처럼 보인다. 그러나 연구된 수업대화의 전사자료를 본다면 학생들이 자신의 관심과 지식의 욕구에 따라서 질문을 하거나 아니면 주장을 하면서 시작되는 대화 연속체는 매우 적다. 교사의 발화를 잘 이해하지 못하는 경우도 적지 않을 것으로 예상되는 데도 불구하고 심지어 교사의 발화에 대한 학생들의 되묻기 질문도 매우 드물게만 수행된다.

결론적으로 말하자면 학생들은 교사질문이나 교사지시 등과 같은 교사의 시작 행위에 대해서 대부분 단순하게 수동적으로 반응하는 대화 참석자에 불과한 실정이다. 이에 대한 원인으로는 앞에서도 언급한 수업대화의 제도적 환경적 조건 때문이기도 하고, 또한 1)에서 이미 말한 대로 학생들이 자신의 의견이나 생각을 자유롭게 말하는 습관이 없기 때문이라고도 할 수 있다. 이 문제를 일거에 해결할 수 있는 비책을 이 책에서 제시하는 것은 불가능하다. 다만 한 번 생각해 볼 수 있는 방법으로 다음 날 다룰 수업의 주제에 관해서 학생들이 집에서 다양한 매체를 이용하여 연구하게 한 후에 학생들이 수업 시간에 그에 대한 이야기나 자신의 관점에서 질문을 할 수도 있을 것이다. 또한 수업의 여러 단계 중에서 안내단계를 활성화하는 것도 하나의 방법이 될 수도 있을 것이다. 다시 말해서 교사가 수업 중에 다루어질 주제에 관해서 전체적인 내용을 개괄할 수 있도록 하고 그것을 다루는 의미 등에 대해서 말한다면 학생들이 다룰 주제에 대해서 보다 관심을 많이 가질 수 있을 것이다. 그렇게 되면 학생들이 보다 적극적으로 질문이나 자신의 주장을 말할 수 있는 가능성이 있을 것이다.

6) 안내단계와 다지기 단계의 활성화

수업 중에 다루어지는 주제가 일련의 교사질문과 통보 행위 및 지시 행위 등에 의해서 잘게 쪼개어져서 다루어지기 때문에, 다시 말해서 전체 주제가 여러 층위의 하위 주제로 나누어져서 다루어지기 때문에 학생들이 수업 중에 다루어진 주제에 대해서 전체적으로 조망할 수 없고 왜 그런 주제를 다루었는가에 대한 전체적인 목적을 파악하기 어렵다. 그렇기 때문에 수업대화에서 안내단계와 다지기 단계의 활성화가 요구된다. 분석 자료에 나타난 결과를 보게 되면 안내단계는 교사에 따라서 간혹 이루어지는 경우도 있지만 전혀 수행되지 않고 생략되는 경우가 대부분이다. 안내단계에서 학생들에게 수업시간 중에 다루어질 전체적인 내용에 대해서 개략적으로 안내해주기 때문에 학생들이 앞으로 다룰 수업의 내용에 대해서 준비하고 대처할 수 있는 장점이 있다. 이렇게 되면 경우에 따라서는 학생들이 보다 적극적이고 능동적으로 수업에 참가할 수 있을 것으로 예상된다. 반면에 수업대화의 한 단계로서 다지기는 거의 나타나지 않는다. 연속체와 연속체 사이에 반복의 기능이 있는 경우가 있어서 매우 낮은 층위에서 하위 주제를 다시 반복하고 다지는 현상이 나타나지만, 수업 시간에 다룬 전체적인 내용을 요약하거나 주제를 다룬 의의에 말함으로써 무엇을 왜 했는지에 대한 개괄적인 지식을 다질 기회가 없다.

4. 학생의 말하기 능력의 증진을 위한 대화분석의 활용

대화분석 연구와 관련하여 보다 직접적으로 관련이 있는 말하기 교육의 대상을 들자면 다양한 유형의 의사소통 형태를 특정 유형의 대화로 인지할 수 있고 또 수행할 수 있는 능력을 배양시키는 것이다. 이를 위해서는 특정 대화가 목적과 상황적 조건하에서 수행되어야 하는지, 이러한 지식들이 전제가 된다면 예를 들어 상담과 상의 그리고 협상과 토론 등이 서로 어떻게 다른 지에 대해서도 알아볼 수 있을 것이다. 상담의 경우 대화 참가자 중 한 명이 무엇을 어떻게 해야 할지를 잘 모를 경우 대화 상대자로부터 그와 관련된 정보를 받는 대화를 의미하고, 상의는 대화 참여자 두 당사자들이 앞에 놓인 실제로 해결해야 할 과제의 해결 방안에 대해서 모색할 때의 대화를 의미한다. 반면에 토론의 경우 대화의 대상이 이론적인 것과 관련된 데 반해서, 협상은 대화의 주제가 실제적인 문제와 관련이 있는 경우의 의사소통을 일컫는다. 상담과 상의가 상보적 대화의 유형으로 분류될 수 있는데 반해서, 협상과 토론은 협력적 의사소통의 유형으로 분류할 수 있다. 이에 대한 교육을 위해서 무엇보다도 대화 유형학이 유용하게 적용될 수 있다(박용익 2001 참조).

대화 유형학과 관련된 말하기 교육의 장점은 우선 어떤 의사소통적 사건을 특정한 유형의 대화로 인식하고 분류할 수 있는 것이고, 그와 비슷한 대화 유형과의 닮은 점과 다른 점에 대해서 보다 명확하게 구분해 낼 수 있다는 점이다. 뿐만 아니라 대화의 유형을 지칭하는 낱말들에 대해서 보다 명확하게 의식하면서 사용할 수 있을 것이다.[12]

의사소통 능력에 속하는 또 다른 것으로 한 유형의 대화가 거시적으로 어떻게 구성되는가에 관한 지식이다. 이와 관련하여 회화분석론에서 모든 대화는 시작과 중간 그리고 종료의 단계로 구성되어 있다고 말한 바 있다 (Deppermann 2002). 회화분석론이 대화의 거시적 구성을 형태적 특성으로만 파악한 데 비해서, 대화문법론자(박용익 2001, 133f.)들은 대화의 중간단계를 한 대화의 용도와 관련하여 기능 단계로 구성되어 있는 것으로 파악하고 있다. 몇 가지 예를 들자면 아래와 같다.[13]

---

12) 보통의 언중들은 회의, 협의, 토론, 협상, 논의, 토의 등과 같은 용어 대해서 비록 명확하게 의식하지 못하기는 하지만 실제의 의사소통 상황에 적합하게 사용할 수도 있다. 하지만 그것들의 차이점과 유사점을 언급하기는 어려울 것으로 추측된다.
13) 기능단계는 경우에 따라서 대화의 주제나 대화의 진행 방식 등에 따라서 다시 여러 개의 부분단계로 나누어서 파악할 수 있지만, 여기서는 자세하게 다루지 않겠다.

1) 기획대화, 토론대화, 협상대화, 협의대화 등 :
   문제규정 단계-문제해결 단계-실행합의 단계
2) 수업대화 : 안내 단계-복습 단계-주제 전개 단계-예고 단계
3) 매매대화 : 문제규정 단계-문제해결 단계 - 협상 단계-합의 단계
4) 전화상담 : 구체화 단계-파악 단계-방안찾기 단계-검토 단계

특히 대화문법론자들이 제시한 대화의 기능단계는 길게 지속된 전체 대화를 기능에 따라서 부분으로 파악하는 데, 그리고 길게 지속될 수 있는 대화의 한 부분에 대해서 그리고 다른 부분과의 관계에 대해서 지도하는 데 도움이 될 것으로 판단된다.

그 다음으로 특정 유형의 대화를 구성하기 위해서 반드시 있어야 하는 개별 행위들이 어떤 것들이 있는지에 대해서 알게 하는 것이다. 특히 요구나 초대 또는 주장이나 질문과 같은 시작 발화를 대화 참여자 1이 수행하였을 때 대화 참여자 2는 어떻게 반응할 수 있는지, 그리고 다시 대화 참여자 1이 대화 참여자 2의 반응에 대해서 어떻게 반응할 수 있는 선택 가능성이 있는지 등에 대해서 개괄적으로 아는 것이 의사소통 능력의 향상을 위해서 매우 중요하다.

예를 들어 비난과 변명/사과의 연속체로 이루어진 대화를 분석한다면 인식적 방법론적 차원에서는 비난과 사과/변명의 이상적 원형을 재구성하는 것인데 대략 다음과 같다. 말하는 사람 1이 오늘도 "또 늦었어요!"라고 비난을 했다면 말하는 사람 2는 다음과 같은 대응행위로 반응할 수 있다 (Fritz/Hundsnurscher 1975).

맞비난	그러는 당신은 오늘 하루 종일 어디 갔었어!
사과하기	미안해. 내일은 일찍 들어 올게.
무시하기	그렇다고 해서 하늘이 무너진 것은 아니잖아!
비켜가기	어 오늘 무척 예쁘게 보이는데?
방어하기	뭐가 또야, 오늘 처음 늦은 건데? (사실부정)
	오늘 당신 동창회 모임을 집에서 한다고 해서 일부러 늦게 들

어온 거야. (사실의 재해석)

내일까지 상부에 기안서를 제출해야 했거든 회사일이 급하면
어쩔 수 없잖아. (사정설명)

빨리 오려고 했는데 길이 막혀서 늦었어 (고의성 부정)

늦게는 들어오더라도 늦게까지 남아서 열심히 일하고 빨리 승
진해서 돈 많이 벌어 큰 집으로 이사가는 것이 더 좋지 않아?
(사실의 당위성 설명)

당신도 밖에서 일해봐! 매일 일찍 들어올 수 있나! (비난의 당
위성에 대한 공격)

　말하는 사람 2는 말하는 사람 1의 비난에 대해서 원칙적으로 다섯 개
의 다른 행위 유형으로 반응을 할 수 있다. 첫 번째로는 상대방에 대해서
맞비난으로 반응하는 것인데, 이 경우 말하는 사람 1은 말하는 사람 2의
입장으로 바뀌어서 그에 대해서 다양한 유형의 반응을 할 수 있다. 다만
말하는 사람 1이 다시 맞비난으로 반응하고 말하는 사람 2가 그에 대해서
다시 맞비난을 한다면 다툼의 대화유형으로 변화할 수 있다. 두 번째로는
말하는 사람 2가 사과를 함으로써 원칙적으로 연속체가 종료될 수 있다.
세 번째로는 무시하기로서 가령 상대방의 비난의 내용을 사소한 것으로
치부하는 것이다. 네 번째로는 비켜가기로서 상대방과의 충돌을 피하기
위한 하나의 전략이라고 볼 수 있다. 말하는 사람 2가 무시하기나 비켜가
기를 수행한 경우에 말하는 사람 1은 비난을 되풀이하거나(경우에 따라서 더
욱 격앙되게), 종료할 수도 있다. 비난에 대한 다섯 번째의 반응 유형으로
방어하기가 있다. 방어하기는 크게 세 유형으로 나눌 수 있는데, 그 하나
는 비난받을 일이 없었음을 말하거나(사실 부정), 비난받은 행위에 대해서
말하는 사람 1과 전혀 다르게 해석함으로써 상대방의 비난을 방어하는 것
이다(사실의 재해석). 두 번째의 방어유형으로는 비난받아야 할 일을 한 것
에 대한 이유를 이야기하거나(사정 설명), 비난 받을 행위를 고의적으로 한
것이 아님을 말함으로써(고의성 부정) 말하는 사람 2가 자신에게 제기된 책
임에 대해서 이론을 제기하는 것이 있다. 그리고 마지막으로 비난받을 일
을 하기는 하였지만 그렇게 할 수밖에는 없었던 더 중요한 이유를 설명하
거나(사실의 당위성 설명) 비난을 하는 사람이 비난을 할 수 있는지를 문제시

하는 변명하기가 있다.

　말하는 사람 2의 사실 부정에 대해서 말하는 사람 1은 자신의 비난을 취소(예:어제가 처음이었던가? 미안해요?)하거나 아니면 고수할 수 있다. 비난의 고수는 사실 증명(예:뭐가 처음이에요, 어제도 그제도 또 지난 주에도 3번이나 12시가 넘어서 들어왔는데!)을 통해서 이루어진다. 말하는 사람 2가 비난 받은 행위를 재해석한 경우에 말하는 사람 1은 세 개의 다른 유형으로 그에 대해서 반응을 할 수 있다. 먼저 말하는 사람 1 자신이 제기한 비난을 취소하거나(예:뭐 그렇게 생각할 수도 있겠네요), 말하는 사람 2의 사실 재해석을 의심하거나(이그, 말이나 하지 말지!) 하나의 핑계에 불과하다고(예:핑계대지 말아요!) 천명할 수 있다.

　말하는 사람 2가 사정 설명을 한 경우 말하는 사람 1은 그것을 받아들이고 자신의 비난을 최소하거나(예:진작 얘기하지 그랬어요. 말한 것 취소할께요!), 사정 설명을 비난이라고 천명할 수도 있다(예:그 말을 누가 믿어요!). 한편 말하는 사람 2가 고의성을 부정하는 경우에 말하는 사람 1은 그것을 믿어주고 비난을 최소할 수도 있고(예:그런 사정이 있었군요), 말하는 사람의 행동에 고의성이 있음을 주장할 수도 있다(예:지하철을 타고 다니면 그런 일이 없지 않아요?).

　말하는 사람 2가 자신이 행한 행위가 당위성이 있음을 이야기하면서 말하는 사람 1의 비난을 방어한 경우 말하는 사람 1은 그 당위성을 받아들이고 비난을 철회할 수도 있고(예:이야길 듣고 보니 그도 그렇네요), 제기된 행위의 당위성을 핑계로 천명할 수도 있으며(예:그건 핑계에 불과해요), 제기된 당위성에 대해서 이견을 제시할 수도 있다(그런 것도 좋지만 가족과 건강이 먼저 아니에요?). 말하는 사람 2가 말하는 사람 1의 행위의 당위성에 대해서 공격한 경우 말하는 사람 1은 그것을 수용하면서 자신의 비난을 철회할 수도 있고(예:듣고 보니 그렇기도 하네요!), 자신이 제기한 비난의 당위성을 고수할 수도 있으며(예:그럼 회사 다니는 사람들은 다 늦게 들어오겠네요!), 자신이 왜 비난을 하게 되었는지에 대한 근거제시를 할 수도 있다(예:살림도 해야지, 아이들과 부모님도 돌봐야 하지, 그리고 나도 얼마전부터 집에서 부업을 시작했으니 일찍 들어와서 집안 일 좀 도와줘야 하는 것 아니에요?).

말하는 사람 1이 수행한 비난에 대해서 말하는 사람 2가 수행할 수 있는 반응 유형과 이에 대한 말하는 사람 1의 반응 유형을 종합적으로 나타내면 다음의 도표와 같다.

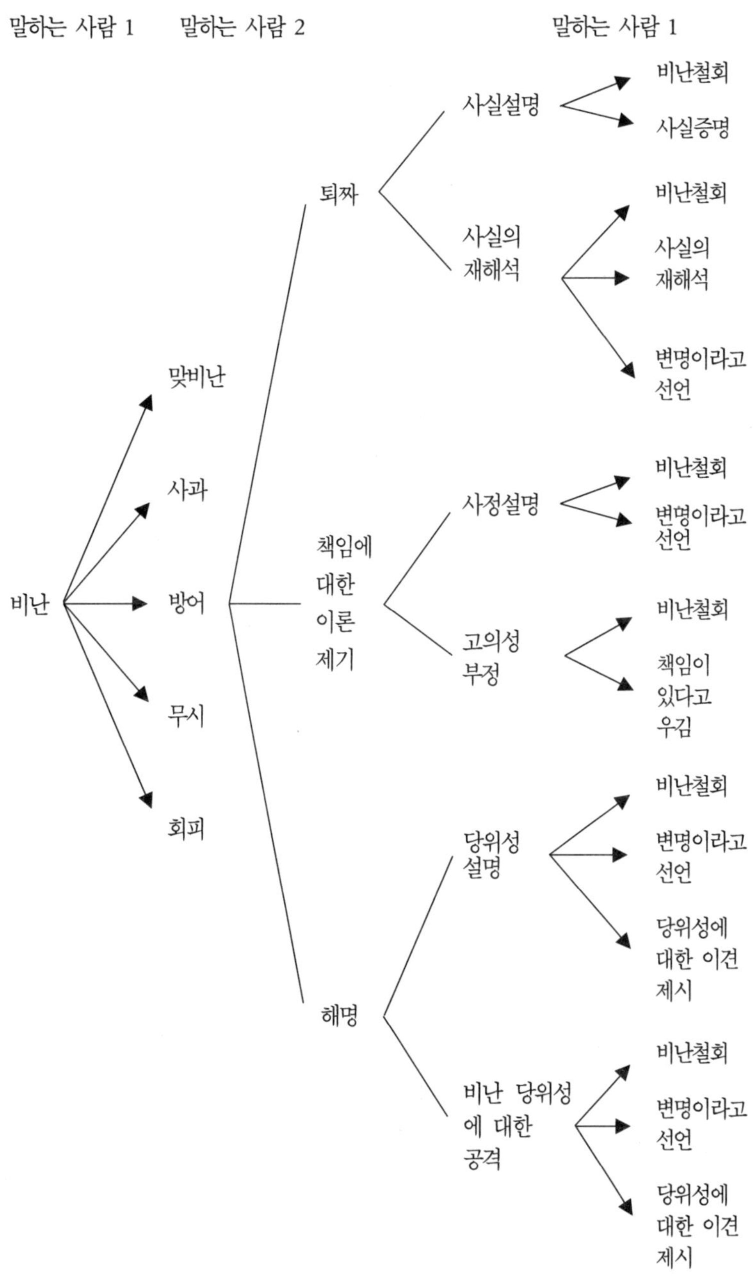
말하는 사람 1
말하는 사람 2
말하는 사람 1
비난
맞비난
사과
방어
무시
회피
퇴짜
사실설명
비난철회
사실증명
사실의
재해석
비난철회
사실의
재해석
변명이라고
선언
책임에
대한
이론
제기
사정설명
비난철회
변명이라고
선언
고의성
부정
비난철회
책임이
있다고
우김
해명
당위성
설명
비난철회
변명이라고
선언
당위성에
대한 이견
제시
비난 당위성
에 대한
공격
비난철회
변명이라고
선언
당위성에
대한 이견
제시

대화의 원형에 대해서 교육을 하기 위한 방법으로 먼저 학생들에게 특정 시작 발화를 제시하고, 그에 따른 반응의 유형과 이 반응에 대한 먼저 말한 사람의 반응 유형 등을 개별적으로 재구성하여 보게 한 다음, 여러 사람들이 발표하게 하여 서로 비교해 보면서 보다 이상적인 원형의 구조를 공동으로 재구성해 보게 한다. 이 과정에서 무엇이 더 원형에 가까운지를 토론하게 한다. 특정한 대화의 상황을 제시하고 학생들이 어떤 방식으로 대화를 전개할 것인가를 대화 참가자 1과 2로 다수의 인원으로 구성된 편을 갈라서 놀이의 형태로 실시해볼 수도 있다. 이 과정에서 한 편에 속하는 학생들은 대화 상대자의 행위에 대해서 어떤 행위의 유형으로 또 어떤 발화의 형태로 대응할 것인가를 토론하여 결정하게 한다. 이에 대해서 대화 상대자는 같은 방식으로 대응을 할 수 있다. 이때 놀이에 참가하지 않는 학생들이 놀이에 참가한 학생들이 선택한 언어행위가 어떤 유형의 것이었는지, 대화 상황에서 적절한 행위와 발화를 선택하였는지를 평가하도록 하며, 그 평가에 대한 근거제시를 하도록 하고 부정적 평가가 있는 경우 그에 대한 대안을 제시하도록 한다.

대화를 구성하는 개별 행위들이 어떤 조건과 상황 그리고 목적 등에 따라서 나타나는 지에 대해서 자세하게 아는 것도 중요하다. 예로 들자면 초대를 하기 위해서 초대자는 초대를 받는 사람에게 의미가 있거나 즐거움을 줄 수 있는 행사를 기획해야 하고, 기획하고 있는 행사가 초대의 대상자에게 즐거움을 줄 것이라고 믿어야 한다. 더 나아가 피초대자가 기획하고 있는 행사에 오는 것이 초대자와 초대된 다른 사람들에게도 즐겁고 의미가 있을 것이라고 믿고 있어야 하고, 시간의 조건이 허락하는 한 초대의 대상자가 기획하고 있는 행사에 올 수 있을 것이라고 예상해야 하며, 초대를 받은 사람이 기획하는 행사에 오기를 초대자가 진심으로 원하는 경우에만 초대라는 행위가 성립되고 수행될 수 있다(Searle 1991 참조). 이와 같은 방법으로 학생들에게 개별 행위의 특성에 대해서 파악하고 토론하게 할 수 있을 것이다.

　개별 행위들은 다양한 형태의 발화로 수행될 수 있는데 경우에 따라서는 기능적으로 등가성을 지니지만 또 경우에 따라서는 매우 상이한 의미와 뉘앙스를 가질 수 있다. 그렇기 때문에 개별 행위의 수행을 위해서 사용될 수 있는 발화의 형태를 수집하고 특정 기준에 따라서 분류하여 지식화 한다면 의사소통 능력의 향상에 직접적인 도움이 될 수 있을 것이다. 이를 요구와 초대의 거절을 실현하기 위한 발화의 형태로 예를 들면 아래와 같다.

　　1) 요구를 수행할 수 있는 발화의 형태
　　　-선호 암시
　　　　물 한 잔만 갖다주면 좋겠는데.
　　　　물 한 잔만 있으면 좋겠다.
　　　　물 한 잔만 마셨으면 좋겠다.
　　　-선호 질문
　　　　물 한 잔 줄 수 있니?
　　　　물 한 잔 가져올 수 있니?
　　　-의무 암시
　　　　물 한 잔 가져와야겠다.
　　　-의무 질문
　　　　물 한 잔 가져와야 하지 않겠니?
　　　-능력 질문
　　　　물 한 잔 가져올 수 있겠지?
　　　　물 한 잔 줄 수 있지?
　　　　물 한 잔 있지?
　　　-명령적 표현
　　　　물 한잔 가져와!
　　　-이행동사를 이용한 부탁
　　　　물 한 잔 부탁해!
　　　-군대식 명령적 표현
　　　　물 한 잔!
　　　-부탁을 하는 근거 설명
　　　　목이 좀 마른데.

2) 초대를 거절할 수 있는 발화의 형태
   -초대에 응할 수 없는 이유제시
     이미 다른 약속이 있는데
     숙제를 해야 하는데
     학원에 가야 하는데
   -아쉬움 표시
     갈 수 있으면 참 좋았겠는데
     참 재미있겠는데
     꼭 가야 하는데!
     다음 주 일요일이라면 얼마나 좋을까?
   -미안함 표시
     미안해서 어쩌지?
   -약속하기
     다음 번에는 꼭 갈게!
     네 초대에 응하지 못해 미안하니 다음 번 만날 때 커피는 내가 살게
   -초대에 응할 수 없는 이유로 상대방을 위로하기
     대신에 우리만 다음에 만나
     내가 없더라도 다른 애들이 많이 올 테니 상관없겠지?
     참가는 못하더라도 선물은 친구들을 통해서 보낼게!
   -고마움 표시
     초대해 줘서 고마워!
     나까지 생각해주니 고마워
   -소망 표시
     파티 멋지게 해!
     재미있게 놀아!
   -항의하기
     왜 하필이면 이번 주 일요일이야?
   -요청하기
     이번 주 토요일에 만나면 안될까?

앞에서 거론한 것이 행위의 차원에서 출발한 것이라면, 거꾸로 발화 형태의 차원에서도 말하기 교육이 실시될 수도 있다. 예를 들어 말하는 사람이 "내일 보자"라고 한다면, 이 발화가 사용되는 조건과 상황에 따라서 매우 다른 유형의 행위를 나타낼 수 있다. 예를 들면 이 발화는 약속(대화

참여자 1이 대화 참여자 2에게 만남을 요청했을 경우)이 될 수도 있고, 또 협박(대화 참여자 1이 대화 참여자 2에게 불만이 있고 그에 대한 대가를 지불하겠다고 하는 경우)이 될 수도 있으며, 현재의 상황에서 내리기 어려운 결정을 유보하는 행위가 될 수 있으며, 만남의 시간이 모래나 일주일 후가 아닌 바로 내일이라는 제안(구체적으로 만날 시점의 확정을 논의할 경우)일 수도 있다. 이처럼 하나의 행위가 여러 다른 형태의 발화로 수행될 수 있는 것과 마찬가지로, 반대로 하나의 발화가 여러 다른 유형의 행위를 수행할 수 있다. 그렇기 때문에 하나의 발화를 특정 유형의 실현으로 인식하는 것이 의사소통 능력의 중요한 한 요소이다. 한 발화의 형태를 특정 유형의 행위 실현으로 인식하기 위해서는 이 발화 형태가 사용된 조건과 맥락 그리고 목적 등을 알아내는 능력의 배양이 중요하다.

　지금까지 기술한 말하기 교육과 관련된 구체적인 대상을 종합적으로 정리하여 말하기 교육의 목표를 아래와 같이 설정할 수 있다.

- 어떤 의사소통을 특정 유형의 대화로 인식하고 규정하기
- 특정 대화의 목적과 조건 그리고 상황 등에 대해서 말해 보기
- 비슷한 대화 유형들의 닮은 점과 다른 점에 대해서 말해보고 구분을 위한 기준을 설정해 보기
- 대화의 유형들을 지칭할 수 있는 명칭들을 수집해 보기
- 인식하고 규정한 대화를 직접 수행해 보기
- 특정 대화의 진행 양식, 즉 시작 발화에 대한 반응의 유형과 그 반응에 대한 재반응의 가능성을 알아보고 대화의 원형을 재구성해 보기
- 특정 대화를 구성하는 개별 행위의 수행 조건과 상황 맥락에 대해서 말해 보기
- 특정 시작 발화가 상정되어 있을 때 어떤 반응 행위와 발화 형태로 반응할 것인가를 연습해보고 그러한 선택을 한 이유에 대해서 말해 보기
- 개별 언어 행위를 지칭할 수 있는 용어를 수집해보고 분류해 보기
- 특정 행위를 수행할 수 있는 다양한 발화의 형태를 수집하고 이것을 분류할 수 있는 기준을 설정해 보기
- 특정 발화 형태가 수행할 수 있는 대화 행위의 유형과 그 조건 및 상황적 맥락에 대해서 알아 보기

성과와 앞으로의 과제

이 책에서 추구하는 가장 큰 목적은 현재 교사로서 학교에서 학생들을 가르치면서 언제나 수행하게 되는 행위에 대해서 그리고 앞으로 교사가 되어서 수업시간에 하게 될 행위인 수업대화에 대해서 개괄적이고 체계적으로 인식할 수 있도록 하는 것이다. 수업대화에 대한 개괄적이고 체계적인 인식의 대상은 전체적인 수업의 진행에 따른 기능단계와 기능단계의 의사소통 목적을 달성하기 위해서 주요 대화이동 연속체(질문-대답, 교사질문-학생대답, 지시-이행, 통보 확인)의 구조와 구성 단위에 대해서 상세하게 살펴보았고 연속하는 대화이동 연속체의 기능적 관계 등도 살펴보았다. 이곳에서 제시된 수업대화에 대한 지식과 수업대화의 분석과 기술 방법을 바탕으로 자신의 수업대화를 녹음하고 전사한다면 이전에는 어쩌면 단 한 번도 들여다보지 못한 수업대화에서 자신의 행위를 보고 무엇이 잘 한 것이고 어디에서 문제가 있는지를 잘 알 수 있을 것이다. 다시 말해서 수업대화에서 스스로 수행한 언어행위를 이해하고 검증하며 좋은 점과 문제점을 발견함으로써 교사 스스로가 자신의 수업대화의 의사소통 능력을 향상시킬 수 있을 것이다. 또한 여기에서 제시된 수업대화의 분석과 기술을 교사의 양성과 재교육 시간을 이용하여 교사의 수업대화 수행능력 향상을 위하여 활용할 수도 있을 것이다. 수업대화에 관한 지식은 수업대화의 수행능력 향상을 위해서뿐만 아니라 수업대화의 진행구조와 행위 연속체에 대해서 개괄적이고 체계적으로 인식함으로써 교사들이 수업시간을 보다 충실하게 계획하고 대처할 수 있을 것으로 기대된다. 물론 이렇게 수업대화의 기술과 분석을 초·중·고와 학급별 그리고 과목별로 구체적이고 실제적으로 활용하기 위해서는 그에 상응하는 수업대화의 분석과 기술이 전제되어야 함은 물론이다. 그러므로 다양한 수업대화를 분석하고 그 결과를 상호 비교해보는 것이 다음의 연구과제라고 할 수 있을 것이다. 이 과정에서 지금까지 알려져 있지 않으며 체계화되어 있지 않지만 교사들이 개별적으로 사용하는 수업대화의 효과적이고 유용한 행위 전략들을 발굴해낼 수 있다. 이를 체계화하면 그동안 이론서에서는 볼 수 없었던 다채롭고 유용한 교사의 수업대화 전략을 많은 사람들이 공유할 수 있을 것이다.

이 책에서 좇는 또 하나의 큰 목적은 교사들에게 대화분석의 이론과 방법론을 제시함으로써 수업대화를 기술하고 분석할 수 있게 할 뿐만 아니라, 학생들의 의사소통 능력의 향상을 위해서 그것을 활용할 수 있도록 하는 것이다. 의사소통 능력의 향상을 위해서는 해당 의사소통 유형에 대한 이해와 분석의 능력이 필요할 것이고 그에 대해서 메타언어를 이용하여 명명하고 전달할 수 있는 능력이 필요하다. 이곳에서 제시된 대화분석의 이론과 방법론은 교사들이 말하기 교육을 위해서 필요한 도구의 역할을 할 수 있을 것이다. 이는 이 책에서 교사들이 구체적이고 실용적인 방법을 하나하나 구할 수 있는 것이 아니라 바로 그런 것들을 스스로 만들어 갈 수 있는 도구에 불과함으로 의미한다. 이를 위해서 이 책을 쓰는 사람은 물론 학생들의 말하기 교육에 관심을 가지고 있는 모든 이들이 앞으로 해야 할 일은 대략 아래와 같다.

1) 어떤 대화의 유형을 어느 학년에서 말하기 교육의 대상으로 선택할 것인가?
2) 1)의 문제가 해결되었다면 어느 수준으로 가르쳐야 할 것인가?
3) 다양한 대화 유형의 원형적 구조를 재구성하고 그것들을 구성하는 개별 행위들의 조건과 목적 그리고 발화의 형태 등에 대한 목록 작성

4) 수업대화 중에 나타나는 중요 연속체(질문과 대답, 지시와 수행, 통보와 수용 등)에 대한 집중적인 연구가 필요
5) 수업 이외의 시간에 이루어지는 대화의 유형인 (학부모 또는 학생)상담, 회의, 토론 등에 대한 연구
6) 말하기 교육을 위한 다양한 유형의 교수법과 교재 개발

이러한 문제들은 장기 프로젝트를 바탕으로 특정 학교를 지정하여 여기서 제안된 활용방안들을 현장에서 시험적으로 실시해 봄으로써 점차적으로 해결할 수 있을 것이다.

참고문헌

강창우(1996), 「화행과 언어적 단위의 관계에 대하여 -독일어 인과문을 중심으로」, 『텍스트언어학』 4집.

김양진(2001), 「다툼대화분석을 통한 말하기 교육 방법 연구」, 인천교육대학교 석사학위논문.

교육부(1997), 국민학교 교육과정 해설 (1) - 총론, 국어, 수학 -.

구현정(2001), 대화의 기법. 경진출판사.

노은희(1999), 「대화의 특성과 지도방법」, 『텍스트언어학』 7집, pp.266~286.

박여성(1994), 「화행론적 텍스트유형학을 위하여」, 『텍스트언어학』 2, pp.7~60.

박용익(1994), 「대화문법이론」, 『독일문학』 52집, pp.373~400.

박용익(1994), 「수업대화의 기능단계와 교사질문-학생대답-연속체원형」, 『텍스트 언어학』 2, pp.347~374.

박용익(1995), 「제도(Institution) 내적 의사소통 연구한국 현대사회에서 독어학의 새로운 가능성 독문학의 동서양 시각」, 『김종대 교수 화갑 기념 논문집』, 한국문화사, pp.187~207.

박용익(1999), 「대화분석론의 이론과 전망」, 『텍스트언어학』 6집, pp.1~24.

박용익(2001), 『대화분석론』. 도서출판 역락.

박창균(1999), 「대화분석을 적용한 말하기 교수-학습 방법 연구」, 인천교육대학교 석사학위논문.

백설자(1998), 「발화성격 규정어와 그 의사소통적 기능 -한국어와 독일어의 대비 연구-」, 『텍스트언어학』 5, pp.205~231.

이창덕/임칠성/심영택/원진숙(2000), 『삶과 화법』, 박이정.

장석진(편저)(1990), 『오스틴 '화행론'』, 탑출판사.

전은주(1999), 『말하기 듣기 교육론』, 박이정.

제혜숙(2001), 「한국어 대화에 나타난 설득행위에 대한 연구」, 연세대학교 석사학위논문.

한상갑(1983, 역), 『논어 · 중용 사서집주』, 삼성출판사.

함 욱(2000), 「교사의 수업운영대화 전략 연구」,
    인천교육대학교 석사학위논문.

AHRING, Bernhard(1990), Optimierungsperspektiven didaktischer Dialog-
    formen, In: Gerd Rickheit/Sigurd Wichter(Hg.): Dialog:
    Festschrift für Siegfried Grosse, Tubingen: Niemeyer,
    pp.293~307.

ANTOS, Gerd(1992a), Kommunikationstraining und Empirie, Linguistische
    Analysen bei der Bedarfsermittlung und der Konzeptions-
    entwicklung von Kommunikationstraining, In: Reinhard
    Fiehler/Wofgang Sucharowski(Hg.): Opladen: Westdeutscher
    Verlag, pp.266~275.

ANTOS, Gerd(1992b), Demosthenes oder: Über die "Verbesserung der
    Kommunikation", Moglichkeiten und Grenzen sprachlich-
    kommunikativer Verhaltensänderungen, In: Reinhard Fiehler/
    Wolfgang Sucharowski(Hg.): Kommuni-kationsberatung und
    Kommunikationstraining, Anwendungsfelder der Diskurs-
    forschung, Opladen: Westdeutscher Verlag, pp.52~66.

AUSTIN, J. L.(1962), How to things with words, Oxford.

AUSTIN, John Langshaw(1989^2), Zur Theorie der Sprechakte. Stuttgart:
    Reclam, (장석진 편역 1990), 『화행론』, 서울대학교출판부.

BAK, Yong-Ik(1996), Das Frage-Antwort-Sequenzmuster in Unterrichts-
    gesprächen(Deutsch-Koreanisch), Tubingen: Nie- meyer.

BAK, Yong-Ik(1997), Das Unterweisungsgespräch zwischen Konfuzius und
    seinen Schülern, In: Etienne Pietri(Hg.): Dialoganalyse V,
    Referate der 5, Arbeitstagung Paris 1994, Tubingen:
    Niemeyer, pp.189~200.

BAK, Yong-Ik(1998), Benennungsprinzipien der Gesprächsbezeichnungen
    im Deutschen. In: Svĕt Čmejrková/Jana Hoffmanová/Olga
    Müllerová/Jindra Svĕtla(Hg.), Dialoganalyse VI. Referate der
    6. Arbeitstagung Prag 1996. Tübingen: Niemeyer.
    pp.551~558.

BAK, Yong-Ik/KANG, Chang-Uh/WAßNER, Ulrich Hermann(1992), Il-lokutionshierarchie im argumentativen Dialog. In: Münstersches Logbuch zur Linguistik 2. Sprechakttheorie. pp.72~85.

BARTSCH, Elmar(Hg.)(1994), Sprechen, Führen, Kooperieren in Betrieb und Verwaltung: Kommunikation in Unternehmen. München(u.a.): Reinhardt.

BAßLER, Harald(1994), Wissenstransfer in intrafachlichen Vermittlungsgesprächen: eine empirische Untersuchung von Unterweisungen in Lehrwerkstätten für Automobilmechaniker. Tübingen: Niemeyer.

BECKER-MROTZEK, Michael(1989), Schüler erzählen aus ihrer Schulzeit. Eine diskursanalytische Untersuchung über das Institutionswissen. Frankfurt a.M./Bern/New York/Paris: Lang.

BECKER-MROTZEK, Michael(1992), Diskursforschung und Kommunikation in Institutionen, Heidelberg: Groos.

BECKER-MROTZEK, Michael/BRÜNNER, Gisela(1992), Angewandte Gesprächsforschung: Ziele-Methoden-Probleme, In: Reihhard Fiehler/Wolfgang Sucharowski(Hg.): Kommunikationsberatung und Kommunikationstraining, Anwendungsfelder der Diskursforschung. Opladen: Westdeutscher Verlag, pp.12~23.

BELLACK, Arno A./KLIEBARD, Herbert M./HYMAN, Ronaldt./SMITH, Frank L.(1974), Die Sprache im Klassenzimmer, Düsseldorf: Schwann.

BERGMANN, Jorg R.(1994), Ethnomethodologische Konversationsanalyse. In: Gerd Fritz/Franz Hundsnurscher(Hg.): Handbuch der Dialoganalyse, Tubingen: Niemeyer, pp.3~16.

BREMERICH-VOS, Albert(1989), Aspekte sprachlicher Bildung in der "Informationsgesellschaft", In: J. Forster/E. Neuland/G. Rupp(Hg.): Wozu noch Germanistik? Wissenschaft-Beruf-Kulturelle Praxis. Stuttgart. pp. 68~80.

BRINKER, Klaus(1986), Strategische Aspekte von Argumentation am Beispiel eines Mediengesprachs, In: Franz Hundsnurscher/ Edda Weigand (Hg.): Dialoganalyse, Referate der 1. Arbeitstagung Munster 1986, Tubingen: Niemeyer, pp.173~184.

BRINKER, Klaus(1988)[2], Linguistische Textanalyse, Eine Einführung in Grundbegriffe und Methode 2, durchgeseh, und ergänzt, Aufl(이성만 역 1994, 『텍스트언어학의 이해』) Berlin: Schmidt.

BRINKER, Klaus/SAGER, Sven, F.(1989), Linguistische Gesprachsanalyse. Eine Einfuhrung, Berlin: Schmidt.

BRUNER, Jerome p.(1975), The ontogenesis of speech acts, In: Journal of child language 2, pp.1~19.

BRÜNNER, Gisela(1987), Kommunikation in institutionellen Lehr-Lern-Prozessen, Diskursanalytische Untersuchungen zu Instruktionen in der betrieblichen Ausbildung, Tubingen: Narr.

BUCK, Günther(1984), Das Lehrgesprach. In: Karlheinz Stierle/Rainer Warning(Hg.): Das Gesprach. Munchen: Fink, pp.191~210.

BUTZKAMM, Wolfgang(1983), Analyse der Unterrichtsanalyse: Eine Kritik von Sinclair, J. McH. & Coulthard, R.M.(1977), Analyse der Unterrichtssprache, In: Konrad Ehlich/Jochen Rehbein(Hg.): Kommunikation in Schule und Hochschule. Tubingen: Narr. pp.315~325.

DEPPERMANN, Arnulf(2002), Gespräche analysieren(박용익 역 『회화분석론』), 도서출판 역락.

BUTZKAMM, Wolfgang(1989), Psycholinguistik des Fremdsprachenunterrichts, Natürliche Künstlichkeit: von der Muttersprache zur Fremdsprache, Tübingen: Francke.

DESGRANGES, Illka(1990), Korrektur und Spracherwerb, Selbst-und Fremdkorrekturen in Gesprachen zwischen deutschen und auslandischen Kindern, Frankfurt a.M./Bern New York/ Paris: Lang.

DITTMANN, Jurgen(1979), Institution und spachliches Handeln, In:

Jürgen Dittmann(Hg.): Arbeiten zur Konversationsanalyse, Tübingen: Niemeyer, pp.198~234.

EHLICH, Konrad(1981), Schulischer Diskurs als Dialog? In: Peter Schrö der/Hugo Steger(Hg.), Dialogforschung: Jahrbuch 1980 des Instituts für deutsche Sprache, Düsseldorf: Schwann. pp.334~369.

EHLICH, Konrad(Hg.)(1984). Erzählen in der Schule. Tubingen: Narr.

EHLICH, Konrad(1989), Thesen zu den Fragen(und zu einigen Prä- suppositionen) des Vorbereitungspapiers zum Rundtisch "Methodologische Aspekte der linguistischen Analyse von Gesprächen", In: Zeitschrift fur Phonetik, Sprachwissen- schaft und Kommunikationsforschung 42, pp. 155~159.

EHLICH, Konrad/REHBEIN, Jochen(1976), Sprache im Unterricht- Linguistische Verfahren und schulische Wirklichkeit. In: Studium Linguistik 1, pp.47~69.

EHLICH, Konrad/REHBEIN, Jochen(1977), Wissen, kommunikatives Handeln und die Schule, In: Herma C, Goeppert(Hg.): Sprachverhalten im Unterricht, Zur Kommunikation von Lehrer und Schüler in der Unterrichtssituation, Munchen: Fink, pp.36~114.

EHLICH, Konrad/REHBEIN, Jochen(1980), Sprache in Institutionen. In: Hans Peter Althaus/Helmut Henne/Herbert Ernst Wiegand(Hg.): Lexikon der Germanistischen Linguistik. 2. vollst. neu bearb. u. erw. Aufl. Tubingen: Niemeyer. pp.338~345.

EHLICH, Konrad/REHBEIN, Jochen(1986), Muster und Institution. Untersuchungen zur schulischen Kommunikation. Tubingen: Narr.

ERVIN-TRIPP, Susan/MILLER, Wick(1977), Early discourse: Some qu- estions about questions. In: Michael Lewis/Leonard A. R osenblum(ed.) Interaction, conversation, and the development of language. New York/ London/Sydney/Toronto: Wiley & Sons. pp.9~25.

ERVIN-TRIPP, Susan/STRAGE, Amy(1985), Parent-child discourse. In: Teun A. van Dijk(ed.) Handbook of discourse analysis. vol.3. discourse and dialogue. London/Orlando/San D i e o / N e w York/Toronto/Montreal/Sydney/Tokyo: Academic Press. pp.67~77.

FAULSTICH, Hans(1980), Zur Sequenzierung von Unterrichtsplänen. In: Hans Ramge(Hg.): Studien zum sprachlichen Handeln im Unterricht. Gießen: Schmitz.

FIEHLER, Reinhard(Hg.)(1995), Untersuchungen zur Kommunikations- struktur. Bielefeld: Aisthesis-Verlag.

FIEHLER, Reinhard/SUCHAROWSKI, Wolfgang(Hg.)(1992), Kommu- nikationsberatung und Kommunikationstraining. Anwen dungsfelder der Diskursforschung. Kommunikationsberatung und Kommunikationstraining. Opladen: Westdeutscher Verlag.

Fiehler, Reinhard(1990), Kommunikation, Informationn und Sprache. Alltagsweltliche und wissenschaftliche Konzeptualisierungen und der Kampf um die Begriffe. In: R. Weingarten(Hg.): Information ohne Kommunikation? Die Loslösung der Sprache vom Sprecher. Frankfurt a.M. pp.99~128

FIEHLER, Reinhard/SUCHAROWSKI, Wolfgang(1992), Vorwort. In: Reihhard Fiehler/Wolfgang Sucharowski(Hg.) : Kommuni- kationsberatung und Kommunikationstraining. Anwen- dungsfelder der Diskursforschung. Opladen: Westdeutscher Verlag. pp.9~10.

FIEHLER, Reinhard(1999), Kann man kommunikation lehren? Zur Veränderbarkeit von Kommunikationsverhalten durch Kommunikationstrainings. In: Brünner, Gisela/Fiehler, Reinhard/Kindt, Walther (Hg.): Angewandte Diskursforschung. Bd. 2. Methoden und Andwendungsbereiche. pp. 1~35.

FLADER, Dieter(Hg.)(1991), Verbale Interaktion. Studien zur Empirie und Methodologie der Pragmatik. Metzler.

FOOLEN, Ad(1983), Sinclair & Coulthard und der Anfang von Unterrich tsstunden. In: Konrad Ehlich/Jochen Rehbein (Hg.): Kommunikation in Schule und Hochschule. Linguistische und ethnomethodologische Untersuchungen. Tubingen: Narr. pp.422~426.

FRANKE, Wilhelm(1985b), Taxonomie der Dialogtypen. In: Wilfred Kürschner/Rüdiger Vogt(Hg.): Sprechakttheorie, Pragmatik, Interdisziplinäres. Akten des 19. Linguistischen Kolloquiums Vechta 1984. Bd.2. Tubingen: Niemeyer. pp.212~222.

FRANKE, Wilhelm(1986), Taxonomie der Dialogtypen. Eine Skizze. I n : Franz Hundsnurscher/Edda Weigand(Hg.): Dialoganalyse. Referate der 1. Arbeitstagung Munster(1986), Tubingen: Niemeyer. pp.85~101.

FRANKE, Wilhelm(1987), Zur Entwicklung interaktionaler Kompetenz. In: Münstersches Logbuch zur Linguistik 10. pp.45~71.

FRANKE, Wilhelm(1990), Elementare Dialoge. Darstellung, Analyse, Diskussion. Tubingen: Niemeyer.

FRITZ, Gerd/HUNDSNURSCHER, Franz(1975), Sprechaktsequenzen. Überlegungen zur Vorwurf/Rechtfertigungs Interaktion. In: Der Deutschun terricht 2. pp.81~103.

FRITZ, Gerd/MUCKENHAUPT, Manfred(1981), Kommunikation und Grammatik. Tübingen.

FRITZ, Gerd /HUNDSNURSCHER, Franz(Hg.)(1994), Handbuch der Dialoganalyse. Tubingen: Niemeyer Fritz, Muckenhaupt

FÜSSENICH, Iris(1981), Disziplinierende Äußerungen im Unterricht - Eine sprachwissenschaftliche Untersuchung. Düsseldorf: ohne Verlag.

GEIßNER, Ursula(1980), Lob und Tadel. In: Hans Ramge(Hg.):
Studien zum sprachlichen Handeln im Unterricht Gießen: Schmitz. pp.109~131.

GRAFFE, Jurgen(1986), Dialoggrammatik und Fremdsprachenunterricht. In: Franz Hundsnurscher/Edda Weigand(1986), Dialoganalyse. Referate der 1. Arbeitstagung Münster 1986. Tubingen: Niemeyer. pp.413~432.

GRAFFE, Jurgen(1990), Sich festlegen und verpflichten. Die Untermuster kommissiver Sprechakte und ihre sprachlichen Realisierungsformen. Munster/New York.

GRIMM, Hannelore(1985), Der Spracherwerb als Lehr-Lern-Prozeß. In: Unterrichtswissenschaft 1. pp.6~16.

GÜNTHNER, Susanne/KOTTHOFF, Helga(Hg.)(1992), Geschlechter im Gespräch. Kommunikation in Institiutionen. Stuttgart: Metzler.

HANKE, Michael(1989), Maieutischer Unterweisungsdialog. In: Edda Weigand/Franz Hundsnurscher(Hg.): Dialoganalyse II. Referate der 2. Arbeitstagung Bochum 1988. Bd. 1. Tubingen: Niemeyer. pp.223~236.

HANKE, Michael(1991), maieutik techne. Zum Modell der sokratischen Gesprächstechnik. In: Dieter Flader(Hg.):Verbale Interaktion. Studien zur Empirie und Methodologie der Pragmatik. Stuttgart: Metzler pp.50~91.

HATCH, Evelyn(1978), Discourse Analysis and Second Language Acquisition. In: Second Language Acquisition. A Book of Readings. Rowley, Massachussetts: Newbury House Publishers. pp.401~435.

HEINEMANN, Wolfgang/VIEHWEGER, Dieter(1991), Textlinguistik. Eine Einfuhrung. Tubingen: Niemeyer(백설자 역 2001, 『텍스트언어 학입문』), 역락.

HELBIG, Gerhard(1986), Kommunikativer Grammatikunterricht.-Ziele,

Moglichkeiten und Grenzen - In: Dutsch als Fremdsprache 23. pp.14~20.

HENNE, Helmut/REHBOCK, Helmut(1979), Einfuhrung in die Gesprächsanalyse. Berlin/New York: de Gruyter.

HENRICI, Gerd(1983), Zuruckweisungen im Fremdsprachenunterricht. In: Jahrbuch Deutsch als Fremdsprache 9. pp.229~247.

HERINGER, Hans Jurgen(1974a), Kommunikativer Unterricht. Ein Programm. In: Linguistik und Didaktik 19. pp.194~212.

HERINGER, Hans-Jurgen(1974b), Linguistik und Didaktik. In: Linguistik und Didaktik 18. pp.119~130.

HERINGER, Hans Jurgen/ÖHLSCHLÄGER, Gunther/STRECKER, Bruno/ WIMMER, Rainer(1977), Einfuhrung in die Praktische Semantik. Heidelberg: Quelle & Meyer.

HYMES, Del(1968), The ethnography of speaking. In: J. A. Fishman (ed.): Readings in the sociology of language. The Hague. pp.99~138.

HINDELANG, Gotz(1978), Skizze einer Sprechhandlungs-Taxonomie. In: Munstersches Logbuch zur Linguistik. 2. pp.50~67.

HINDELANG, Gotz(1978), Auffordern. Die Untertypen des Aufforderns und ihre sprachlichen Realisierungsformen. Göppingen: Kümmerle.

HINDELANG, Götz (1980), Fragebedeutung und Fragehandlung. In: Münstersches Logbuch zur Linguistik. pp. 32~51.

HINDELANG, Gotz(1981), Zur Theorie und Didaktik der Frage. Überlegungen zum Problem eines integrierten Grammatikunterrichts. In: harro Muller-Michaels: Jahrbuch der Deutschdidaktik 1980. Konigsstein/Ts.: Scriptor. pp.32~47.

HINDELANG, Gotz(1983), Einfuhrung in die Sprechakttheorie. Tubingen: Niemeyer.(김갑년 역 2000, 『화행론 입문』), 한국문화사.

HINDELANG, Gotz(1989), Dialoggrammatische Beschreibung psychotherapeutischer Kommunikation. Vertiefende Intervention im

gestalttherapeutischen Gespräch. In: Edda Weigand/Franz
Hundsnurscher: Dialoganalyse II. Referate der 2.
Arbeitstagung Bochum 1988. Bd. 1. Tubingen: Niemeyer.
pp.331~345.

HINDELANG, Götz(1994a), Sprechakttheoretische Dialoganalyse. In: In:
Gerd Fritz/Franz Hundsnurscher(Hg.): Handbuch der Dialog-
analyse. Tubingen: Niemeyer. pp.95~112.

HOLLIDAY, M.A.K(1961), The Categories of the theory of grammar. In:
Word 17. pp.241~292.

HUNDSNURSCHER, Franz(1975a), Semantik der Fragen. In: Zeitschrift
fur germanistische Linguistik 3. pp.1~14.

HUNDSNURSCHER, Franz(1975b), Überlegungen zur Sprechakttheorie. In:
Otmar Werner/Gerd Fritz(Hg.): Deutsch als Fremdsprache
und neuere Linguistik. München: Hueber. pp.184~201.

HUNDSNURSCHER, Franz(1976), Insistieren. In: Wirkendes Wort 26. pp.
255~265.

HUNDSNURSCHER, Franz(1980), Konversationsanalyse versus Dialog-
grammatik. In: Heinz Rupp und Hans-Gert Roloff(Hg.):
Akten des VI. Internationalen Germanisten-Kongresses Basel
1980. Teil 2. Bern/Frankfurt a.M./Las Vegas. pp.89~94.

HUNDSNURSCHER, Franz(1984), Theorie und Praxis der Text-
klassifikation. In: Inger Rosengren(Hg.): Sprache und
Pragmatik. Lunder Symposium 1984. Stockholm: Almqvist
& Wiksell. pp.75~97.

HUNDSNURSCHER, Franz(1986), Dialogmuster und authentischer Text.
In: Franz Hundsnurscher/Edda Weigan(Hg.): Dialoganalyse.
Referate der 1. Arbeitstagung Münster 1986. Tubingen:
Niemeyer. pp.35~49.

HUNDSNURSCHER, Franz(1989), Typologische Aspekte von Unterrichts-
gesprächen. In: Franz Hundsnurscher/Edda Weigand(Hg.):
Dialoganalyse II. Referate der 2. Arbeitstagung Bochum

1988. Tubingen: Niemeyer. pp.237~256.

HUNDSNURSCHER, Franz(1991), Zur dialogischen Grundstruktur von Mehr-Personen-Gesprächen. In: Sorin Stati/Edda Weigand/ Franz Hundsnurscher(Hg.): Dialoganalyse III. Referate der 3. Arbeitstagung Bologna 1990. Teil 2. Tu-bingen: Niemeyer. pp.149~162.

HUNDSNURSCHER, Franz/WEIGAND, Edda(Hg.)(1986), Dialoganalyse. Referate der 1. Arbeitstagung Münster 1986. Tubingen: Niemeyer.

HUNDSNURSCHER, Franz/WEIGAND, Edda(Hg.)(1995), Future perspektives of dialogue analysis. Tubingen: Niemeyer.

JOCHENS, Birgit(1979), "Fragen" im Mutter-Kind-Dialog: Zur Strategie der Gesprächsorgani-sation von Muttern. In: Karin Martens(Hg.): Kindliche Kommunikation: Theoretische Perspektiven, empirische Analysen, methodologische Grundlagen. Frankfurt a.M.: Suhrkamp. pp.110~132.

JUNG, Doris(1980), Sinnkonstitution durch Schülerantworten und Unterrichtsverlauf. In: Hans Ramge(Hg.): Studien zum sprachlichen Handeln im Unterricht. Gießen: Schmitz. pp.77~108.

KANG, Chang-Uh(1996), Die sogenannten Kausalsätze des Deutschen. Eine Untersuchung erklärenden, begründenden, rechtfertigenden und argumentierenden Sprechens. Munster/New York: Waxmann.

KASPER, Gabriele(1985), Repair in foreign language teaching. In: Studies in second language acquisition 7. pp.200~215.

KÄSTNER, Hannes(1978), Mittelalterliche Lehrgespräche. Text linguistische Analysen, Studien zur poetischen Funktion und pädagogischen Intention. Berlin: Schmidt.

KLEIN, Klaus-Peter(1980), Erzählen im Unterricht. Erzähltheoretische Aspekte einer Erzähldidaktik. In: Konrad Ehlich(Hg.): E r - zählen im Alltag. Frankfurt a.M.: Suhrkamp, pp.263~295.

KOHL, Mathias(1989), Regeln und Dialogeinheiten. In: Edda Weigand/ Franz Hundsnurscher(Hg.): Dialoganalyse II. Referate der 2. Arbeitstagung Bochum 1988. Bd. 1. Tu-bingen: Niemeyer. pp.87~103.

KOHL, Mathias/KRANZ, Bettina(1992), Untermuster globaler Typen illokutionärer Akte. Zur Untergliederung von Sprechakt-klassen und ihrer Beschreibung. In: Münstersches Logbuch zur Linguistik 2. Sprechakttheorie. pp.1~44.

KÖNIG, Peter-Paul(1989), Zur strategischen Analyse authentischer Ge-spräche. In: Edda Weigand/ Franz Hundsnurscher(Hg.): Dialoganalyse II. Referate der 2. Arbeitstagung Bochum 1988. Bd. 1. Tubingen: Niemeyer. pp.277~293.

KÖNIG, Peter-Paul(1991), Nicht-Deklarierte Sprecherziele. Überlegungen zur Rekonstruktion kommunikativer Strategien. Manuskript in Münster.

LINKE, Angelika/NUSSBAUMER, Markus/PORTMANN, Paul R.(1991), Studienbuch Linguistik. Tübingen: Niemeyer.

LÖRSCHER, Wolfgang(1983), Linguistische Beschreibung und Analyse von Fremdsprachunterricht als Diskurs. Tubingen: Narr.

LÖRSCHER, Wolfgang/SCHULZE, Rainer(1994), Die britische Diskurs-analyse. In: Gerd Fritz/Franz Hundsnurscher(Hg.): Handbuch der Dialoganalyse. Tubingen: Niemeyer. pp.51~68.

MADSEN, Rainer Der Dialog im Drama als Gegenstand des Deutschunterrichts. In: Gerd Rickheit/Sigurd Wichter(Hg.): Dialog: Festschrift fur Siegfried Grosse. Tubingen: Niemeyer, 1990. pp.333~347.

MARTEN-CLEEF, Susanne(1991), Gefuhle Ausdrucken. Die expressiven Sprechakte. Goppingen: Kummerle.

MAYNTZ, Renate(1963), Soziologie der Organisation. Reinbek bei Hamburg: Rowohlt.

MEHAN, Hugh(1979), Learning Lessons. Social organization in the classroom. Cambridge/Messachussets/London: Harvard University Press.

MEHAN, Hugh(1985), The structure of classroom discourse. In: Teun A. van Dijk(ed.): Handbook of Discourse analysis. vol.3. Discourse and dialogue. London et al.: Academic press. pp.119~131.

MOTSCH, Wolfgang/PASCH, Renate(1987), Illokutive Handlung. In: Wolfgang Motsch(Hg.): Satz, Text, sprachliche Handlung. Berlin: Akademie-Verlag. pp.11~79.

MUCKENHAUPT, Manfred(1976), Spiele lehren und lernen. Eine Untersuchung zur Lehrkompetenz und Kompetenzerweiterung bei Kindern im Grundschulkinder. Tübingen: Niemeyer.

PARK, Sung Chol(2000), Kommunikative Indirektheit. Eine Untersuchung ihrer sprachtheoretischen Relevanz sowie ihrer Funktionsweise und Leistung. Münster/Hamburg/London: Lit.

RAMGE, Hans(1980), Korrkturhandlungen von Lehrern im Deutschunterricht. In: Hans Ramge(Hg.): Studien zum sprachlichen Handeln im Unterricht. Gießen: Wihelm Schmitz. pp.132~157.

RAMGE, Hans(1980), Unterrichtspläne als komplexe Handlungs formen im Deutschunterricht. In: Hans Ramge(Hg.): Studien zum sprachlichen Handeln im Unterricht. Gießen: Schmitz. pp.12~27.

REDDER, Angelika(1983), Kommunikation in der Schule-zum Forschungsstand seit Mitte der siebziger Jahre. In: Osnabrücker Beiträge zur Sprachtheorie 24. pp.118~144.

REDDER, Angelika(1984), Modalverben im Unterrichtsdiskurs. Pragmatik der Modalverben am Beispiel eines institutionellen Diskurses. Tubingen: Niemeyer.

REHBEIN, Jochen(1984a), Reparative Handlungsmuster und ihre Verwendung im Fremdsprachen- unterricht. ROLLIG-papir 30. Roskilde Universitetcenter.

REHBEIN, Jochen(1984b), Remarks on the empirical analysis of action and speech. In: Journal of pragmatics 8. pp.49~63.

REHBEIN, Jochen(1985), Institutionelle Veränderungen. Fokustätigkeit, Fragen und sprachliche Muster am Beispiel einer Geschichtsund Biologiestunde. In: Rainer Kokemohr/Wilfried Marotzki(Hg.): Interaktionsanalysen in pädagogischer Absicht. Frankfurt a.M.: Lang. pp. 11~45.

REISS, Veronika(1982), Die Steuerung des Unterrichtsablaufs: Eine empirische Untersuchung am Mathematikunterricht des 4. Schuljahres. Frankfurt a.M./Bern: Lang.

ROHRER, Christian(1971), Zur Theorie der Fragesätze. In: Dieter Wunderlich(Hg.): Probleme und Fortschritte der Transformationsgrammatik. Referate des 8. Linguistischen Kolloquiums Berlin 6. bis 10. Okt. 1969. München: Hueber. pp.109~126.

ROLF, Eckhard(1983), Sprachliche Informationshandlungen. Göp-pingen: Kümmerle.

ROST, Martina(1989), Sprechstrategien in "freien Konversationen", Eine linguistische Untersuchung zu Interaktionen im zweitsprachlichen Unterricht. Tübingen: Narr.

SACKS, Harvey/SCHEGLOFF, Emanuel A./JEFFERSON, Gail(1974), A simplest systematics for the organisation of turn-taking f o r conversation. In: Language 50/4. pp.696~735.

SCHEGLOFF, Emanuel A./SACKS, Harvey(1973), Opening up Closings. In: Semiotica 8. pp. 289~327.

SCHÜLTING, Thomas(1991), Dialoge im Fremdsprachenunterricht. In: Sorin Stati/Edda Weigand/Franz Hundsnurscher(Hg.): Dialoganalyse III. Referate der 3. Arbeitstagung Bologna 1990. Bd. 2. Tübingen: Niemeyer. pp.365~376.

SEARLE, John R.(1969), Speech acts. An essay in the philosophy of language. Cambridge: University Press(이건원 역 1991 『언화행위』 1), 한신문화사

SEARLE, John R.(1973), Sprechakte. Ein sprachphilosophischer Essay. Frankfurt a.M.: Suhrkamp.

SEARLE, John R.(1975a), A taxonomy of illocutionary acts. In: Keith Gunderson: Language, mind, and knowledge. Minneapolis: University of Minnesota Press. pp.344~369.

SEARLE, John R.(1975b), Indirect speech acts. In: Peter Cole/Jerry L. Morgan(ed.) Syntax and semantics. Vol. 3 Speech acts. New York/San Francisco/London: Academic Press. pp.59~82.

SEARLE, John R.(1990), Ausdruck und Bedeutung: Untersuchungen zur Sprechakttheorie. 2. Aufl. Frankfurt a.M.: Suhrkamp.

SEARLE, John R.(1992), Conversation. In: John R. Searle et al.: (On) Searle on conversation. Amsterdam/Philadelphia: Benjamins. pp.7~29.

SHANNON, C. E./WEAVER, W.(1949), The mathematical theory of communication. Urbana.

SINCLAIR, J.McH./COULTHARD, R.M.(1975), Towards an analysis of discourse. The english used by teachers and pupils. London.

SINCLAIR, John McH./COULTHARD, Malcolm(1977), Analyse der Urrichtsprache. Ansätze zu einer Diskursan alyse dargestellt am Sprachverhalten englischer Lehrer und Schüler. Heidelberg: Quelle & Meyer.

SÖKELAND, Werner(1980), Indirektheit von Sprechhandlungen. Eine linguistische Untersuchung. Tübingen: Niemeyer.

SPRANZ-FOGASY, T(1986), 'widersprechen'. Zu Form und Funktion eines Aktivitätstyps in Schlichtungsgesprächen. Eine geprächsanalytische Untersuchung. Tubingen.

STREECK, Jürgen(1983), Konversationsanalyse. Ein Repraturver such. In: Zeitschrift für Sprachwissenschaft 2, 1, pp.72~104.

STREEK, Jürgen(1987), Ethnomethodologie. In: Alrich Ammon/Norbert Dittmar/Klaus J. Mattheier(Hg.): Soziolinguistik. Erster Halbband. Berlin/New York: Gruyter. S.672~679.

STREECK, Jürgen(1989), Methodologische Aspekte der linguistis chen Analyse von Gesprächen. In: Zeitschrift fur Phonetik, Sprachwissenschaft und Kommunikationsforschung 42. pp.192~207.

SUCHAROWSKI, Wolfgang(1982), Fragen verdeutlichen. Zu Inhalt u n d Funktion von Frageerweiterungen bei Lehrerfragen. In: Klaus Detering/Jürgen Schmidt-Radefeldt/Wolfgang Sucharowski(Hg.): Sprache erkennen und verstehen. Akten des 16. Linguistischen Kolloquiums Kiel 1981. Tubingen: Niemeyer. pp.293~304.

TAYLOR, Talbot J./CAMERON, Deborah(1987), Analysing conversation. Rules and units in the structure of talk. Oxford/New York/Beijing/Frankfurt/Sao Paulo/Tokyo/Toronto:Pergamon.

TECHTMEYER, Barbel(1984), Das Gespräch. Funktionen, Normen u n d Strukturen. Berlin: Akademie-Verlag.

WAGNER, Johannes(1983), Kommunikation und Spracherwerb im Fremdsprachenunterricht. Untersuchung zu einer spracherwerbstheoretischen Fundierung vor allem des schulischen Fremdsprachenunterrichts. Tübingen: Narr.

WEIGAND, Edda(1989a), Sprache als Dialog. Sprechakttaxonomie und kommunikative Grammatik. Tubingen: Niemeyer.

WEIGAND, Edda(1989b), Grundzüge des Handlungsspiels Unterweisen. In: Edda Weigand/Franz Hundsnurscher(Hg.): Dialoganalyse II. Referate der 2. Arbeitstagung Bochum 1988. Bd. 1. Tubingen: Niemeyer. pp.257~271.

WEIGAND, Edda(1994), Dialoganalyse und Gesprächstraining. In: Gerd Fritz/Franz Hundsnurscher(Hg.): Handbuch der Dialoganalyse. Tubingen: Niemeyer. pp.451~469.

WEIGAND, Edda(1994), Dialoganalyse und Sprachunterricht. In: Gerd Fritz/Franz Hundsnurscher(Hg.): Handbuch der Dialoganalyse. Tubingen: Niemeyer. pp.411~428.

WESTHEIDE, Hennig(1994), Dialogue analysis and the lexical syllabus in foreign language teaching. In: Edda Weigand(ed.): Concepts of dialogue: considered from the perspective of different disciplines. Tubingen: Niemeyer. pp.107~122.

WESTHEIDE, Henning(1995), Fremdsprachenvermittlung auf der Basis dialogischer Texte. Heutige Praxis und Zukunftsperspektiven. In: Franz Hundsnurscher/Edda Weigand(ed.): Future perspektives of dialogue analysis. Tubingen: Niemeyer. pp.185~199.

WEYDT, Harald(1993), Was ist ein gutes Gespräch? In: Heinrich Löffler (Hg.): Dialoganalyse IV. Referate der 4. Arbeitstagung Basel 1992. Teil I. Tubingen: Niemeyer. pp.3~19.

WODAK, Ruth(1987), Kommunikation in Institutionen. In: Ulrich Ammon/Norbert Dittmar/Klaus J. Mattheier(Hg.): Soziolinguistik. Erster Halbband. Berlin/New York: Gruyter. pp.799~820.

WUNDERLICH, Dieter(1976), Studien zur Sprechakttheorie. Frankfurt a.M.: Suhrkamp.

WUNDERLICH, Dieter, Unterrichten als Dialog. In: Wolfgang Dressler (Hg.): Textlinguistik. Darmstadt: Wissenschaftliche Buchgesellschaft. pp.193~219.

ZILLIG, Werner(1982), Bewerten. Sprechakttypen der bewertenden Rede. Tubingen: Niemeyer.

찾아보기

– 용어편 –

■ㄱ■

■ㄴ■

■ㄷ■

박용익

고양시 출생(1962)
단국대학교 독어독문학과 졸업(1987)
독일 뮌스터(Münster) 대학교 언어학 박사(Ph.D)(1993)
1993년 이후 단국대, 서울대, 연세대, 한양대학교, 인천교대 강사
2001년 이후 현재까지 연세대학교 연구교수

▶ 저서 : Frage-Antwortsequenzmuster in Unterrichtsgesprächen
　　　　　(수업대화에서 질문과 대답의 연속체 원형 박사학위논문)
　　　　　대화분석론

▶ 역서 : 회화분석론　　　　▶ 논문 : 대화분석론, 텍스트언어학,
　　　　　　　　　　　　　　　　　　　　화용론, 화행론, 명명원칙,
　　　　　　　　　　　　　　　　　　　　말하기 교육에 관한 논문 다수

◆ 수업대화의 분석과 말하기 교육 ◆

인　쇄　2003년　06월　21일
발　행　2003년　06월　27일
저　자　박 용 익
펴낸이　이 대 현
편　집　이은희 · 안현진 · 조유미 · 박진희
펴낸곳　도서출판 역락 / 서울 성동구 성수2가 3동 301-80
　　　　　(주)지시코별관 3층(우 133-835)
TEL　대표 · 영업 3409-2058　편집부 3409-2060　FAX 3409-2059
E-MAIL　youkrack@hanmail.net / yk3888@kornet.net
등　록　1999년 4월 19일 제2-2803호
ISBN　89-5556-221-7-93710

정가　12,000원

잘못된 책은 교환해 드립니다.

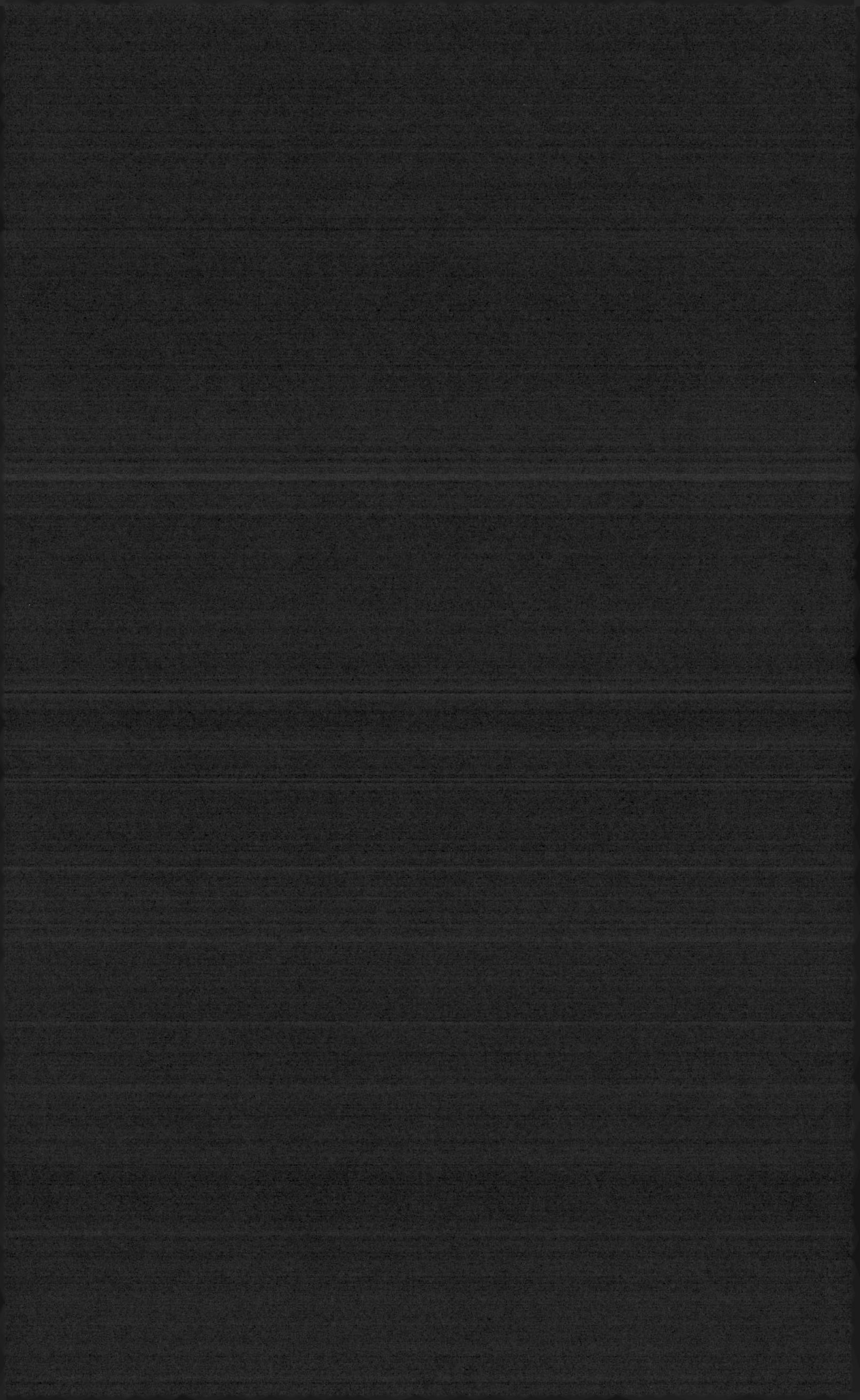